natürlich oekom!

Mit diesem Buch halten Sie ein echtes Stück Nachhaltigkeit in den Händen. Durch Ihren Kauf unterstützen Sie eine Produktion mit hohen ökologischen Ansprüchen:

- 100 % Recyclingpapier
- Verzicht auf Plastikfolie
- Kompensation aller CO_2-Emissionen
- kurze Transportwege – in Deutschland gedruckt

Weitere Informationen unter www.natürlich-oekom.de und #natürlichoekom

Bibliografische Information der Deutschen Nationalbibliothek:
Die Deutsche Nationalbibliothek verzeichnet diese Publikation in der Deutschen Nationalbibliografie; detaillierte bibliografische Daten sind im Internet über www.dnb.de abrufbar.

oekom – Gesellschaft für ökologische Kommunikation mbH
Goethestraße 28, 80336 München
+49 89 544184 – 200
www.oekom.de

Layout und Satz: le tex, xerif
Korrektur: Lena Denu
Umschlaggestaltung: Laura Denke, oekom verlag
Druck: Esser printSolutions GmbH, Ergolding

ISBN 978-3-98726-088-9
https://doi.org/10.14512/9783987263279

CLEMENS KUHNITZSCH

Horch mal, was da rauscht!

Flüsse, Bäche und
ihre Geheimnisse

Inhalt

Vorwort 8

Kapitel 1
Mein Kontakt zum Wasser 11

Kapitel 2
Wohin des Weges, liebes Wasser? 16

Kapitel 3
Die Geburt eines Fließgewässers 23

Kapitel 4
Alles zu seiner Zeit 26

Kapitel 5
Fortpflanzung auf originelle Art und Weise 31

Kapitel 6
Der Spezialist unter den Anglern 36

Kapitel 7
Wanderung ohne Karte und Navigationssystem 39

Kapitel 8
Wo sind denn die Großen hin? 44

Kapitel 9
Der Baum des Lebens 48

Kapitel 10
Der Superreiniger im Gewässer – Biofilme & Totholz 55

Kapitel 11
Der Garten Eden unter Wasser 58

Kapitel 12
Die Vielfalt im Fließgewässer macht den Unterschied 62

Kapitel 13
Die Popstars unter den Gewässerbewohnern 66

Kapitel 14
Verrate mir, wie es dir geht, liebes Fließgewässer! 76

Kapitel 15
Der Zwischenraum als Rettungsinsel kleiner Wasserbewohner 79

Kapitel 16
Die Quelle des Fließgewässers – das Grundwasser 84

Kapitel 17
Das Land am Wasser – die Auen 88

Kapitel 18
Von der Aue in den Mund 94

Kapitel 19
Die Aue als Mutter Teresa 97

Kapitel 20
Natürliche Ufer machen den Unterschied! 99

Kapitel 21
Klein aber fein 103

Kapitel 22
Mensch, muss das denn wirklich sein? 106

Kapitel 23
Kanal oder Fließgewässer, die Entscheidung treffen Sie! 127

Kapitel 24
Steht die Welt still? 143

Kapitel 25
Es wird in Zukunft fließen 147

Kapitel 26
Die Chance der Verbesserung 150

Kapitel 27
Jetzt beginnt die Veränderung 162

Danksagung 163

Literatur 164

Über den Autor 184

Vorwort

Durch die Natur wandern, den Bächen und Flüssen verträumt nachschauen, das weckt in mir die pure Leidenschaft. Wasser fasziniert mich schon seit meiner Kindheit. Mit der Zeit wurde mir bewusst, dass das Thema Wasser, und eben auch die Bedeutung unserer Fließgewässer in unserer Gesellschaft, oft untergeht. Zudem ist mir aufgefallen, dass es tausende wunderbare Menschen gibt, welche schon seit Jahren unsere Fließgewässer und das Wasser erforschen und hoch interessantes Wissen zusammengetragen haben. Da aber viele dieser Erkenntnisse nur selten an den Bürger und die Bürgerin gebracht werden, ergab sich die Intention zum Schreiben dieses Buches.

Eine grundlegende gesellschaftliche Frage sollte lauten: Welches Gut auf Erden ist das Kostbarste für die Menschheit? Wasser. Dieses ist in knapper Form vorhanden, zumindest wenn es um das reine Süßwasser geht. In diesem Zusammenhang kam des Öfteren die Frage in mir auf, wo denn die vielen Talkshows, die Demonstrationen oder der Aufschrei über die Gewässerverschmutzung geblieben sind? Warum hat das Thema Wasser nicht oberste Priorität in diesem Land? Warum interessiert es den Menschen so wenig, was mit den Gewässern passiert, obwohl kein Mensch länger als drei Tage ohne Wasser überleben kann?

Der Fokus liegt derzeit noch auf anderen Themen. Mein Ziel ist es, dass auch das Wasser in der Gesellschaft Anklang findet. Darum habe ich es mir auf die Brust geschrieben, den Fokus der Menschen eben auf dieses kostbare Gut zu lenken. Es ist mir eine Herzensangelegenheit, Ihnen und anderen Leuten die Thematik Wasser, insbesondere die Fließgewässer, näherzubringen. Es ist an der Zeit, gemeinsam unsere Zukunft zu formen, mit Weisheit die Missstände in unserer gesellschaftlichen Wasserverbundenheit aufzuklären und lösungsorientiert voranzuschreiten. Und eins kann ich schon einmal vorwegnehmen, auch Sie können mit geringem Aufwand helfen, die Fließgewässer in ihrem alten Glanz erstrahlen zu lassen! Ich zeige Ihnen im

Laufe des Buches, wie das geht und wie Sie auch die Freude an diesem Thema entflammen können.

Ich freue mich diesbezüglich sehr, dass Sie sich für dieses Buch entschieden haben. Ich kann es nicht oft genug sagen, ohne Wasser sind wir nichts. Und wer hätte es gedacht, unser Wasser kommt nicht nur aus dem Wasserhahn, es entspringt aus Mutter Natur höchst persönlich und durchläuft seit ewiger Zeit einen wunderbaren Kreislauf auf unserer Erde. Schon unsere Vorfahren haben die Kraft und die Bedeutung unserer Fließgewässer geschätzt. Die Schönheiten unserer natürlichen Flusstäler haben nicht nur Casper David Friedrich ergriffen, sondern auch den bedeutendsten deutschsprachigen Dichter Goethe.

Aus diesem Grund genießen Sie aus vollen Zügen die nachfolgenden Zeilen bei einem leckeren Schluck Leitungswasser. Sie werden nach diesem Buch die Fließgewässer – und letztlich auch das Wasser – mit ganz anderen Augen sehen! Also fangen wir gemeinsam an und springen jetzt kopfüber ins kalte Wasser.

»Alles ist aus dem Wasser entsprungen!
Alles wird durch Wasser erhalten!
Ozean, gönn uns dein ewiges Walten.
Wenn du nicht in Wolken sendetest,
nicht reiche Bäche spendetest,
hin und her nicht Flüsse wendetest,
die Ströme nicht vollendetest,
was wären Gebirge, was Ebnen und Welt?
Du bist's, der das frischeste Leben erhält.«
Goethe, Faust. Der Tragödie zweiter Teil, 1832.
2. Akt, Felsbuchten des ägäischen Meers, Thales zu Nereus

Kapitel 1

Mein Kontakt zum Wasser

Der Kontakt mit dem Wasser begann schon sehr früh. Ich persönlich wurde mit geweihtem Wasser getauft. Der Pfarrer schüttete einen Schluck auf meinen Kopf, und schon war ich in der Christengemeinde aufgenommen. Dieses Erlebnis war im ersten Augenblick für mich ungewohnt – ja sogar beklemmend –, da ich anscheinend ordentlich geschrien habe. Erst als ich langsam älter wurde, habe ich die Göttlichkeit im Wasser entdeckt. Zwar bin ich nicht weiter in der Kirche geblieben, dennoch blicke ich stolz auf die Taufe zurück, da es mein erster heiliger Kontakt zum Wasser war. Zu diesem Zeitpunkt konnte ich mir nicht einmal im Ansatz vorstellen, was da noch auf mich zukommen würde!

Im Laufe meiner Entwicklung habe ich das Wasser lieben gelernt. Für viele ist es unscheinbar oder unbedeutend, aber letztendlich ist es unser Lebenselixier und Wegbegleiter. Jedes Lebewesen auf der Erde benötigt Wasser zum Überleben. In naher Zukunft ist unsere Ressource immer mehr gefragt. Als Kind war es für mich selbstverständlich, dass sauberes Wasser immer zur Verfügung stand. Nicht einen einzigen Gedanken habe ich mir um die Herkunft oder den Weg der Aufbereitung gemacht. Wasser war immer so selbstverständlich wie die frische Luft zum Atmen. Ich bin nicht annähernd auf die Idee gekommen, mir Sorgen über ausreichend Trinkwasser zu machen! Mit den Jahren kam allmählich mehr Verständnis und Hintergrundwissen zum Thema Wasser auf. Ich erfuhr eine Menge über den ewigen Wasserkreislauf, das Grundwasser und dass bei mir im Elternhaus feinstes Quellwasser aus dem Wasserhahn fließt. In anderen Regionen Deutschlands bekommen die Bürgerinnen und Bürger Mischwasser, welches aus verschiedenen Quellen stammt. Mein Interesse am Wasser wuchs mit jeder neuen Information, und schließlich wollte ich dem Ganzen wortwörtlich auf den Grund gehen.

Ich möchte Ihnen gern eine kleine Geschichte aus meiner Kindheit erzählen, an der ich noch heute viel Freude habe und welche mich letztlich zu meiner Berufung geführt hat. Damals trieb es meine Freunde und mich in den Sommermonaten immer raus in die weite Welt. Wir erkundeten die Umgebung, bauten Unterschlüpfe im Wald oder fuhren wie wild durch die Gegend mit unseren – meist klapprigen – Fahrrädern. Doch manchmal kam es auch vor, dass wir unseren kleinen und unscheinbaren Dorfbach aufsuchten. Dort spielten wir im und am Wasser und sprangen als Mutprobe auf die gegenüberliegende Uferseite. Allzu viel Leben war dort allerdings nicht zu finden, was schnell zur Langeweile bei meinen Freunden führte. Damals verschwendete ich jedoch keine weiteren Gedanken daran. Dieser Zustand war normal für mich. Wir kannten es nicht anders.

Eines Tages erzählte mein Großvater, dass in diesem kleinen, unscheinbaren Bach früher Bachforellen und Edelkrebse gelebt hatten. Mich warf diese Aussage aus den Socken, denn es war unvorstellbar! »Nie im Leben«, erwiderte ich auf diese Behauptung meines Großvaters. Der lachte nur herzhaft und gab noch einen darauf. »Junge, wir haben die Forellen sogar mit der Hand fangen können, und die haben vorzüglich in der Pfanne geschmeckt.«

Ungläubig starrte ich ihn an. Echte Forellen und Krebse in unserem kleinen Bach? Die Vorstellung daran allein ließ mein Herz höherschlagen. Ich bohrte sofort nach, wo denn die Forellen geblieben sind. Mein Großvater antwortete nur achselzuckend: »Tja, mein Junge, es kam eine Zeit, an der keiner darauf geachtet hat, welche Stoffe ins Gewässer geleitet wurden. Es standen halt andere Interessen im Vordergrund.«

Und plötzlich waren die Fische weg, scheinbar für immer, oder? Seit meiner Kindheit musste ich sehr oft an dieses Gespräch denken. Die Faszination für Gewässer und vor allem für Fische stärkten bei mir den Wunsch, selbst ein Gewässer zu besitzen. Für die Eltern eines Siebenjährigen gestaltet sich die Erfüllung eines solchen Wunsches doch recht schwierig. Dennoch taten meine Eltern alles in ihrer Macht Stehende, um mir diesen Wunsch zu erfüllen. Halten Sie sich fest, mein erster Teich hatte ein Volumen von knapp 150 Liter. Das war für meine Zeit riesig und grenzte an ein Wunder. Meine ganze Kindheit bestand darin, neues Wissen rund um den Teich zu sammeln. Schon damals habe ich mir viele Gedanken über die Selbstreinigung von Gewässern gemacht und versuchte, mit kleinen Wasserpflanzen und neuen Filtermaterialien die grüne Brühe zu reinigen. Jedes Jahr wurde das Teichvolumen aufgestockt, sodass ich nach einigen Jahren schon an dem Punkt angekommen war, einen wirklich großen Teich haben zu wollen. Meine kleinen Goldfische hatten sich prächtig vermehrt, und nun festigte sich der Wunsch, Kois zu halten. Nach langen Diskussionen und Rechtfertigungen fand mein langersehnter Wunsch endlich Anklang bei meinen Eltern. Mit zwölf Jahren war ich dann stolzer Besitzer eines 1.000-Liter-Teichs mit Pumpe. Es verging kein Tag, an dem ich nicht am Teich rumgetüftelt habe. Ich hatte viel auszuprobieren und zu entdecken. Eine meiner liebsten Beschäftigungen war es, bei schönstem Sonnenschein zwischen den Seerosen nach Fischen zu suchen, die sich im Schatten aalten. Gern beobachtete ich die Sonnenbarsche, die ich von einer Angeltour mit meinem Großvater mitgebracht hatte. Zu meiner großen Belustigung verstanden diese sich nicht sehr gut mit meinen Goldfischen. Ich musste mir immer das Lachen verkneifen, wenn ich sah, wie die Barsche ihre Jungtiere von den unbelehrbaren Goldfischen fernhalten mussten. Ständig kamen neue Eindringlinge, die mein Sonnenbarschpärchen auf Trab hielten. Die Goldfische hatten wirklich ein Talent dafür, Barsche in den Wahnsinn zu treiben. Meine TV-Show war der Teich. Wo andere Kinder vor dem Fernseher hingen, lag ich in schlammigen Hosen und mit der Nasenspitze halb ins Wasser ragend an meinem Teich. Es dauerte nicht lange, da ließ sich schon der erste Frosch bei uns am Teich nieder. Täglich sprang er durch unsere Beete, stets auf der Suche nach Insekten. Sehr zum Ärger meiner Mutter, denn bei der Gartenarbeit kam es nicht selten vor, dass sie den Frosch aus Versehen erwischte. Dann stieß sie jedes Mal einen ohrenbetäubenden Schrei aus. Ich hingegen musste immer wieder lachen, denn meine Aufgabe war es dann, den Frosch in sein eigentliches Revier – den Teich – umzusiedeln.

Wie Sie sich denken können, musste nach einiger Zeit ein größerer Teich her. Sie wissen ja, die Fische hatten sich gut vermehrt, der Platz wurde immer weniger, und an einen Verkauf war nicht zu denken. Schnell war eine Lösung für mein Problem gefunden. Ich nahm mein komplettes Erspartes, ging zu meiner Mutter und sagte ihr, dass dies die Anzahlung für den neuen Koiteich ist, den wir bauen werden. Natürlich hatte sie mittlerweile die ständigen Vergrößerungsaktionen satt und sagte nur: »Wenn gebaut wird, dann richtig!«. Wir alle hielten uns an den klaren Befehl, und zusammen mit meiner kompletten Familie bauten wir in nur neun Monaten einen neuen Teich. Aus den anfänglich schlappen 150 Litern wurden stolze 70.000 Liter! Nun stand ich mit nicht einmal 15 Jahren vor einem riesigen Schwimmteich.

Meine Fische wurden behutsam umgesiedelt und konnten sich nun in diesem Paradies ausbreiten. Lange hat es nicht gedauert, da hatten wir schon die erste Nachzucht meiner Kois.

Abbildung 1 Erdarbeiten während des Baus des großen Koiteiches, *Quelle: Clemens Kuhnitzsch*

Daraus habe ich gelernt: Wo ein Wille ist, da ergibt sich immer ein Weg. Damals war ich stolz wie Oskar, denn meine Spielkameraden durften nicht einmal einen Hasen oder ein Meerschweinchen halten. Wer kann in dem Alter schon behaupten, einen eigenen Koiteich zu besitzen? In der Hinsicht war ich ganz vorne mit dabei. Mir wurde immer mehr bewusst, dass ich ans Wasser gehörte und dieses noch intensiver kennenlernen wollte. In meiner Schulzeit galt mein Interesse mehr der Biologie als beispielsweise der englischen Sprache. Meine Laufbahn sollte in die Richtung der Gewässer oder der Fischzucht gehen.

Nach drei Jahren Berufsabitur saß ich nun wie ein Seelenloser an meinem Schreibtisch. Das Abi war fast geschafft, und ein Studium stand in nicht mehr allzu weiter Ferne. Allerdings fand ich keinen Studiengang, der mich annähernd interessierte. Eine mögliche Option wäre das Biologiestudium gewesen, aber da im Studium die Gewässer nicht intensiv behandelt werden, war es wiederum auch keine Option. Fast an der Grenze der Verzweiflung angekommen, schnappte ich mir ein Ausbildungsbuch aus meiner alten Oberschule. Ganze 600 Seiten umfasste dieses Exemplar. Um ganz sicherzugehen, habe ich jede Seite inspiziert und nach geeigneten Berufen gesucht. Eine grobe Eingrenzung konnte ich zum Glück schon vornehmen, denn ich wollte in die Naturwissenschaften eintauchen. Nach stundenlanger Suche wollte ich fast schon aufgeben, da fiel mir das Studium – Wasserwirtschaft – ins Auge. Endlich enthielt ein Studium das langersehnte Wort – Wasser. Sofort machte ich mich auf die Suche nach genaueren Infos zu diesem Studiengang. Zack, da war es, Wasserwirtschaft an der TU Dresden. Nach zwei Minuten war die Enttäuschung groß. Denn die genannten Inhalte hatten zwar mit Wasser zu tun, aber so richtig überzeugt war ich zu dieser Zeit nicht.

Wie so oft im Leben fand ich durch Zufall einen Link auf der Seite, der mich zum Studiengang der Hydrowissenschaften führte. Ich las mir die Beschreibung durch und bekam sofort Herzklopfen. Es war Liebe auf den ersten Blick. Zwei Wochen später schickte ich schon meine Bewerbung auf den Weg. Ich hatte eine Möglichkeit gefunden, mich weiterzubilden. Rückblickend war es die beste Entscheidung meines Lebens, denn ich konnte mich tief in die Thematik »Wasser« und vor allem in die Geheimnisse der Gewässer einarbeiten. Noch dazu habe ich auf diesem Weg meine Frau kennengelernt. Das Leben schreibt die schönsten Geschichten. Was mich so erstaunt, ist die stetig wachsende Faszination für Fließgewässer, sodass ich schon behaupten kann, sie sind meine Lieblinge im »fachlichen« Leben. Wissen Sie, wodurch der Wandel kam? Fließgewässer sind gut zu beobachten, Teiche oder Seen können hingegen sehr trüb sein, was eine Beobachtung verschlechtern kann. Bei einem Fließgewässer habe ich vieles im Blick, es lassen sich mehrere Nuancen erkennen. Es ist augenscheinlich lebendiger und turbulenter, aber übersichtlich.

Während meiner Ausbildung wurde mir bewusst, wie wichtig ein Umdenken in der Gesellschaft ist. Es besteht ein großer Handlungsbedarf in Bezug auf unsere Fließgewässer, den ich gerne anstoßen möchte.

Kapitel 2

Wohin des Weges, liebes Wasser?

Das Wasser durchläuft einen sonderbaren und extremen Kreislauf, der schon seit 4,2 Milliarden Jahren auf unserer Erde besteht und sich ständig wandelt (Schorsch 2012). Alle unsere Vorfahren waren seit Anbeginn der Menschheitsgeschichte von diesem Kreislauf abhängig. Anders formuliert: Das Wasser hat uns zu den Menschen gemacht, die wir heute sind. Antriebsmotor für den gesamten Wasserkreislauf ist die Sonne. Die Sonnenenergie sorgt für einen ständigen Wasseraustausch zwischen der Erdoberfläche und der Atmosphäre auf unserem Planeten. Unsere Meere dienen dabei als eine Art unerschöpfliche Feuchtquelle. Im Allgemeinen wird davon gesprochen, dass rund sechsmal so viel Wasser auf dem Meer verdunstet als auf dem Land. Dies ist kein Wunder, da die Meeresflächen auf der Erde deutlich größer sind als die Landflächen. Im verdunsteten Zustand ist das Wasser gut transportfähig und wandert so zirkulierend umher (Marcinek 2011).

Beeindruckend zu wissen ist, dass die Erde in unserem Sternensystem ein ganz außergewöhnlicher Planet ist, da hier das Wasser in flüssiger Form vorkommt. Bei uns kann es frei fließen, auf anderen Planteten ist es lediglich gefroren. Für uns ist ein Wassertropfen auf dem grünen Blatt etwas Normales und Alltägliches. Insgesamt beinhaltet dieser Tropfen aber die Chance des Lebens, denn wir benötigen flüssiges Wasser dafür. Auch in der Schule wird davon gelehrt. Allerdings in Form von Kälte- und Wärmeperioden. Jede dieser Perioden beinhaltete einen eigenen Wasserkreislauf, mit dem die Spezialisierung der Lebewesen auf der Erde einherging. Kein Lebewesen hat versucht, sich gegen die Bedingungen ihres Lebensraums zu wehren. Der stärkste und bestangepasste Organismus hat das Rennen gewonnen. Wir Menschen sind selbst Gewinnerinnen und Gewinner dieses Rennens, da unsere Vorfahren sich ständig ihrer Umgebung angepasst haben und somit zum Erhalt der Spezies beitragen konnten.

Ich persönlich bin sehr froh, dass sich die Zeiten ändern und wir nicht inmitten einer Eiszeit aufwachsen und leben müssen. Denn diese Umgebung lässt nicht sehr viel Platz für Leben. Wir Menschen sind somit Teil des Kreislaufes und fest mit ihm verbunden. Warum das so ist, möchte ich Ihnen mit dem folgenden Beispiel ein wenig näher erläutern. Pro Tag trinkt der Mensch, vorausgesetzt der Wille ist da, zwischen zwei und vier Liter Wasser. Wie Sie sich denken können, müssen dann auch die geübtesten Menschen irgendwann ihre Blase entleeren. Und dort geschieht es, das Wasser begibt sich in Startposition, zwar verunreinigt durch die Ausscheidungsstoffe, aber es steht bereit für die beeindruckende Reise durch die Welt. Dieses Wasser muss sich nämlich ranhalten, zwei Liter sind ja schon in der Nacht verschwitzt worden und hinein in den Kreislauf gelangt.

Aufgepasst, jetzt geht es nämlich los, der Kreislauf des Wassers beginnt. Denn nun gelangt Ihre Ausscheidung in die Kanalisation auf direktem Wege zu einer Kläranlage. In dieser wird das Wasser von seinen mitgebrachten Stoffen befreit. Naja, nicht zu 100 Prozent, ein sehr großer Teil der Schadstoffe gelangt trotzdem ins Gewässer, aber dazu später. Nun ist Ihr Wasser im Fließgewässer angelangt und treibt emsig davon. Eine lange und weite Reise steht ihm bevor, doch mit etwas Glück landet es irgendwann wieder bei Ihnen im Glas. Ganz nach dem Motto »Home sweet Home«. Wie bitte? Ich trinke meinen eigenen Urin? Wenn man es genau nehmen will, wurde das Wasser auf unserer Erde schon sehr oft getrunken und wieder ausgeschieden. Überlegen Sie einmal, Ihr Schluck Wasser floss auch schon einem T-Rex die Kehle hinunter, oder es löschte den Durst eines Neandertalers. Ja, so ein Schluck Wasser steckt voller Geschichte und vor allem voller Zeit! Es erstaunt mich immer wieder, dass wir Menschen immer denken, Wasser sei im Überfluss da. Der Gedanke scheint im ersten Moment richtig, aber er stimmt nicht ganz. Denn der überwiegende Anteil ist salzig und für uns Menschen nicht zum Trinken geeignet. Wir kennen diese Salzwasserreservoirs sehr gut, da wir es lieben, an solchen »Oasen« Urlaub zu machen. Insgesamt sind rund 96,6 Prozent des Wassers auf der Erde salzig und für den Menschen vorerst ungenießbar, im Vergleich dazu sind lediglich 2,5 Prozent Süßwasser. Aber Achtung, von diesem geringen Anteil ist das meiste Wasser gefroren. Die Gesamtheit unseres trinkbaren Süßwassers stellt vielmehr eine überschaubare Ressource dar, welche es zu schützen gilt (Marcinek 2011).

Wir sollten uns immer vor Augen halten, dass der menschliche Körper zu großen Teilen aus Wasser (Embryo 85 Prozent, Erwachsener 60–70 Prozent, Menschen ab 70 Jahren 50–55 Prozent) besteht. Dieser Wasseranteil nimmt im Laufe des Lebens immer weiter ab. Wichtige Organe jedoch, wie Herz, Lunge, Gehirn oder Milz, bestehen ein Leben lang aus über 70 Prozent Wasser. Wasser ist notwendig, um Nährstoffe im Körper zu verteilen und zu verstoffwechseln. Außerdem wird es dazu benötigt, um eine Thermoregulation sowie Regulation des osmotischen Drucks herzustellen. Zusätzlich trägt es dazu bei, dass sich der Körper reinigen kann. Nicht ohne Grund gibt es den mehrfachen Toilettengang im Laufe des Tages. In diesem Zusammenhang ist ein Konsum von ausreichend Wasser maßgebend für einen gesunden Körper. Ohne Wasser kann ein Mensch maximal drei Tage überleben. In den meisten Fällen kommt es schon nach 24 Stunden zu ersten Anzeichen einer Dehydrierung (Zellner 2023).

Kehren wir doch wieder gemeinsam zurück zu dem Wasserkreislauf, denn das ausgeschiedene Wasser befindet sich nun im Gewässer und wird dort weiter »verarbeitet«. Viele Mikroorganismen versuchen emsig die Nähr- und Schadstoffe aus dem Wasser zu entfernen. Dies gelingt in vielen Fällen nur bedingt gut, gerade wenn das Fließgewässer keine natürlichen Strukturen hat. Im Laufe der Zeit kommt es zur Verdunstung des eingebrachten Wassers. Dann beginnt die spannende Reise für das Wasser, denn es fliegt ohne richtiges Ziel durch die Welt, um am Ende wieder bei einem Regenguss auf die Erde niederzutröpfeln. Wo das im Meer gestartete Wassertröpfchen am Schluss landet, ist ungewiss und sehr verschieden. Das eine beginnt die Reise im Atlantik und zieht bis zur Europäischen Grenze, das andere kommt von dem Pazifik hergereist. Andere legen wiederum eher kurze Wege zurück, da sie beispielsweise aus dem Tagebaurestseen der Lausitz oder des Leipziger Raums entstammen. So richtig kann man dem Weg des Wassers leider nicht auf den Grund gehen. Wahrscheinlich hat jeder Wassertropfen schon mehrmals alle Ecken dieser Welt bereist und kennengelernt. Schließlich ist dieser Kreislauf schon verdammt alt. Mit einem Schluck um die Welt, das ist doch ein herrlicher Gedanke, nicht wahr? Das Wasser in Ihrem Trinkglas hat schon einige Jahre auf dem Buckel und strotzt nur vor Weisheit und Erfahrung.

An dieser Stelle möchte ich Ihnen noch einen kleinen Trugschluss erläutern, der gern mit dem sichtbaren Atem in Verbindung gebracht wird. Bei diesem schönen Phänomen, welches die Kinderherzen höherschlagen lässt, handelt es sich um flüssiges Wasser und nicht gasförmiges. Wenn wir vom gasförmigen Wasser sprechen, ist dieses für unser menschliches Auge nicht sichtbar. Um sie zu beruhigen, diese Erkenntnis hatte ich auch erst während einer Meteorologievorlesung.

Die Aggregatzustände des Wassers sind atemberaubend, denn dieses kann in einem Vakuum (von lateinisch: *vacuus* »leer, frei, unbesetzt«; physikalisch: ein Raum, in der die Materie weitestgehend abwesend ist) in allen drei Formen (fest, flüssig, gasförmig) gleichzeitig existieren, man nennt dies auch den Tripelpunkt. Dieser einzigartige Zustand wurde mir einmal in der Physikvorlesung präsentiert. Ohne Ausnahmen waren alle Studierenden von dem herrlichen Anblick gefesselt und vor Staunen wie gelähmt. Uns wurde einmal wieder eindrucksvoll vorgeführt, dass unser Wasser voller Raffinessen steckt und es unglaublich schön ist, dieses zu erforschen.

Der Wasserkreislauf auf unserer Erde spielt sich überwiegend in der Troposphäre ab (von altgriechisch *tropé* »Wendung« oder »Änderung« und *sphaira* »Kugel«). In dieser Schicht ist das wunderbare und sehr wenig bekannte Wetter zu beobachten. Das Wasser kondensiert in den höheren Bereichen der Troposphäre und gelangt mithilfe der Anziehungskraft unserer Erde wieder auf den Boden. Während dieser Phase können in der Luft enthaltene Abgase aufgenommen werden. Oft wird dabei in den Medien von sauren Regen gesprochen. Zu DDR-Zeiten waren diese sauren Regengüsse so eindrucksvoll, dass die Flechten, wie wir sie heute überall sehen können, nur geringfügig bis gar nicht bestehen konnten. Wenn es also regnet, dann findet eine Art Luftreinigung statt. Mit jedem Niederschlag riecht die Luft doch gleich frischer und herrlicher (verursacht durch den Stoff Geosmin). Sie haben bestimmt gerade den feinen Duft in Erinnerung, der bei einem schönen Regenguss in der Luft liegt, oder?

Wasser kann in verschiedenster Art und Weise auf den Boden treffen. Sie kennen bestimmt die unvergleichlichen Gewittergüsse, den Schneefall oder die Hagelregenfälle, bei denen man als Kind sehr lange fasziniert vor dem Fenster stand, während die Eltern unruhig umherliefen, da sie um Haus und Auto fürchteten. Haben Sie sich schon einmal die Zeit genommen eine

Schneeflocke zu inspizieren? Sind diese perfekten Kristalle nicht ein wahres Wunder? Schneeflocken sind wohl die schönsten Abbilder des Wassers, die wir Menschen glücklicherweise wahrnehmen können. Aus diesem Grund kann ich es sehr empfehlen, sich die Zeit zur Beobachtung von Schneeflocken zu nehmen. Die Konstellation der Kristalle ist atemberaubend und zeigt uns die künstlerische Gestaltungskraft der Natur. Außerdem lässt es das innere Kind erstaunen und den stressigen Alltag vergessen. Gerade sehr beschäftigten Menschen rate ich dazu, Ihre Umgebung einmal bewusst wahrzunehmen.

Im Winter ist es der Schnee, im Sommer der Regen, der auf die Erde fällt. Erreicht das Wasser im flüssigen Zustand den Boden, durchdringt es die verschiedensten Bodenschichten, die aus einer Vielzahl an Substraten bestehen. In diesem Durchlauf findet eine weitere Reinigung des Wassers statt. Die Bodenschichten fungieren als Filter und reichern zudem das Wasser mit wichtigen Mineralien wie zum Beispiel Magnesium, Eisen oder Sulfat an. Dabei ist jedes Wasser einzigartig, da dieses in unterschiedlichen Regionen niederfällt und entsprechend der Umgebung die dort vorhandenen Stoffe aufnimmt. Hat es die unterschiedlichen Bodenschichten durchlaufen, gelangt das Wasser in eine bereits mit Wasser gefüllte Bodenzone. Diese wird im Volksmund auch Grundwasserzone genannt. Von dort aus wird ein Teil des Wassers in vielen Regionen der Erde entnommen, behandelt und für die Trinkwasserversorgung genutzt. Der andere Teil gelangt wiederum in unsere Stand- und Fließgewässer. Würde es keinen ständigen Wasseraustausch zwischen Grundwasser und dem Gewässer geben, würden wir an der Oberfläche weder Bäche noch Flüsse zu sehen bekommen. Dementsprechend wirkt sich eine Grundwassersenkung auch fatal auf die Menge an Wasser im Gewässer aus. Somit bleibt das Wasser in ständiger Bewegung, selbst wenn es sich als Grundwasser in der Bodenzone befindet. Auch hier lassen sich Fließgeschwindigkeiten messen, auch wenn man vielleicht denken mag, es würde stillstehen.

In der Vergangenheit ist das Wasser schon an vielen interessanten Orten vorbeigeflossen und hat somit die Landschaft maßgebend geprägt. Sehr geduldig »nagt« es buchstäblich an der Erdoberfläche und bahnt sich so einen Weg durch die Landschaft. Wie eine Art Sandpapier modelliert es die Steine und Felsen und hinterlässt auf diese Art kunstvolle Spuren, die wir wiederum bei einer Wanderung bestaunen können. Kantige Steine werden geschmeidig abgerundet und behutsam bearbeitet. Hektik und Stress sind dabei Fehlanzeige, diese beiden Faktoren kennt das Wasser nicht. Das Motto lautet vielmehr »In der Ruhe liegt die Kraft«, und diese Kraft demonstriert es immer wieder.

Ein Teil des Wassers wurde im Laufe der Zeit eingefangen und festgehalten. In kälteren Regionen der Erde wird Wasser in Form von Schnee und Eis manifestiert. Aktuell findet auf der Erde ein großer Schmelzprozess statt. Daher kommt es, dass lange eingefrorenes Süßwasser wieder in den Kreislauf eingebracht wird. Jahrtausende war dieses eingefroren und für die restliche Welt unzugänglich. Gletscher werden heute sehr gern zur Untersuchung des Klimawandels verwendet. Sie geben Hinweise auf die globale Erderwärmung und erlauben Rückschlüsse auf die vergangenen Klimaperioden. In vielen Ländern wird das Gletscherwasser direkt benutzt und stellt somit eine unerlässliche Ressource dar, welche immer mehr bedroht ist, da die Gletscher parallel keinen Zuwachs erleben.

In Zeiten des Klimawandels werden wir zukünftig noch so einige Überraschungen erleben und vor Herausforderungen stehen, die unser Wissen auf die Probe stellen. Denn die Menge an Wasser, die jetzt einen festen Zustand hat, reicht sehr gut aus, um den Meeresspiegel mehrere Meter ansteigen zu lassen. Das dauert viele hundert Jahre, aber unsere Nachfahren werden bestimmt eine komplett andere Welt vorfinden, als wir sie jetzt erleben. In der Vergangenheit (vor circa 6000 Jahren) gab es auch natürlich verursachte Wärmeperioden, in denen die Alpen einmal in großen Teilen (bis 4000 Meter Höhe) vollständig abgeschmolzen sind (Bohleber et al. 2020). In diesem Sinne bleibt es für uns Menschen spannend. Eins steht in diesem Zusammenhang fest: Eine Anpassung unseres Lebens ist wahrscheinlich notwendig.

Nicht nur wir interagieren mit dem Wasser auf der Erde, auch kommt es zwischen den Planeten zum Austausch dieses Lebenselixiers. Wussten Sie, dass wir ständig Wasser ans Weltall abgeben und parallel wieder welches aus diesem empfangen? Es herrscht ein ausgeprägter Austausch zwischen den beiden Systemen, der viel Platz für Geschichten bereithält. Buchstäblich verliert die Erde Wasser an das Universum. Umgekehrt trifft aber auch jeden Tag Wasser aus dem Weltall auf unsere Erde. Man kann also behaupten, dass das Wasser auch im Universum in einer Art Kreislauf eingebunden ist. Nur sind die zeitlichen Dimensionen unvorstellbar, die das Wasser dort durchläuft. Ich finde es äußerst spannend, denn die Vorstellung, dass wir schon »benutztes« Wasser aus anderen Welten erhalten haben, ähnelt einem Steven-Spielberg-Film. Wer an dieser Stelle meint, Wasser sei uninteressant, der sollte sich den Weg des Wassers mal auf der Zunge zergehen lassen.

Abbildung 2 Aufsteigender Nebel im Zwönitztal (Erzgebirge), *Quelle: Riverbalance / Clemens Kuhnitzsch*

Kapitel 3

Die Geburt eines Fließgewässers

Es ist noch nicht lang her, als ich mit meiner Frau und meinem Sohn durch die Wälder im Erzgebirge wanderte. Das Wetter war ein wenig regnerisch, aber die frische Waldluft war ein wirklicher Genuss. Überall flossen kleine Bächlein über die Waldwege, und vom Felsgestein sprangen tausende kleine Tröpfchen hinunter auf den Boden. An einigen kleinen Felsspalten sprudelte das Wasser richtig heraus. Je tiefer wir in den Wald gelangten, desto schöner wurden diese kleinen Wasserspiele. Wir entdeckten unzählige Miniaturwasserfälle, die uns ein breites Grinsen ins Gesicht zauberten. Im Laufe des Wandertages beschloss ich, diese Schönheit festzuhalten. Doch wie sollte ich es nennen, der Lauf des Wassers? Dann fiel mir auf, dass dieses Regenereignis einer Geburt gleicht. Nicht einer menschlichen Geburt, sondern viel mehr einer Gewässergeburt. Denn mit jedem Tropfen schwoll der kleine Waldbach am Wanderweg weiter an. Jeder Tropfen hatte seinen eigenen Weg, aber alle zusammen hatten sie ein gleiches Ziel.

Zwar sieht diese kleine Wassertropfenwanderung auf den ersten Blick sehr ungeplant und nicht gerade zielorientiert aus, dennoch enden sie wieder alle zusammen, oder zumindest der größte Teil, in einem Gewässer. Dieser Wasserzusammenfluss führt dazu, dass wir erst ein Rinnsal, dann eine Regenrinne und schließlich ein wirkliches Gewässer erkennen. In der Quellregion beginnt schließlich die Reise des Wassers und die Geburt eines Fließgewässers.

Nehmen wir einmal unsere Elbe, die meines Erachtens ein schöner und bekannter Beispielfluss ist. Wenn sie abends in Dresden an der Elbe stehen und sich die Lichter der Elbpromenade im Wasser spiegeln, scheint der Fluss etwas Magisches an sich zu haben. Als Student wurde ich in solchen Momenten immer sehr still und genoss dabei den herrlichen Lichteranblick und die Spiegelung der Elbpromenade im Wasser. Doch diese Elbe wurde auch »geboren«, und zwar im Riesengebirge an der tschechisch-polnischen Grenze. Ein kleines Rinnsal, welches sich durch das fast 1300 Meter hohe Gebirge durchkämpft und mit jedem Meter größer und stärker wird.

Es durchläuft Kilometer für Kilometer die verschiedensten Regionen und verbindet sich anschließend mit weiteren Bächen und Flüssen. Tausende Menschen erblickten schon den immer größer werdenden Fluss. Die Reise endet dann schließlich nach schlappen 1.094 Kilometern in der Nordsee. Im Mündungsbereich fließen dann durchschnittlich 861 Kubikmeter pro Sekunde ins Meer. Gestartet ist die Elbe lediglich mit wenigen Litern Wasser. Der Fluss bleibt in seiner Gestalt erhalten, aber die am Anfang gestarteten Wassertropfen sind nun für weitere Reisen bereit. Da es einen Wasserkreislauf gibt, gelangen neue Tropfen an den Startpunkt, und das Abenteuer Fluss kann dann schließlich von Neuem beginnen.

Abbildung 3 Wasseransammlung am frühen Morgen auf einem alten Eichenblatt, *Quelle: Riverbalance / Clemens Kuhnitzsch*

Allein durch Sachsen schlängeln sich knapp 15.000 Kilometer Flussläufe. Davon nimmt allein die Elbe 178 Kilometer ein. Darüber hinaus lassen sich deutschlandweit über 111 Fischarten in diesen Gewässern finden. Wer einmal die ganzen Flüsse Deutschlands abfahren möchte, sollte viel Zeit mitbringen, da es insgesamt 8.925 Flüsse mit einer Gesamtstrecke von 137.030 Kilometern sind. Das gesamte Fließgewässernetz Deutschlands weist mehr als 500.000 Kilometer auf (UBA 2022).

Jedes dieser Fließgewässer ist eine Oase für Tierarten. Neue Forschungen zeigen, dass rund 12 Prozent aller Arten in Stand- oder Fließgewässern leben. Im Allgemeinen sind circa 41 Prozent der Fischarten sowie 25 Prozent der Wirbeltierarten direkt oder indirekt abhängig von den Süßwasserökosystemen. In der Schweiz konnte zum Beispiel wissenschaftlich festgestellt werden, dass in Auen rund 80 Prozent der in der Schweiz vorkommenden Tierarten leben (Borchardt 2015).

Kapitel 4

Alles zu seiner Zeit

Es rauscht und platscht, nichts steht nur eine Sekunde mal still, der Fluss fließt und verändert sich deutlich mit der Zeit. Wenn ich mir einen Flussverlauf ansehe, wirkt er auf mich in der Regel sehr unkoordiniert. Ständig ändert sich etwas im Gewässer. Mal ist ein tiefes Loch (Kolk) vorhanden und später nur ein flacher Inselbereich (Heger). Im Frühjahr liegt auf einmal die alte Pappel im Wasser, und im Spätherbst ist diese vom Biber abgefressen. Kann unter solchen Umständen eine Ordnung vorhanden sein oder leben auch die Organismen im ständigen Wandel?

Wie auch in Standgewässern hat jede Art ihren eigenen Rhythmus, welcher sich im Laufe der Zeit optimiert hat. Selbst in der scheinbaren Unordnung herrscht die beste Struktur. Die Wasserorganismen besitzen zwar keinen Terminkalender wie wir Menschen, aber sie richten sich nach der Temperatur, den Lichtverhältnissen und auch den Stellungen des Mondes. Sie besitzen parallel dazu eine wunderbare innere Uhr, einen Urinstinkt, der die wesentlichen Abläufe des Lebens antreibt. Wir Menschen sind schon zu lange von der wahren und natürlichen Lebensweise entfernt. Der Urinstinkt herrscht nur noch marginal, weshalb wir doch lieber einem selbst festgelegten oder auch vorgelebten Tages- oder Jahresablauf nachgehen.

Für die Fische, oder insgeheim für alle Wasserorganismen, ist ein Kalender unnütz. Diese wissen ganz genau, wann die beste Zeit zur Fortpflanzung oder der Wanderung ist. Dabei wird der Lebensraum deutlich wahrgenommen, welcher wiederum Reaktionen, wie zum Beispiel die Laichhandlungen oder Paarsuche hervorruft. Die Veränderung des Klimas macht den eingesetzten Lebensabläufen oft zu schaffen. Dennoch wird eisern an den lang erprobten und instinktiven Abläufen festgehalten, obwohl sich nicht leugnen lässt, dass viele Fischarten im Zuge erhöhter Temperaturen häufiger sterben oder unter Krankheiten bzw. erhöhtem Parasitenbefall leiden (Jähnig et al. 2010).

Ein wirkliches Zeitmanagement weist die Eintagsfliege (wissenschaftlich: Ephemeroptera) in ihren Lebenszyklen auf. Diese kleinen Tierchen sind ein

Wunderwerk der Koordination und beweisen uns Menschen, dass wir noch viel lernen können. Insgesamt gibt es weit über 100 Arten in Deutschland, manche dieser Arten sind sehr selten, andere wiederum nicht. Unter den Begriff »Eintagsfliege« verstehen viele einen kleinen »Schmarotzer«, welcher einen auch mal zur Weißglut bringen kann. Eintagsfliegen sind aber viel schönere Geschöpfe, die dem klassischen Bild der Fliege, zumindest wie sie im Allgemeinen bekannt ist, nicht entspricht. Wie der Name schon aussagt, ist ein Lebensabschnitt dieses Insekts sehr kurz. Lustigerweise ist es der Hochzeitsflug, der den Höhepunkt des Insektenlebens darstellt! Zuerst aber wachsen die Larven behütet in den Fließgewässern auf. Dabei haben sich diese auf verschiedene Lebensumstände angepasst und viele Nischen im Gewässer besiedelt. Von Art zu Art variiert die Dauer des Aufenthalts der Larven im Wasser deutlich. So kann es sein, dass eine Art nur drei Monate und eine andere schon ganze drei Jahre im Wasser lebt. Nach dieser »Wasserzeit« kommt es zu dem einzigartigen Moment im Leben einer Eintagsfliege. Die Larven beschreiten ihr letztes Stadium und bilden sich zum Subimago aus. Bei uns Menschen wäre das die letzte Phase der Pubertät. Dieser Schritt passiert zeitgleich im Fließgewässer, denn die geschlüpften Eintagsfliegen können an Land nicht lange verweilen. Die verkümmerten Mundwerkzeuge behindern eine Nahrungsaufnahme, weshalb die Tiere nur wenige Minuten oder Tage leben können. Nach einer weiteren Häutung (Stadium Imago) sind die Männchen und Weibchen bereit für den langersehnten Hochzeitsflug. Alle sind ganz aufgeregt und angespannt. Es kommt zu einem großen Gewusel in der Luft, der nur einem Zweck dient: miteinander tanzen und sich dabei präsentieren. Im Vergleich dazu hat der Mensch bei der Partnerwahl nicht so einen großen Druck oder die Gefahr, nach der Paarfindung das Zeitliche zu segnen. Da sehen Sie mal, wie gut es uns geht und wie lang wir Menschen einander lieben können. Zurück zu den Eintagsfliegen! Nach der Befruchtung legen die Weibchen die Eier in das Gewässer ab. Jetzt kommt eine faszinierende Entwicklung zum Zuge. Die Eier vieler Arten sind perfekt an die Verhältnisse der Fließgewässer angepasst. So lässt sich unter dem Mikroskop erkennen, dass die Eier unter einer Hülle unterschiedliche »Haftorgane« besitzen. Trifft nun das Ei auf die Wasseroberfläche, löst sich die Hülle auf und die Haftwirkung wird erzielt. Das Ei bleibt buchstäblich an Oberflächen kleben. Ein Fallschirm unter Wasser, der die Eier vor dem

Abschwemmen bewahrt. Wunder der Natur! Ab diesem Zeitpunkt beginnt der neue Kreislauf des Lebens. Das Interessante dabei ist, dass ein genauer Zeitpunkt abgepasst werden muss, damit der Hochzeitsflug auch wirklich stattfinden kann. Sind die Männchen zu schnell und fliegen einen Tag eher als die Weibchen, sieht es mit der erfolgreichen Reproduktion schlecht aus (Schmalfuss 2003; Arnold Staniczek 2003).

Im Fließgewässer läuft dementsprechend auch vieles nach einer inneren Uhr ab. In der Vergangenheit waren diese Hochzeitsflüge durch ein Massenaufkommen gekennzeichnet, bei der es unter Umständen zu großen Verkehrsstaus kam. Die Schwärme waren so dicht, dass ein Befahren der Straße mitunter unmöglich war. In solchen Fällen mussten die Kameraden der freiwilligen Feuerwehr fest Hand anlegen und die absterbenden Eintagsfliegen von der Straße holen. Heute sind solche Schwärme eine Seltenheit geworden, wobei ich guter Hoffnung bin, dass die ursprünglichen Bestände wieder in Zukunft zu beobachten sind.

Eine ähnliche zeitliche Taktung weisen auch viele andere Wasserinsekten auf. Mir persönlich gefällt die Blauflügel-Prachtlibelle (*Calopteryx virgo*) am meisten. Jedes Mal erfreue ich mich sehr, wenn ich diese Kleinlibelle zu Gesicht bekommen kann, denn diese ist in Sachsen nur in sehr sauerstoffreichen und nitratarmen Flüssen zu beobachten. Anscheinend ist es in der Insektenwelt sehr üblich, Hochzeitstänze für die anstehende Paarung durchzuführen. Sehr amüsant finde ich die große Hingabe dieser kleinen Libellenart. Sie ist sehr diszipliniert und überlässt nichts dem Zufall. Aus diesem Grund bewachen männliche Libellen einen großen Revierbereich (circa 1,5 Quadratmeter), um die Weibchen für sich zu gewinnen. Schließlich will jeder seine eigenen Gene weiterverbreiten. Um das gewünschte Ziel zu erreichen, werden Tag für Tag Artgenossen oder andere Männchen abgewehrt und in die Flucht geschlagen. Wer sich denkt, eine Libelle hat ein leichtes Leben, der irrt sich an dieser Stelle gewaltig. Sein Revier freizuhalten beansprucht viel Zeit und Kraft, aber es lohnt sich, und das wissen die kleinen Tierchen sehr genau. Neben der Verteidigung müssen noch geeignete Balztänze einstudiert werden, die über den Erfolg bei der Weibchenwelt entscheiden. Das ähnelt stark den menschlichen Balzversuchen in einer Diskothek. Erst muss ein zwei Quadratmeter großes Revier geschaffen werden, welches sich in den meisten Fällen nicht weit von der Bar befindet, und anschließend gilt es die Frau mit einem eindrucksvollen, aber nicht zu peinlichen Tanz zu umwerben. Auch wir Männer haben es nicht so leicht bei der Paarsuche, wer aber in die Natur blickt, kann sich von seinen männlichen Tiernachbarn einiges abschauen. Den Libellen ergeht es schon einmal besser als den Eintagsfliegen, da diese nicht sofort nach ihrer Paarung versterben. Das bietet uns Menschen die Chance, die ausgewachsenen Libellen noch eine Weile beobachten zu können, bevor diese irgendwann das Zeitliche segnen. Wurde das Libellenmännchen von seiner Auserwählten erhört, dann zeigt es mit seinem hellleuchtenden roten »Schlusslicht« (rote Verfärbung am Hinterleibsende) einen optimalen Ort für die Ablage der Eier. Ja, Sie merken, hier wird nichts dem Zufall überlassen. Spannend ist auch, dass nicht jede Libellenart sich untereinander paaren kann, denn es gilt das »Schlüssel-Schloss-Prinzip«. Innerhalb jeder Art passen die Geschlechtsorgane der Weibchen und Männchen aufeinander, sodass eine Befruchtung der Eier stattfinden kann (Brockhaus, T. & Fischer, U. 2005; Bellmann, H. 2007).

Die dann schlüpfenden Larven haben es in sich. Als Kind untersuchte ich oft zusammen mit meinem Großvater die Bäche und Tümpel in der Umgebung. Oft nahmen wir ein großes Schraubglas mit, um kleine Tierchen im Wasser fangen und beobachten zu können. Eines Tages befand sich eine Libellenlarve im Glas, die sich zwischen den Kaulquappen und den kleinen Wasserläufern herumtummelte. Mit ihren behutsamen und langsamen Bewegungen machte die Larve einen sehr harmlosen Eindruck auf uns. Allerdings wurden wir schnell eines Besseren belehrt. Blitzschnell schoss die Larve nach vorne und schnappte sich eine von den vielen Kaulquappen im Glas. Überrascht und zugleich erstaunt schauten wir uns beide an. Mit dieser Reaktion hatte keiner gerechnet. Zu dieser Zeit war mir die Lebensweise der Libellenlarven unbekannt, im Studium kam dann die langersehnte Erkenntnis. Es stellte sich heraus, dass diese »unscheinbaren« Larven eiskalte Jäger sind und kein Erbarmen mit ihrer Beute zeigen. Sie lauern im Hintergrund und warten geduldig auf kleine Insekten, Fische oder eben Kaulquappen, die sich der Gefahr nicht bewusst sind. Ihr ausklappbares Mundwerkzeug können diese Larven fast schon schussartig gegen die gewünschte Beute schießen und diese anschließend in Richtung Mund zerren. Dieses Werkzeug sieht aus wie eine ausfahrbare Greifhand oder, bildlich gesprochen, wie ein zusammengeklappter Arm, bei der die Hand den Greifer darstellt. Ich kann es Ihnen nur empfehlen, sich dahingehend einige Videos anzuschauen, um diesen beeindruckenden Fangmechanismus erleben zu können. Im Studium war ich immer froh, dass dieser Jäger nur klein ist und für den Menschen keine Gefahr darstellt. Ich vermute, dass wir sehr schlechte Karten gegen eine 1,5 Meter große Libellenlarve hätten.

Kapitel 5

Fortpflanzung auf originelle Art und Weise

Die Natur hat noch einiges mehr zu bieten, wie zum Beispiel den Giebel, oder auch Silberkarausche (*Carassius gibelio*) genannt. Viele Angler werden diesen Fisch sehr gut kennen, denn er ist fast in jedem Gewässer vorzufinden. Diese Art ähnelt unseren Goldfischen sehr stark, weshalb eine sichere Unterscheidung über einen Vergleich der Schuppenfarbe geschehen kann. Fast schon mausgrau bis silbern glänzend lässt sich die Farbe dieses Fisches beschreiben. In Europa ist diese Art ein Popstar, denn er gilt als eine der erfolgreichsten invasiven Fischarten. Ursprünglich stammt dieser Fisch aus Asien. Die europäischen Gewässer gefallen ihm so gut, dass er der heimischen Karausche zur Konkurrenz wird.

Der Giebel ist ein sehr geselliger, aber auch genialer Fisch, denn dieser pflanzt sich auf eine spektakuläre Art und Weise fort. Im Studium wurde uns diese Fischart im dritten Semester vorgestellt. Als unser Dozent seine Ausführung zur Fortpflanzung beendet hatte, standen bei uns allen die Münder staunend offen. Keiner konnte sich so eine Reproduktionstechnik vorstellen. Sie werden sich jetzt wundern, aber die meisten vorkommenden Giebel bei uns sind weiblich. Es stellt sich die Frage, wie diese Art sich dann vermehren kann, wenn wenige oder sogar keine Männchen vorhanden sind. Es muss hierbei einen kleinen Trick oder eine Technik geben, die trotz dieser enormen oder übergroßen Menge an Weibchen eine Fortpflanzung sicherstellt.

Mutter Natur hat auf alle Fragen eine Antwort parat, und diese ist sehr verblüffend. Der Giebel hat eine gynogenetische Vermehrung entwickelt (Gui, 1996 aus Bai et al. 2011). Dieser schwer auszusprechende Begriff bedeutet so viel, dass der Giebel nicht von Männchen der gleichen Art abhängig ist. Jetzt wird es verrückt, wie sollen denn dann die Eier befruchtet werden, wenn kein Giebelmännchen benötigt wird? Es ist simpel, aber aus biologischer Sicht genial, denn der Giebel kann die Spermien von karpfenartigen Fischen nutzen. Sie haben richtig gehört, unserer Giebel ist eine Art

»Kukuksgiebel« und macht sich so keinen Stress bei der Partnersuche. Das Giebelweibchen wartet, bis sich karpfenähnliche Fische wie die Rotfeder oder die Karauschen fortpflanzen, und legt dann seine Eier direkt mit dazu, wodurch ein Kontakt mit den fremden Spermien (externe Insemination) stattfindet. Nach der Befruchtung setzt sofort die Entwicklung der Larven ein. Das Wunder ist vollbracht. Genial ist nur, dass die daraus schlüpfenden Fischlarven alle Giebel sind und keine Mischformen – sogenannte Hybriden – darstellen. Im Fachjargon würde von einer fehlenden Verschmelzung des Giebelgenoms gesprochen werden. Die Erbinformationen des unwissenden Männchens werden abgebaut. Nun geht das Wunder aber weiter, denn alle geschlüpften Giebel sind Weibchen, nur vereinzelt ergeben sich Zwitter, die dann die Rolle der männlichen Giebel übernehmen können. Dieser Fisch ist atemberaubend, denn es reicht ein einzelnes Exemplar aus, um eine komplette Giebelpopulation zu etablieren, solange genügend karpfenartige Fische im Gewässer vorhanden sind.

Immer wieder erstaunt es mich, welche Techniken der Fortpflanzung in der Natur gegeben sind. Alle haben ihre Vorteile, aber auch Nachteile. Der Giebel hat einen sehr großen Vorteil, da er sich durch seine spezielle Fortpflanzungsstrategie sehr schnell und effizient verbreiten kann. Also Achtung an die Teichbesitzer*innen, Sie brauchen keine Giebel aussetzen, denn durch den Verschleppungseffekt von Fischeiern kommt es auf lange Sicht sowieso zum Besatz dieser Art (Füllner et al. 2016). Für Sie gern noch zur Information: Das vollständige Genom des Giebels wurde erst im Jahr 2022 entschlüsselt. Dies zeigt die Komplexität des Fortpflanzungsmechanismus des Giebels (Kuhl et al. 2022).

Ein weiteres Genie im Fluss stellt die Quappe (*Lota lota*) dar. Diese liebt kalte Bäche und Flüsse und ist sogar Verwandte des Dorschs. Sie brauchen also nicht extra an die Ostsee fahren, um einen Dorsch zu angeln. Seine nahen Verwandten sind bei uns anzutreffen. Hochseeangeln am Fluss, das klingt nach einer spannenden Erfolgsgeschichte und würde zugleich die Meere schützen. Ich hatte die Ehre, in Bayern ein paar dieser herrlichen Tiere zu fangen. Im Rahmen einer Äschenbestandsuntersuchung ging uns ein paarmal dieses Geschöpf in den Kescher. Vom Kopf her ähnelt die Quappe wirklich einem Dorsch aus der Ostsee, denn sie besitzt diese unverkennbare Bartel an der Unterseite des Maules. In freier Natur kann man die stationäre und die wandernde Quappe antreffen. Anhand der Größe lassen sich diese beiden Arten gut unterscheiden, da die wandernden Quappen etwas größer werden. Sie kann weite Strecken zurücklegen und zwischen Brackwasser und Süßwasser umherwandern. In der heutigen Zeit werden diese Tiere immer seltener, da die Durchgängigkeit und die Strukturgüte unserer Fließgewässer mangelhaft sind. In der Vergangenheit ist diese Art in Massen aufgetreten. So kam es im 16. Jahrhundert dazu, dass dieser Fisch sogar zu Weihnachten gefangen, getrocknet und als Brennmaterial verwendete wurde, ganz dem Motto »Das Brikett aus dem Wasser« (Handsch von Limus 1529–1578, vgl. Schubert 1933). Das lässt Grund zu der Annahme, dass die Quappe womöglich unser wahrer Weihnachtsfisch ist. Seine Leber soll zumindest nach den getätigten Aussagen von Fabricius im Jahr 1569 das Beste am ganzen Fisch sein. Da mittlerweile die Quappe als gefährdet in Sachsen gilt, wird sich eine ausgiebige Kostprobe nicht ergeben, und das ist auch gut so.

Doch zurück zur Fortpflanzung dieser Art, denn diese ist sehr gut ausgeklügelt. Zu jeder Temperatur lässt sich die Quappe nicht auf eine Fortpflanzung ein. Nein, es müssen schon zehn bis zwölf Grad vorliegen, bis sich dieses Tier zur Laichwanderung überhaupt aufmacht. Wird dieser Temperaturbereich aber erreicht, so kann die Quappe gute 100 Kilometer zurücklegen (Fredrich & Arzbach 2002). Für einen sehr schlechten Schwimmer, der nicht einmal wenige Minuten bei 0,25 Meter pro Sekunde die Position im Fließgewässer halten kann, ist das eine starke Leistung (Hochleithner 2002). Die Quappe braucht keine warmen Temperaturen, um in Stimmung zu kommen. Bei schlappen vier Grad steigen in ihr schon Frühlingsgefühle auf (Blohm et al. 1994). Kaum zu glauben, da bei uns Menschen doch bei dieser Temperatur wahrscheinlich nur die Intension zum Heizen bestände. Nun kommt das Besondere dieser Art, denn es werden zwischen 350.000 bis 750.000 Eier pro Kilogramm Körpergewicht produziert. Mit dieser hohen Anzahl schlägt die Quappe bei Weitem viele Fischarten (Harsanyi & Aschenbrenner 1992). Eins hat die Quappe mit uns Menschen aber gemeinsam, für den Akt der Liebe sollte es schon dunkel sein. Daher laicht diese Art nur nachts ab. Dafür schließt sie sich zu kleinen Gruppen zusammen. In der Gruppe geht es dann heiß her, denn es wird sich umhergewunden und gedreht. Nun sind die Quappen buchstäblich ineinander verknotet, wodurch es den Anschein macht, dass lauter kleine Knäule umherschwämmen (Hochleithner 2002). Wieder hat die Natur sich einen kleinen Notfallschirm für die Eier ausgedacht. Denn in den Eiern befindet sich eine Ölkugel, die diese schwimmfähig machen (BLOHM et al. 1994). Somit schwimmt das Ei erst einmal entspannt in flachere und ruhigere Gewässerbereiche, um sich dann ans Substrat zu heften. Nach ungefähr 30 bis 75 Tagen erfolgt dann der langersehnte Schlupf der Larven (Hochleithner 2002). Bis diese schließlich selbst den Laichweg antreten, vergehen drei bis vier Jahre (Fredrich & Arzbach 2002).

Mich persönlich faszinieren die verschiedenen Fortpflanzungstechniken von Fischen und anderen Wasserorganismen. Gerade ausgeklügelte Raffinessen lassen mich immer wieder aufs Neue erstaunen. Nach einigen Jahren des Studierens bin ich durch Zufall auf einen sehr kleinen und sehr einzigartigen Fisch gestoßen. In der Laichzeit würde jeder diesen Fisch mit einem Zierfisch aus der Zoohandlung verwechseln, da er eine herrliche Farbenpracht entwickeln kann. Gemeint ist der Bitterling (*Rhodeus amarus*). Ich habe diesen schönen Fisch schon sehr oft zu Gesicht bekommen, denn er lässt sich in gut verkrauteten Stand-, aber auch langsam fließenden Gewässern finden. Eine Hauptbedingung ist jedoch, dass Großmuscheln im Gewässer vorhanden sind. In diesem Zusammenhang komme ich auch gleich zu der Besonderheit dieser Art, denn sie wäre ohne Muscheln nicht fortpflanzungsfähig. Über die Jahrtausende hat sich ein einzigartiger Fortpflanzungsmechanismus herausgebildet. Diese kleine Fischart macht sich die Großmuschel (zum Beispiel die Gattungen Unio, Anodonta und Pseudanodonta) als Amme zunutze. Wo andere Fische wochenlang ihr Nest verteidigen und Anstrengungen in Kauf nehmen, um ihre Schützlinge durchzubringen, macht es sich der Bitterling leicht und geht den Weg des geringsten Widerstandes. Wobei das Männchen auch kleine Reviere (vier bis zehn Quadratmeter) um die kostbaren »Ammenmuscheln« (circa ein bis drei Stück) verteidigt (TLUBN 2010).

Die Weibchen haben an ihrem After ein Legerohr, mit dem sie die Eier (ein bis zwei Stück) ganz genau an den Kiemen der Muscheln platzieren können. Interessanterweise wird dies direkt über die Kloakenöffnung der Muschel durchgeführt. Die Männchen haben es wieder einfacher und geben nach der Eiablage ihre Samen in die Atemöffnung der Muschel. Es klingt zwar nicht sehr appetitlich, aber die Samen werden von der Muschel eingeatmet und befruchten so die in den Kiemen befindlichen Eier. Die sehr skurrile Technik ist äußerst effektiv und im Hinblick des Larvenschutzes perfekt. Da Muscheln bekanntlich keine guten Läufer sind, müssen sie sich dieser ungewollten Ammentätigkeit hingeben, ob sie wollen oder nicht. Der Muschel wird so aber kein Schaden zugeführt, sodass man es getrost verzeihen kann (TLUBN 2010).

Ein Weibchen legt pro Laichperiode ganze 40 bis 100 Eier. Wenn die Eier erst einmal platziert sind, schlüpfen die Larven nach geraumer Zeit in der Muschel. Und weil es so gemütlich bei der »Ammenmuschel« ist, bleiben die Larven solange bei Ihr, bis der Dottersack vollständig aufgebraucht ist (Aldridge 1999; Smith et al. 2004). Mit rund elf Milimetern Körpergröße müssen die kleinen wieder durch die Kloakenöffung in die Freiheit schwimmen. Dann ist das »Hotel Muschel« geschlossen, und das harte Fischleben wartet auf sie! In der Laichzeit von April bis August ist dieses Spektakel für aufmerksame Naturfreund*innen gut zu beobachten (Füllner et al. 2016). In unseren heimischen Flüssen wimmelt es nur vor Geheimnissen und wunderbaren Entdeckungen. Es lohnt sich für jede und jeden einzelnen sehr, in die Tiefen zu blicken und sich für das Thema zu interessieren. Speziell und abgefahren wird es dann ganz schnell, wie Sie selbst in den nächsten Kapiteln erfahren werden.

Kapitel 6

Der Spezialist unter den Anglern

Das Schöne an unserer Natur ist, dass wir immer mehreres gleichzeitig entdecken können. Wenn Sie also gerade auf der Suche nach einer perfekten Bitterlingsbeobachtung sind, kann es sein, dass Sie unbekannten Besuch bekommen. Das Tierchen ist nämlich genauso an Fischen interessiert wie Sie. Der Unterschied ist nur, dass es den Fisch gern verspeisen statt nur beobachten möchte. Die Rede ist von dem sehr eindrucksvollen Fischotter (*Lutra lutra*).

Lange Zeit blieb dieser von der Bildfläche verschwunden, da der Jagddruck zu groß war. Nach erfolgreichen Wiederansiedlungsprojekten ist diese Art nun wieder an unseren Gewässern anzutreffen, was nicht alle freudig begrüßen. Verständlicherweise gibt es eine Vielzahl an Restriktionen, die durch geeignete Gespräche und Kooperationen überwunden werden können. Alles, was dem Menschen unbekannt ist, wird natürlich etwas weniger Aufmerksamkeit geschenkt als vergleichsweise brisanten Themen. Für die Anglerinnen und Angler sollte dieses Tier ein wahres Vorbild sein, denn es gibt in der Natur keinen vergleichbaren Fischjäger, der so eindrucksvolle Fangergebnisse hinlegt wie der Fischotter. In vielen Fachkreisen wird er sogar als »Fischspezialist« bezeichnet (Erlinge 1972; Wise et al. 1981; Mason & Macdonald 1986), wobei seine Geschmäcker sehr verschieden sind, wie sich in der Studie von Ottino & Giller (2004) gezeigt hat. Der Otter hat sich im Laufe der Zeit sehr gut spezialisiert, um sein Beuteschema den Umständen entsprechend anzupassen. Fischotter müssen dementsprechend nicht immer Fisch fressen, es können auch Frösche, Krebse oder kleine Säugetiere wie zum Beispiel Mäuse auf den Speiseplan gelangen, je nachdem was der Lebensraum zu bieten hat (vgl. Erlinge 1967; Jenkins 1980; Erlinge & Jensen 1981; Gormally & Fairley 1982; Kruuk & Moorhouse 1990; Breathnach & Fairley 1993; Carss 1995; Carss et al. 1998).

Er lebt ganz nach dem Motto »Es wird gegessen, was auf den Tisch kommt«. Im Fachjargon würde man von einem opportunistischen Jäger sprechen. Beeindruckend ist, dass der Fischotter somit ein wichtiger Bewohner unserer Gewässer ist und eine bedeutende Rolle und Funktionsweise in unserem Gewässerökosystem einnimmt (Ottino & Giller 2004). Wie jedes Lebewesen stellt auch der Fischotter Ansprüche an seine Umgebung, die zwingend erfüllt sein müssen, damit ein Überleben möglich ist. In der Studie von Ottino & Giller (2004) ließ sich feststellen, dass Fischotter nur in der Nähe tieferer Gewässer aufzufinden sind. In Fließgewässern werden hierfür die tiefen Kolke bevorzugt, welche wiederum wunderbare Habitate für die Beutefische – die Salmoniden – darstellen (Macdonald & Maurer 1982b; Kruuket al. 1986; Kemenes & Demeter 1995). Die Ansprüche des Fischotters lassen sich kurz umreißen, denn er benötigt eine ausreichende Wassertiefe, eine ausgeglichene Nahrungsverfügbarkeit, spezifische Ufervegetationen (bevorzugt Eschen oder Bergahorn) und eine passende Fließgeschwindigkeit (Macdonald et al. 1978; Macdonald & Mason 1983; Adrian et al. 1985). Was viele nicht wissen, ist, dass der Fischotter in Abhängigkeit von der Fischpopulationsgröße jagt. Das bedeutet, dass bei geringen Populationsdichten der Fraßdruck sinkt und eine andere Nahrungsquelle aufgesucht wird, wie zum Beispiel Krebse, Muscheln oder Frösche (Ottino & Giller 2004). Die Art der Beutefische hängt auch von ihrem Schwimmverhalten ab. Im Vordergrund steht dabei die Fangeffizienz, welche mit der Beutegeschwindigkeit in Verbindung steht. So wird im Gewässer natürlich der langsamste Fisch oder Frosch gefangen. Es ist wie im richtigen Leben, den letzten fressen wortwörtlich die Fischotter.

Der Aal ist dabei etwas im Nachteil gegenüber anderen Fischen, denn dieser steht weit oben auf der Speisekarte des Fischotters (Erlinge 1968). In einigen Regionen stellt der Aal sogar die Hauptnahrungsquelle dar (zum Beispiel in Südengland, Webb 1975; oder in Nordostschottland, Jenkins & Harper 1980). Ist der Aal nicht vorzufinden, wird sich schnell ein anderer Leckerbissen gesucht. In diesem Fall können auch karpfenartige Fische – sogenannte Cypriniden – verspeist werden (Erlinge 1967; Prigioniet al. 1991). In den kalten Wintertagen wird der Speiseplan etwas umgestellt, dann geht es vielmehr den Krebsen an den Kragen, die dann ein herrliches Nebenfutter darstellen (Erlinge 1967, 1969; McFadden & Fairley 1984; Breathnach & Fairley 1993).

Wenn der Fischotter im Winter dennoch auf Fischjagd gehen möchte, so profitiert er von der wechselwarmen Lebensweise der Fische. Bei kälteren Wassertemperaturen sinkt schließlich auch die Bewegungsaktivität der Fische. Buchstäblich verlangsamen sich die Schwimmbewegungen und erhöhen so die Chance zum Fang (Wise 1978; Gormally & Fairley 1982; Heggenes et al. 1993; Carss 1995). Der Fischotter passt sich somit seinem Lebensraum sehr gut an. In Zukunft könnte diese opportunistische Lebensweise sehr von Vorteil sein, denn wir beklagen immer mehr die Ausbreitung fremder Krebsarten wie zum Beispiel des Signalkrebses (*Pacifastacus leniusculus*) oder des Kamberkrebses (*Orconectes limosus*), welche zudem unsere heimischen Krebspopulationen durch die Einschleppung der gefährlichen Krebspest bedrohen. In einer Studie ließ sich feststellen, dass der Fischotter sein Nahrungsspektrum an die rasant ausgebreitete Krebsart *Procambarus clarkii* (Roter Amerikanischer Sumpfkrebs) angepasst hat (Delibes & Adrian 1987). In diesem Zusammenhang sind diese Krebse einer der wichtigsten Hauptnahrungsquellen geworden. Für uns besteht somit die Hoffnung, dass mit dem Fischotter eventuell auch eine Limitierung der nicht heimischen Krebsarten stattfinden kann. Aus diesem Grund ist er für die Balance in einem Ökosystem von nicht unerheblicher Bedeutung. Ich bin auf die zukünftige Entwicklung und auf die weitere Verbreitung dieser Art gespannt. Abschließend kann ich es Ihnen nur ans Herz legen, offen durch die Welt zu gehen und nach solchen wunderbaren Tieren Ausschau zu halten.

Kapitel 7

Wanderung ohne Karte und Navigationssystem

Was wären wir Menschen ohne eine Karte oder ohne unser allwissendes Navi im Auto. Ich vermute, einigen würde es so ergehen wie mir selbst. Die klassische Planlosigkeit und Überforderung würden sich zeigen. Vor vielen Jahren stand ich vor solch einer Aufgabe. Ich musste die Route anhand einer Straßenkarte richtig bestimmen. Anfangs war es äußerst schwierig, da ich mich persönlich zu Beginn der Fahrt wenig mit der Karte auseinandergesetzt hatte. Diesen Fehler bemerkte ich dann leider erst bei den großen Autobahnkreuzen, an denen schnelle Navigationsentscheidungen getroffen werden mussten. Zwei Jahre später sollte ich einen Umzug nach Berlin fahren und musste mit einer mündlichen Wegbeschreibung zurechtkommen. Einzelne Eckpunkte, wie bekannte Kreuzungen oder sogar Kneipennamen, wurden mir übermittelt, und dann ging die Reise los. Sie können sicherlich die Ausmaße der Fahrt erahnen. Jedenfalls bin ich nach zahllosen Wendeaktionen, zwei Blitzern, einem angestoßenen Straßenschild und weiteren kleinen Pannen ans Ziel angekommen. Nun stellen Sie sich vor, Sie haben weder ein Navi, eine Karte oder die mündliche Überlieferung und sollen Ihr gewünschtes Ziel erreichen. Viele denken sich bestimmt, um Himmelswillen, es wäre eine reine Katastrophe. In der Wildnis würde ich mit der Sonne oder den Sternen arbeiten, um die Himmelsrichtungen festzustellen. Aber woher wissen Sie, dass Ihre Heimatstadt im Osten oder Norden liegt? Seien wir ehrlich, wir wären überfordert und wüssten weder ein noch aus.

Ob Sie es glauben oder nicht, es gibt Fische wie zum Beispiel den Lachs oder den Aal, die uns Lichtjahre voraus sind. Der Aal (*Anguilla anguilla*) legt Tausende Kilometer (5.000–10.000) zurück, um wieder an seine Geburtsstätte zu gelangen, ganz ohne Navi oder Karte (Wright et al. 2022). Schon zu Zeiten des alten Aristoteles bis hin zu Freud hat der Aal viele Rätsel und Verwunderungen bei den großen Denkerinnen und Denkern dieser Epochen verursacht (Tucker 1959). Das Geheimnis der Fortpflanzung wurde zum ersten Mal im 20. Jahrhundert von Johannes Schmidt zum Teil gelüftet. Der Forscher konnte zumindest den Laichort lokalisieren und damit den Glauben des Aristoteles widerlegen, welcher dachte, dass diese Tiere ohne Fortpflanzung aus dem Schlamm hervorgingen (Westerkamp 2022).

In einer aktuelleren Studie konnte beobachtet werden, dass der Aal am Tag zwischen sechs und elf Kilometer zurücklegen kann. Somit lässt sich dieser recht viel Zeit für seine Laichwanderung (Wright et al. 2022). Obwohl viele Wissenschaftler*innen sich den Aal in der Vergangenheit zu Gemüte geführt haben, ist nur sehr wenig über diese Art bekannt. Das größte Rätsel stellt die Fortpflanzung dieser Art dar. Niemand weiß, unter welchen Bedingungen der Laichprozess erfolgt. Eins steht aber sehr sicher fest, der Aal wandert zum Sargassosee (Atlantik), um abzulaichen.

Gott sei Dank ist uns wenigstens die Larvenentwicklung des Aals bekannt, sodass wir nicht vollständig im Dunkeln tappen und vor Anspannung platzen müssen. Die geschlüpften Larven driften binnen drei Jahren mithilfe des Golfstroms in Richtung Europa. Während dieser Zeit entwickeln sich die Larven zu Glasaalen. Bis es aber soweit ist, durchläuft der Aal einige Entwicklungsstadien (weidenblattähnliche und durchsichtige Leptocephalus-Larven), bis von einem Glasaal die Rede ist. Sind diese erst einmal bereit, kämpfen sie sich dann Kilometer für Kilometer zu den Mündungen der Süßwasserflüsse von Europa und Nordafrika vor. Erreichen diese dann endlich die Flüsse ihrer Vorfahren, so verbleiben sie die nächsten 15 bis 30 Jahre dort. Dort wird sich ein ordentlicher, großer Fettmantel angefressen. Die Weibchen werden maximal 150 Zentimeter groß, die Männchen hingegen nur 50 Zentimeter. Mit Eintritt der Geschlechtsreife geht die große und letzte Wanderung der Aale wieder los. Der Kreislauf des Lebens schließt sich (Gebhardt & Ness 2005).

Aber wie schaffen es diese Tiere, solch eine riesige Entfernung ohne Hilfsmittel zurückzulegen? Die Antwort ist hoch komplex und wird derzeit noch weiter erforscht. Vergangene Untersuchungen ließen darauf schließen, dass Glasaale ihren magnetischen Kompass verwenden, um sich die magnetische Richtung von Gezeitenströmungen zu merken. Dieser Mechanismus könnte ihnen dabei helfen, ihre Position zu halten und stromaufwärts zu wandern (Cresci et al. 2019). Die Natur zeigt wieder einmal, was alles möglich ist. Manche Menschen würden sich bestimmt über solch einen magnetischen Kompass freuen. Laut der neuesten IUCN-Bewertung ist der Aal leider vom Aussterben bedroht. Seit dem Jahr 1980 sind die Bestände um 95 Prozent reduziert worden. Die Gründe sind vielseitig, aber die Überfischungen, der Betrieb von Wasserkraftanlagen und die chemische Verschmutzung unserer Fließgewässer tragen maßgebend dazu bei (schauen Sie selbst: www.unbonn.org).

Abbildung 4 Nahaufnahme eines Aals (Anguilla anguilla) in einem Standgewässer, *Quelle: Marcus Kunze*

Bei dem Thema Wanderung kommt mir noch ein weiterer Vertreter der Wanderfische in den Sinn, der Ihnen bestimmt unbekannt ist. Mir war er jedenfalls bis zu dem Jahr 2018 völlig fremd. Ich spreche hier von der Alse (*Alosa alosa*). Im Volksmund wird er liebevoll der »Maifisch« genannt, welcher sich zu früheren Zeiten als schmackhafter Speisefisch erwies. Heute ist diese Art sehr selten geworden, dabei war sie Teil unserer großen Flusslandschaft. Sein Name hat sich der Fisch durch die Hauptlaichzeit im Mai verdient. Um erfolgreich zu laichen, wandert er vom Meer in unsere großen

Fließgewässer. Es werden mehrere Hundert Kilometer Wanderstrecke bis zu den Mittelläufen der Fließgewässer (Barbenregion) zurückgelegt. Ein Navi braucht dieser Fisch natürlich auch wieder nicht! Diese Herangehensweise ähnelt der des Lachses, obwohl dieser im Vergleich zum Maifisch noch viel weiter wandert. Erreicht der Maifisch endlich seine Laichgebiete, wird der Akt der Liebe schon fast tanzend vorgenommen. Plätschernd schwimmt dieser Fisch nachts an der Oberfläche in großen Schwärmen umher. Man stelle sich einmal vor, wie die Nacht vor 1.000 Jahren zur Laichzeit dieser Art klang. Bei diesem Gedanken bekomme ich gleich Gänsehaut, da es wunderschön geklungen haben muss. Nach dem Abklingen der Gänsehaut kommen wir wieder zurück zur Gegenwart. (Tipp, falls es mit dem Abklingen nicht auf Anhieb klappt, einfach einen Schluck Leitungswasser trinken!) War der Laichvorgang erfolgreich, so bleiben die Jungfische nach dem Schlupf eine kurze Zeit in den Fließgewässern, um eine Größe von etwa acht bis zwölf Zentimetern zu erreichen. Danach kommt der »Ernst des Lebens«, denn die jungen Maifische treten ihre beschwerliche Reise – und das wieder ohne Navi – zum Meer an, um dort ihre Laichgröße von etwa 30 bis 40 Zentimetern zu erreichen (Lelek & Buhse 1992; Bartl et al. 1997; Beeck et al. 2008; Scharbert & Beeck 2011).

Leider gilt diese Art in Sachsen als ausgestorben und wird nur selten erwähnt. Der Grund dieser Entwicklung liegt in der flächendeckenden Begradigung und der ständigen Wasserverschmutzung unserer großen Fließgewässer. Die vergangenen intensiven Befischungen haben ebenso ihre Spuren hinterlassen. Die laichfähigen Maifische werden gefischt, und unsere heimischen Fließgewässer besitzen nicht genügend Laichplätze, falls sich doch einmal ein Maifisch bei uns verirren sollte. Deshalb hat sich die Reproduktion über die Jahre drastisch verändert, was letztlich zum Rückgang dieser Art geführt hat.

Das ist ein gutes Beispiel dafür, wie wir Menschen das Leben anderer Lebewesen beeinflussen, indem wir ihre Lebensräume beanspruchen. Für unsere Vorfahren war es einst eine normale Speisefischart, viele Jahre später ist sie aus den Köpfen der Menschen verschwunden. Vor 1.000 Jahren musste man zur Laichzeit die Fenster nachts verschließen, da das Plätschern vermutlich so laut war, und heute ist es still geworden. Auch gut, zumindest für die Schlafqualität. Aus diesem Grund habe ich die Möglichkeit genutzt, diese wunderbare Wanderfischart vorzustellen, denn was der Mensch nicht kennt, das schützt er auch nicht. In der Vergangenheit fanden Wiederansiedlungsprojekte am Rhein statt (ab 2007), aber solange die Lebensräume für den Maifisch nicht gegeben sind, wird sich ein stabiler Bestand nur schwierig einstellen können. Dennoch geben Untersuchungen aus dem Jahr 2015 einen Funken Hoffnung für die Wiederansiedlung dieser Art in Deutschland (Scharbert 2015). Wird der Blick nach Frankreich gerichtet, ist es noch heute möglich, größere Schwärme zu beobachten. Vielleicht hören wir bald ja wieder bei uns in Deutschland das schöne Plätschern des Maifischs, wer weiß?

Insgesamt lässt sich eins bei allen wandernden Fischen erkennen. Die meisten von ihnen haben keine leichten Bedingungen für ihre Laichwanderungen. Die Zeiten haben sich deutlich geändert, und somit nimmt dies auch Einfluss auf die Bestände wandernder Fische. Manchmal wünsche ich mir eine Zeitreise, bei der ich einfach 1.000 Jahre in die Vergangenheit reisen kann. Bei dieser Reise würde ich mir die großen Schwärme der Lachse oder auch Maifische ansehen wollen. Wenn ich mit meinen Kursteilnehmenden am Gewässer wandere, nutze ich immer eine ruhige Minute dazu, um genau solch eine Zeitreise zu machen (natürlich nur gedanklich, eine Maschine liegt mir bislang noch nicht vor). Dabei umhülle ich die Leere unserer Fließgewässer mit abenteuerlichen Laichwanderungsgeschichten, bei denen Hunderte, ja sogar Tausende große Lachse die Flüsse und Bäche hochwandern. Dicht gedrängt im und am Wasser stehen die großen Braunbären, wie in Kanada, und fletschen ihre scharfen Zähne. Man darf ja noch etwas träumen!

Kapitel 8
Wo sind denn die Großen hin?

Was, glauben Sie, war der größte Fisch in der Elbe? Raten Sie ruhig einmal. Während meines Studiums in Dresden saß ich oft mit Kommiliton*innen an der Elbe, um die Prüfungen oder die abgegebenen Belege zu feiern oder zu bedauern. Die Elbe ist mir dementsprechend ein sehr bekanntes Gewässer, welches gut und gern mal über 100 Meter breit sein kann. Da ist viel Platz für einen oder mehrere große Fische, nicht wahr? Der größte Vertreter in der Elbe war der Stör (*Acipenser sturio & Acipenser oxyrinchus*). Mit bis zu drei Metern Länge übertrifft er bei weitem alle anderen heimischen Fischarten und stellt somit auch die größte Süßwasserfischart in Europa dar (Nikulina & Schmölcke 2018). Aus historischen Überlieferungen (Muus & Dahlström 1968) werden Körperlängen von weiblichen Stören von bis zu sechs Metern angegeben. Für derartige Größen benötigten die Störe fast 100 Jahre Lebenszeit. Heutzutage unvorstellbar, dass ein fast sechs Meter langer Fisch in unseren Gewässern lebte. In der heutigen Zeit lassen sich diese Tiere nicht mehr so leicht auffinden, da sie in vielen Teilen Europas vom Ausstreben bedroht sind (Nikulina & Schmölcke 2018). Im sächsischen Elbgebiet gilt der Stör leider schon als ausgestorben (Füllner et al. 2016).

Der Stör, der zur Megafauna gezählt wird (Körpergewicht über 30 Kilogramm), ist ein guter Indikator für den Zustand eines Fließgewässers. Fehlen die Vertreter der Megafauna, dann zeigt dies den schlechten Zustand der Lebensräume im Fließgewässer auf. Mich stimmt es sehr traurig, dass der Stör nicht mehr in seiner natürlichen Umgebung überleben kann, da wir Menschen Wehre bauen oder die wichtigen Kiesbänke zerstören. Zudem senken wir die Wasserqualität so herab, dass ein Überleben von jungen Stören nicht möglich ist. Die adulten (erwachsenen) Störe benötigen tiefe Gruben (Kolke), um ihre Eier abzulegen. Diese kleinen Eier, welche wir zivilisierten Menschen als Kaviar kennen, fallen anschließend in die Lücken im Sohlbereich. Das vollständige Gewässer muss intakt sein, damit aus diesen kleinen Eiern ein Stör schlüpfen kann und der Bestand aufrechterhalten wird. In der Vergangenheit wurde der Stör als billiges Volksnahrungsmittel gehandelt. Dabei wurde der Kaviar – der heute so einen hohen Preis erzielt – als Angelköder verwendet. Die Befischungen verliefen meist ohne Kontrollen und Mengenuntersuchungen, sodass große Bestände minimiert wurden (Spratte 2014 aus Nikulina & Schmölcke 2018). Mit der Industrialisierung verschwand der Stör zunehmend aus den heimischen Fließgewässern und diente nur noch als Grundlage für die Geschichten aus vergangenen Zeiten. Sollten wir wieder einige Bestände in unserer Elbe vorfinden, haben wir als Mensch wirklich etwas Gutes vollbracht.

Doch denken Sie nicht, dass wir keine Flussmonster mehr in unseren Fließgewässern haben. Noch immer tummeln sich über zwei Meter große und bis zu 200 Kilogramm schwere Fische in unseren größeren Gewässern wie beispielsweise der Elbe oder dem Rhein. Ich habe bewusst den Begriff »Flussmonster« gewählt, weil ich persönlich den Wels (*Silurus glanis) so einschätze.* Als Hydrobiologe fasziniert mich diese Art außerordentlich stark, weshalb ich diesem besonderen Tier gern ein paar Zeilen widmen möchte. Es lässt sich schwer vorstellen, dass so ein großer Fisch in unseren Fließgewässern vorkommt, aber der Wels ist ein uralter Bekannter. Seine Bestände waren in der Vergangenheit jedoch geringer, als es jetzt der Fall ist (Füllner et al. 2016). Durch die ansteigenden Wassertemperaturen kann sich der Wels besser vermehren, was nicht unbedingt viel Freude bei allen auslöst. Denn diese Jäger können ab einer Größe von circa 1,5 Metern auch Vögel oder anderes Getier verspeisen. Mir sind Fälle in Tagebaufolgeseeen bekannt, in denen eine zu große Welspopulation massive Veränderungen in der gesamten Fischzusammensetzung herbeigeführt hat. Seit Jahren beobachte ich hierzu einen Tagebaufolgesee in meiner alten Heimat. Da meine Großeltern dort leben, bin ich über das Jahr verteilt sehr oft am Gewässer, um Erfahrungen mit den Anglerinnen und Anglern auszutauschen. Seit geraumer Zeit beißen die Fische dort nicht einmal sonntags. Denn die Bestände an Rotfedern oder Blei gehen seit Jahren derart zurück, dass sich alle fragen, wo die Fische geblieben sind. Mein Großvater ist einer dieser engagierten Angler, der fast jeden Tag an diesem See angeln geht. Doch der große Anglererfolg blieb seit Jahren aus. Die Verbindung wird schnell zu den zugesetzten Welsen hergestellt, da es in der Vergangenheit zu extrem starken Besatzmaßnahmen gekommen ist. Zwar ist der Wels in unseren Gewässern heimisch, dennoch konnte dieser durch die zu niedrigen Temperaturen etwas im Zaum gehalten werden. Übersteigt die Wassertemperatur 18 Grad, kann der Wels wunderbar laichen. Seit Jahren werden solche Temperaturen in unseren Fließgewässern erreicht, sodass auch in diesen eine Reproduktion auf hohem Niveau stattfinden kann (Füllner et al. 2016). Hinzu kommt, dass der Wels bei guten Temperaturverhältnissen auch mehrfach im Jahr ablaichen kann. Das würde im Umkehrschluss einen rapiden Populationsanstieg bedeuten, der wahrscheinlich einen starken Einfluss auf die Fischpopulationen im gesamten Fließgewässer einnehmen würde.

Die Angler*innen freut es, denn der Fang eines zwei Meter großen Fisches ist mit nichts im Anglersport zu vergleichen. Ich persönlich bin gespannt, wie sich der Wels weiterentwickelt und welchen Einfluss dieser noch auf unsere Fließgewässer nimmt. Eins steht jedoch fest, er wird sich auf unsere bekannte Artenzusammensetzung im Gewässer auswirken. Diese großen Tiere können noch dazu sehr alt werden und somit lange im Fließgewässer leben. In Südfrankreich (Stadt Albi) gibt es sogar ein ganz interessantes Szenario zu beobachten, denn die dort lebenden Welse haben sich auf das Taubenfangen spezialisiert. Ein Fisch, der Jagd auf Tauben macht – und das ganz bewusst, sogar mit Taktik dahinter. Es sind mir wenige Süßwasserfische bekannt, die ihre Nahrungsquellen so gezielt anpassen können. In einem Artikel von National Geographic (Lovgren 2021) wurde davon berichtet, dass die Welse sich vorzugsweise an Fischtreppen platzieren, um wandernde Fische zu fangen. Hierbei steht gerade der Lachs (*Salmo salar*) in seinem Fokus.

Sehr schwierig wird es dann in den Bereichen, wo der Wels ursprünglich nicht heimisch war. In der Vergangenheit kam es durch Angler*innen oftmals zu Besatzmaßnahmen, um den Wels zu verbreiten. Im Nachhinein waren dies fatale Handlungen, die sich aus heutiger Sicht nicht mehr ausbessern lassen. Denn gerade in Südfrankreich oder Spanien kam der Wels nicht heimisch vor. Wie so oft steht ein Wandel bevor, und der Beste wird daraus seine Vorteile ziehen. Der Stör hingegen braucht endlich natürliche Gewässer. Denn werden die Fließgewässer wieder in einem natürlichen Zustand versetzt, besteht die Hoffnung einer gesunden Wiederansiedlung. Sobald die Riesen wieder zurückkehren, wird sich auch das ganze Ökosystem wieder in Balance begeben. Doch was muss dafür getan werden? Wie sagt man so schön? »Ohne Moos nix los« – bei den Fließgewässern ist es das Totholz. Somit ist ein wichtiger Punkt der Verbesserung des ökologischen Zustands die Erhöhung des Totholzanteils im Fließgewässer!

Abbildung 5 Nahaufnahme eines Welses (Silurus glanis) in einem Standgewässer, *Quelle: Marcus Kunze*

Kapitel 9

Der Baum des Lebens

Fällt ein Baum in das Gewässer und verbleibt anschließend für geraume Zeit darin, dann wird in der Wissenschaft von »Totholz« gesprochen. Den Begriff »Totholz« finde ich etwas unpraktisch und nicht aussagekräftig. Wie sollen Bürgerinnen und Bürger eine positive Verbindung mit dem Thema »Holz im Gewässer« aufbauen, wenn in dem Begriff »tot« drinsteckt? Meines Erachtens feuert es die geringe Akzeptanz bei den Bürger*innen noch mehr an. Dabei sind in diesem Begriff alle Holzreste, wie zum Beispiel Bäume, Äste und Wurzeln, gemeint, die im Gewässer landen können. Der von der Wissenschaft etablierte Begriff »Totholz« schafft eine allgemeine Verwirrung, welche sich oft bei der Umsetzung von Maßnahmen der Totholzbelassung widerspiegelt. Denn so »tot« ist unser Holz im Gewässer schließlich nicht, wie wir noch später erfahren werden. In meinen Heimatgewässern ist der Totholzanteil so gering, dass ein sehr großer Handlungsbedarf besteht. Ich finde nur selten umgefallene Bäume oder Holzansammlungen.

Der Grund für diese sehr »aufgeräumten« Gewässer ist die Angst vor Gefahren bei steigenden Wasserständen. Menschen, die ein Hochwasser erlebt haben, sind in dieser Thematik äußerst vorsichtig, was ja letztlich völlig verständlich ist. Sie möchten keine mit Bäumen oder Ästen verstopften Brücken sehen oder gar eine dadurch entstandene Überschwemmung erleben. Dementsprechend kommt es sehr oft vor, dass die Bäume im Gewässer schnell zur Anzeige gebracht werden und sofort aus dem Gewässer verschwinden müssen.

Die Entnahme der Bäume ist sehr schade und muss unbedingt scharf überdacht werden, denn das sogenannte »Totholz« steckt voller Leben und ist eine der wichtigsten Strukturen im Gewässer. Ich sage es laut und deutlich, unsere Gewässer befinden sich zum größten Teil in einem schlechten Zustand, der wiederum durch die geringe Menge an Totholz begründet werden kann (UBA 2015b). Dieses Defizit spiegelt sich auch in der Gesamteinschätzung aller Fließgewässer wider, denn im Jahr 2023 waren weniger als zehn Prozent in einem guten ökologischen und chemischen Zustand. In der

Literatur werden viele Maßgaben für den notwendigen Anteil an Totholz im Gewässer beschrieben. Dieser ist entsprechend der geografischen Lage des Gewässers unterschiedlich. Im Bereich der Alpen und des Tieflandes können schon sehr hohe Totholzanteile angestrebt werden (zum Beispiel 10–25 Prozent). Wird der Blick ins Mittelgebirge gerichtet, sollte mehr als die Hälfte der Mittelgebirgsbäche 5–10 Prozent Totholz aufweisen (UBA 2014b). Das Totholz sollte dabei überwiegend aus Ast- und Zweigholz bestehen (Mutz et al. 2001).

Abbildung 6 Totholzvorkommen in einem natürlichen Waldbach (Nationalpark Bayern), *Quelle: Riverbalance / Clemens Kuhnitzsch*

In meiner Praxis habe ich versucht, streckenweise zwei bis vier Prozent zu realisieren, und das war schon eine Herausforderung. Im ersten Moment klingt es nach einem überschaubaren Flächenanteil, aber Sie würden die Gewässer nicht wiedererkennen. Um eine kleine Vorstellung zu bekommen, habe ich Ihnen ein Bild aus der Praxis mitgebracht, das einen ähnlichen Totholzanteil aufzeigt. Schon anhand des Bildes wird klar, dass unsere Gewässer weit von den gewünschten Zielen entfernt sind. Nur selten ist es möglich, solch einen naturnahen Zustand beobachten zu können. Doch eins darf gesagt werden, für unsere Fließgewässer kann es nicht zu viel Totholz geben.

Gute Totholzvorkommen können noch heute – zum Glück – beobachtet werden. Dafür ist es aber notwendig, in die verschiedensten naturschutzrelevanten Gebiete Deutschlands zu reisen. In Sachsen fallen mir hierzu die Kirnitzsch (bei Dresden) oder die Vereinigte Mulde in Eilenburg (bei Leipzig) ein. Bei diesen Gewässern ist nach meinen eigenen Einschätzungen noch ein natürlicher Totholzbestand gegeben. Beispielweise folgt nach dem Stadtgebiet von Eilenburg ein Vogelschutzreservat, was ausschließlich nur mit dem Boot befahren werden kann. In diesem Abschnitt liegen dutzende Bäume eindrucksvoll im Gewässer und verändern nachhaltig die Strukturen in der Sohle und am Ufer. Es bilden sich wunderbare kleine Kiesbänke oder tiefe Kolke, die wiederum für größere Fische interessante Lebensräume darstellen. Manchmal liegen einige Eichen für mehrere Jahrzehnte im selben Bereich. Ich konnte schon oft beobachten, dass sich die Strukturen im Gewässer durch Bäume stetig veränderten.

Wir Menschen können nur Verbindungen erkennen, wenn wir selbst Wissen über die Thematik haben. Am Anfang des Kapitels habe ich Ihnen vermittelt, dass der Begriff »Totholz« nicht ganz der Wahrheit entspricht, denn dieses Holz steckt voller Leben. Ich finde es sehr wichtig, noch einmal tiefgründig in die Thematik einzutauchen und einen Blick auf die Oberfläche des Holzes zu werfen. Auf Sie lauert so manch eine Überraschung oder neue Erkenntnis. Aber Achtung, es kann lebensverändernd für Sie sein! Also schauen Sie sich – ihr altes Ich – noch einmal im Spiegel an, und dann geht es los!

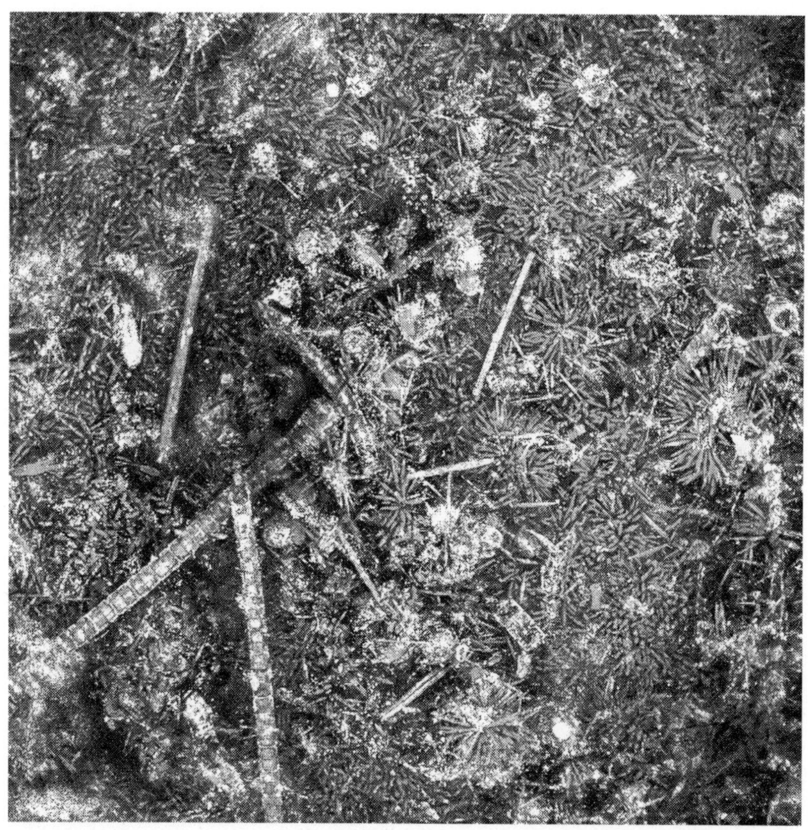

Abbildung 7 Biofilm aus der Elbe in Magdeburg. Die Zellkerne der Bakterien wurden mit einem Farbstoff namens »Cyber green« gefärbt, um diese sichtbar zu machen, *Quelle: UfZ Magdeburg*

Nun lehnen Sie sich zurück, und tauchen Sie in eine faszinierende, ein Kubikmilimeter große Welt ein. Wer jetzt vor Aufregung schon einen trockenen Mund hat, sollte sich schleunigst noch ein Glas Leitungswasser holen, bevor es weitergeht! In dieser Miniaturwelt leben Tausende von Organismen wie Bakterien, Algen und Flagellaten, die fressen und gefressen werden. Die Bakterien zersetzen ständig organisches Material, die Algen wiederum betreiben Fotosynthese und produzieren Sauerstoff. Die kleinen Flagellate geißeln umher auf der Suche nach Nahrung. Es strotzt nur von Leben, und das in einem einzigen Kubikmilimeter. Es findet ein engstirniger Kampf statt, denn nur der stärkste Organismus darf überleben. Kuschelstimmung ist da wirklich Fehlanzeige, es herrscht der blanke und eiserne Wahnsinn. Das würden wir Menschen keine drei Tage durchhalten! In meinem damaligen Studium hatte ich die Ehre, zusammen mit meinen Kommiliton*innen einen Biofilm mit einem 1 Millionen Euro teuren Mikroskop zu beobachten. Die Mikroskopie wurde anschließend durch die Analyse der entwickelten 3-D-Bilder ausgewertet. Bei meinem ersten Durchgang ist das Bild auf Seite 51 entstanden, was schließlich mein ganzes Leben verändert hat.

Ähnliche Biofilme wie in der dargestellten Abbildung lassen sich auf dem Totholz wiederfinden. An der Stammoberfläche bilden sich über Monate hinweg unterschiedlich dicke Biofilme, wodurch das »Totholz« beginnt, langsam wieder aufzuleben. Die Kieselalgen wachsen, die Bakterien profitieren von den wunderbaren Materialien des Baumes, und schon ist eine Oase des Lebens im Gewässer vorhanden. Es wird gefressen, gelebt, gewachsen, geliebt, und das in jedem Millimeter der Baumoberfläche. Es ist halt nicht nur ein Baum, sondern viel mehr ein Lebensraum, der ein wichtiger Bestandteil des Fließgewässerökosystems ist. Es ist unvorstellbar, dass Millionen Lebewesen von einem Baum profitieren. Von groß bis klein ist für alle etwas dabei!

Für unsere Wirbellosenfauna (Wasserinsekten) ist das im Gewässer liegende Totholz eine Fundgrube für Nahrung. Dies liegt zum einen an den spezifischen Biofilmen an den Totholzoberflächen und zum anderen an dem Rückhalteeffekt des anschwemmenden organischen Materials. Wo viele Wirbellose leben können, gedeihen natürlich auch viele Fische. Solche Beziehungen konnten auch in Deutschland wissenschaftlich nachgewiesen werden (zum Beispiel Totholzprojekt Wertach im Jahr 2000). Daher ist es kaum verwunderlich, dass durch eine Biberburg beispielsweise die Fischdichte punktuell 80-mal höher sein kann als im restlichen Teil des Gewässers (LfU 2009).

In vergangenen Studien ließ sich wiederholt feststellen, dass Totholzoberflächen (Äste, Zweige, Stämme) lieber aufgesucht werden als andere (Benke & Wallace 2003). Es wurden mitunter die zwei- bis dreifache Anzahl an Individuen auf Totholzoberflächen beobachtet als im Vergleich zu Sand-, Kies- oder Steinoberflächen (Brunke & Grafahrend-Belau 2005; Feld & Pusch 2000). Andere Studien konnten sogar aufzeigen, dass eine fünf- bis

60-fach höhere Biomasse an Wasserinsekten auf Holzoberflächen gegeben sein kann als im Vergleich zu einer Sandoberfläche (Benke et al. 1985; Smock et al. 1989).

Allgemein lässt sich sagen, dass 40 Arten von Kleinlebewesen sehr eng an Totholz gebunden sind und weitere 80 Arten die Strukturen ganz individuell nutzen. Dabei bietet das Totholz in seinem ganzen Zerfallsprozess ausgezeichnete Lebensräume. Was wiederum bei einer Steinoberfläche nicht der Fall ist. Nicht selten fehlen ganze Arten, wenn kein Totholz im Gewässer vorhanden ist, wie im Fall der Köcherfliege *Lasiocephala basalis*. Von der Brut bis hin zur Paarung der adulten Elterntiere findet das Leben ausschließlich an Holzoberflächen statt (LfU 2009).

Da nicht das ganze Totholz lagestabil ist, gibt es natürlich auch sogenanntes »Driftholz«. Dieses ist wiederum essenziell für die Ausbreitung vieler Insekten. Das »Holztaxi« im Fließgewässer, eine feine Sache! Mit solch einem Taxi lassen sich bequem neue Gebiete besiedeln (Tockner & Langhans 2003; Trottmann 2004). Aus Sicht der Biologie ist das gut für den genetischen Austausch zwischen verschiedenen Populationen. In Zuge meiner Recherche konnte ich lustigerweise auch lesen, dass Totholz einen positiven Einfluss auf das Revierverhalten von Fischen hat. Der Grund liegt im Sichtschutz durch die im Wasser liegenden Bäume (Sundbaum & Näslund 1998; Hasegawa & Maekawa 2009). Ganz nach dem Motto »Aus den Augen, aus dem Sinn«. Ach, wenn es denn mit der Konfliktlösung immer so einfach wäre! Die Welt braucht mehr Totholz!

Während meines Studiums konnte ich an vielen solchen umgefallenen Bäumen elektrobefischen. Immer wieder zeigte sich gerade an diesen Stellen ein erhöhtes Fischaufkommen. Das eingefallene Totholz wird sehr gern von den Fischen als Unterschlupf (gerade bei Hochwasser oder Gefahr vor Fressfeinden) und Nahrungsressource genutzt. Weiterhin ist nicht zu vergessen, dass ein Baum auch eine gewisse hydromorphologische Veränderung an der Sohle herbeiführt. Der Grund hierfür ist die veränderte Strömung am jeweiligen Baum. Dadurch können sich Vertiefungen – sogenannte Kolke –, aber auch Erhöhungen – sogenannte Furten – ausbilden. Diese sind wiederum sehr beliebt bei den Fischen und essenziell für die Fortpflanzung einiger Arten (zum Beispiel Äsche, Forelle, Barbe). Bei einer Befischung bin ich bald aus den Socken gefallen. In der Mulde musste ich als Student einen kleinen, langweiligen Abschnitt befischen. Es waren einfach keine natürlichen Strukturen vorhanden. Als Student schwebten mir aber reißende Flüsse mit hunderten Bachforellen und Lachsen vor – eben das pure Abenteuer. Nun stand ich in diesem öden Flussabschnitt und wurde mit der Realität konfrontiert. Wie Sie sich denken können, waren die ersten Meter der Befischung träge. Nach ungefähr 100 Metern kam ich aber zu einer alten Eiche, die da so belanglos im Wasser lag. Na, wenn das nichts wird, dachte ich mir, und fing an, die Eiche zu umfischen. Ein Wunder, auf einmal konnten wir mehrere Fischarten fangen und zählen. Irgendwie lässt mich dieses Ereignis nicht wieder los. Auf der einen Seite hatte ich mich gefreut, die Fische zu sehen, auf der anderen Seite wurde mir klar, dass diese verzweifelt Schutz gesucht hatten. Es gab ja nichts im Fließgewässer, außer dieser einen alten Eiche.

Kapitel 10

Der Superreiniger im Gewässer – Biofilme & Totholz

Wie schon erläutert, ist ein Gewässer auf das Totholz mit den dazugehörigen spezifischen Biofilmen zwingend angewiesen. Darum sollte es mehr in der Gesellschaft thematisiert werden. Schließlich wollen wir auch sauberes Wasser haben, nicht wahr? Wie Sie schon erahnen können, steigt die Reinigungskapazität, wenn Totholz im Gewässer vorhanden ist (Sabater et al. 2002; Baldwin et al. 2013). Im Umkehrschluss bedeutet das für uns fleißige Wasserkonsument*innen: Je mehr Totholz im Gewässer liegt, desto sauberer ist schließlich unsere Wasserressource insgesamt. Für kleinere Fließgewässer kann den benthischen Biofilmen der größte mikrobiologische Umsatz zugesprochen werden (Boyle & Scott 1984; Lock 1993; Pauer & Auer 2000). Diese Reinigungsstärke ist natürlich auch bei der Abwasserbehandlung bekannt und wird durch verschiedene Typen von Biofilmreaktoren genutzt (zum Beispiel Bewegtbett-Biofilmreaktor). In der Vergangenheit konnte gezeigt werden, dass solche Biofilmreaktoren widerstandsfähig gegen toxische Substanzen oder Stoßbelastungen sind (Flemming & Wingender 2000; Schuch et al. 2000; Wobus & Röske 2000). Gerade in den Bergbaugebieten sollte Beifall geklatscht werden, wenn es heißt, dass Biofilme auch Schwermetalle aus dem Freiwasser entziehen (Sabater et al. 2002; Baldwin et al. 2013). Es gibt vielfach Gewässer, welche derzeit stark mit Schwermetallen belastet sind, die aus den ehemaligen Ablaufgruben des Bergbaus entstammen. Hier sehe ich persönlich auch eine Möglichkeit der Sanierung, zwar im kleinen Maßstab, aber besser den Spatz in der Hand als die Taube auf dem Dach.

Durch einen großen Anteil an Totholz im Fließgewässer erhöht es automatisch die Variabilität der Strömung. Genauer gesagt, ergeben sich dann ruhige und turbulente Fließstrecken. Nun wird es wieder spannend, denn der Aufbau und die Struktur der Biofilme hängt auch von der Fließgeschwindigkeit ab (Luttenton et al. 1986; Lamb & Lowe 1987). Wird das Gewässer verbaut, was wiederum mit hohen Fließgeschwindigkeiten einhergeht, kann sich nur eine planare Biofilmstruktur ausbilden. Verringert sich die Fließgeschwindigkeit hingegen, so bilden sich auch dreidimensionale und komplexe Strukturen aus (Luttenton et al. 1986, Lock 1993). Die Vielfalt an Strömungsgeschwindigkeiten im Fließgewässer macht den Unterschied!

Die starke Veränderung unserer Fließgewässer (Begradigung & Totholzentnahmen) reduzieren zudem maßgebend den Austauschprozess zwischen dem Oberflächenwasser und dem Hohlraumsystem der Gewässersohle, welches auch Interstitial genannt wird (Wondzell et al. 2009, Hester & Gooseff 2011). Die Rechnung ist einfach: Fehlt dieser Austausch, verringert sich auch die Selbstreinigungskraft des Interstitials (White 1990; Williams 1993; Lautz & Fanelli 2008). Totholz kann hingegen diesen Wasseraustausch positiv beeinflussen (Mutz & Rohde 2003; Mutz et al. 2007; Sawyer et al. 2011). In mehreren Studien ließ sich feststellen, dass Totholz zu besseren Abbauraten von organischen Materialien führt. Der Grund liegt in der steigenden Sauerstoffversorgung des Interstitials im Gewässer. Gerade in anthropogen beeinflussten Fließgewässern kann das einen erheblichen Vorteil darstellen (Pusch et al. 1999; Mutz & Rhode 2003). Uns Menschen bekommt es sehr gut, wenn wir den Blickwinkel ändern, uns aus der erhabenen Position befreien und auf die kleinen Dinge schauen. Denn erst dann versteht man selbst die Verknüpfungen und Komplexität unserer Ökosysteme. Mit dem neuen Wissen können wir letztlich auch besser argumentieren und begründen, damit eben der ein oder andere umgefallene Baum im Gewässer verbleiben darf. Auf natürliche Weise kann Totholz auf verschiedene Wege ins Gewässer gelangen. Es lässt sich immer schön beobachten, wenn nach einem großen Sturmereignis vereinzelt Bäume im Gewässer liegen. Bei einer Bootsfahrt konnte ich auch einmal beobachten, wie ein am Ufer wachsender Baum durch Hochwasserereignisse ins Gewässer gespült wurde. Es gibt aber auch Tiere, die es sich zur Aufgabe gemacht haben, Holz im Gewässer zu bearbeiten und für ihr Überleben zu nutzen. Wie sich auch herausgestellt hat, haben wir Menschen einen Verbündeten in Sachen Gewässerentwicklung. Dieser kann und darf sogar Maßnahmen durchführen, welche eigentlich nicht genehmigungsfähig wären. Der Verbündete und sehr putzige, fast einen Meter große Nager ist allen bekannt und erlangt immer mehr Aufsehen in der Gesellschaft, positive wie auch negative. Anfangs stand ich der Wiederansiedlung des Bibers eher kritisch gegenüber. Bis heute konnte ich noch nicht alle Zweifel und Bedenken zu diesem Thema ablegen. In meinem Arbeitsumfeld zeigt sich aber zunehmend, dass der Biber mir in gewisser Weise zuarbeitet, indem er die nötigen Bäume ins Gewässer platziert. Ein vermeintlicher Gegner entpuppt sich jedenfalls für mich als ein sehr nützlicher Helfer. Ein Biber stellt schließlich keinen Antrag auf eine Gewässerumverlegung, wodurch er ein leichtes Spiel zur Umsetzung wirksamer Maßnahmen hat.

Im Rahmen eines Projektes sind vergleichbare Resultate nur durch langwierige und aufwendige Genehmigungsverfahren zu erzielen. Oftmals gehen dann genehmigte Maßnahmen mit riesigen Befestigungseinheiten einher, wie es im Projekt »Wilde Mulde« deutlich geworden ist. Der Biber hingegen kennt keine Gesetze oder Randbedingungen – zum Glück. Das Tier handelt nach Instinkt, und dieser drängt ihn dazu, Wasserlandschaften zu gestalten. Ein großer Vorteil für die Gewässer, wenn auch an mancher Stelle etwas ungeeignet, aber der Biber kennt halt keine Grenzen. Erst neulich traf ich wieder auf einen Biber, als ich für eine anstehende Maßnahme an der Flöha unterwegs war. Dieser hatte die letzten Wochen sehr fleißig am Gewässer gearbeitet und so manchen Baum umgehauen. Ich finde es immer wieder faszinierend, dass dieses Tier einen 40 Zentimeter starken Baum nur durch seine Mundwerkzeuge niederstrecken kann, bemerkenswert! Wir Menschen stellen uns schon mit einer Kettensäge bescheiden an. Parallel zu meinem Erstaunen ergriff mich die Freude, da in dem Abschnitt in der Vergangenheit sonst keine Bäume im Gewässer lagen. Nun konnte ich diese riesige Pappel beobachten, wie sie das Gewässer umgestaltete. Es hatten sich schon kleine Anlandungen hinter der Krone gebildet, welche wiederum wunderbare Lebensräume für grabende Organismen darstellen. Wieder einmal lässt sich an solchen Beispielen erkennen, dass die Natur alles selbst regelt und keine weitere Hilfe benötigt. Die Quintessenz ist lediglich, Ruhe und Raum zu gewähren. Ich freue mich diesbezüglich sehr auf die weitere Zusammenarbeit mit meinem neuen Kollegen, dem Biber. Vielleicht ist an dieser Stelle ein kleines Zitat von dem bekannten Autor Erich von Däniken angebracht, der, als ich ihn fragte, was er einem jungen Menschen mit auf den Weg geben könne, erwiderte: »Haben Sie keine Angst vor neuen Gedanken«. Da wurde mir klar, dass der Biber meine persönliche Probe war.

Kapitel 11

Der Garten Eden unter Wasser

Es ist noch nicht lange her, da ging ich mit meiner Frau und meinem Sohn im Wald wandern. Die abgestandene Wohnungsluft raubte uns den letzten Nerv, weshalb wir unbedingt raus mussten, um neue Kraft zu sammeln. Für die Aufladung des Lebensakkus ist die Natur hervorragend geeignet! Also schlüpften wir in unsere Wanderstiefel, packten unseren Sohn in den Kinderwagen, und dann ging es los. In dem großen Abtwald fließt ein kleiner Bach, der lustigerweise auch das Wasserreservoir unseres Dorfes darstellt. Es hat eine Weile gedauert, bis wir ihn zu Gesicht bekamen, denn dieser kleine Bach schlängelt sich versteckt neben den Wanderwegen und bleibt sehr oft ungesehen. An manchen Stellen ist ein leises Rauschen zu hören, welches einen kleinen Hinweis auf die Existenz des Baches gibt. Mir jedenfalls fiel ein herrliches Plätschern auf, das in der Ferne verbogen blieb. Sofort stand ich still und lauschte nach diesem traumhaften Geräusch. Nach ein paar Minuten hatte ich eine kleine Stelle gefunden, an dem der Bach einen leichten Absturz aufwies. Ich würde sagen, es waren nicht mehr als zehn Zentimeter, vielleicht sogar weniger. Aber mir blieb bei dem Anblick fast das Herz stehen, denn ich sah eine Miniaturunterwasserwelt, welche ich zuvor noch nie gesehen hatte. Schon zog es mich auf die Knie, um näher an den Bach heranzukommen. Wie ein kleines Kind schaute ich in das Bächlein hinein und bekam ein breites Grinsen, denn durch den leichten Sonnenschein, der durch die Baumwipfel hindurchdrang, sah man sehr eindrucksvoll die kleinen Wassermoose (zum Beispiel *Fontinalis squamosa*) auf den Steinen. Diese tanzten fröhlich durch die Strömung umher. Es war wirklich eine herrliche Tanzeinlage, der ich noch Stunden hätte zusehen können. Solche Moose sind gute Indikatoren für gering belastete und karbonatarme Mittelgebirgsbäche (Baumann & Stetzka 1999; Bley 1987; Drehwald & Preising 1991; Frahm 1998; Hertel 1974; Schmidt 1993). Aus diesem Grund war ich noch glücklicher, denn ein intaktes Fließgewässer beobachten zu können gibt einem die Kraft, an weniger intakten Gewässern zu arbeiten. Nach ungefähr 20 Minuten erinnerte mich dann schließlich meine Frau an das Weitergehen, denn unserem Sohn wurde es langsam zu langweilig. Den Vater 20 Minuten in der Hocke zu sehen beeindruckt ein zehn Monate altes Kind nicht gerade. Für mich war es aber an diesem Tag das Erlebnis schlechthin, denn irgendwie ging mir auch der Vergleich zum Garten Eden nicht aus dem Kopf. Die Moose strahlten eine Gelassenheit aus und mit den einfallenden Sonnenstrahlen kamen ihre grüne Blattfarbe sehr zum Vorschein. Die Harmonie dieses Anblickes übertraf alles.

Bei meinen Begehungen treffe ich immer mal auf solche herrlichen Unterwasserwelten. Gerade im Sommer sticht mir dann der Wasserhahnefuß (*Ranunculus penicillatus*) mit seinen prächtigen weißen Blüten ins Auge, die einen Flussverlauf sehr schön ausschmücken können. Diese Art ist für uns Menschen zwar giftig, aber wenn wir nur unsere Blicke darauf werfen, sollte nichts passieren. In einigen Flussabschnitten sehe ich diese Art in großer Dominanz, wodurch sich im Gewässer sehr rasch neue Strukturen bilden können. Unsere Mutter Natur hat so manche Raffinessen, denn diese Pflanzenart kann auch nur mit 20 Prozent der eigentlichen Lichtintensität wachsen, zwar sehr langsam, aber das ist im Vergleich zu anderen Arten eine bemerkenswerte Leistung (Dawson & Kern-Hansen 1978).

Es ist ein göttlicher Anblick, wenn die weißen und sehr zierlichen Blüten auf der Wasseroberfläche tänzeln. Wenn Sie Glück haben, können Sie ein großes, weißes Blütenmeer auf unseren Fließgewässern beobachten. Es lohnt sich daher immer, die Fahrräder zu schnappen und an den großen wie kleinen Fließgewässern entlangzuradeln.

Unsere Wasserpflanzen (sogenannte Makrophyten) stellen einen wichtigen Bestandteil des Fließgewässerökosystems dar. Sie verändern still und heimlich die Hydrologie und die Sedimentverteilung, und das für einen langen Zeitraum (French & Chambers 1996; Chambers et al. 1999). Ich vergleiche diese Pflanzen gern mit Mutter Teresa, denn sie bieten allen aquatischen Lebewesen Schutz und Zuflucht (Suren et al. 2000), und sie stellen eine wunderbare und ergiebige Nahrungsquelle dar (Gross et al. 2001). Bei meinen vergangenen Befischungen habe ich sehr oft eine große Anzahl an Fischen in den Pflanzenbereichen gefangen. Gerade in strukturarmen oder begradigten Flüssen oder Bächen ist das Vorhandensein von Unterwasserpflanzen sehr wichtig.

Abbildung 8 Natürliche Unterwasservegetaion in der Chemnitz, *Quelle: Riverbalance / Clemens Kuhnitzsch*

Nehmen Sie sich ruhig die Zeit, in die Fließgewässer hineinzuschauen und diese wunderbaren Unterwasserpflanzen zu beobachten. Gerade in den Frühjahrsmonaten blüht es traumhaft an vielen heimischen Bächen und Flüssen, weshalb es sich sehr lohnt hinauszufahren, um diese Schönheit auf sich wirken zu lassen. In diesem Zusammenhang kann ich Ihnen gleich ein Ausflugsziel ans Herz legen. Fahren Sie einmal in das Kirnitzschtal bei Dresden und schauen Sie sich im Nationalpark Sächsische Schweiz die Kirnitzsch an. Dieser Fluss besitzt solche traumhaften Wasserpflanzen, dass es im ersten Moment den Eindruck macht, dass es sich um ein Ausstellungsaquarium handelt. Ich übertreibe keineswegs, denn das Wasser in dieser Region ist so klar, dass alles im Gewässer sichtbar ist. Ich stand bei unserem letzten Ausflug bestimmt eine Stunde mit offenem Mund am Gewässer und konnte meinen Augen wieder nicht trauen, was sie mir da gezeigt hatten. Im Studium hatte ich dann gleich nochmal die Möglichkeit, in diesem Gewässer eine Untersuchung vorzunehmen. Ich stand den ganzen Tag in diesem herrlichen Garten Eden und ließ die Schönheit auf mich wirken. Ich habe nicht ohne Grund den Titel des Kapitels so gewählt, da ich keinen anderen Vergleich ziehen konnte.

Mich überwältigte auch das satte Grün der Wasserpflanzen. In der Kirnitzsch finden Sie den Stumpfkantigen Wasserstern (*Callitriche cophocarpa*). Diese Art bildet recht große Büschel aus, die sich mit der Strömung im Gewässer biegen. Mit etwas Glück ist der Sonneneinstrahlwinkel so optimal, dass Sie ein wunderbares Farbenspiel auf dieser Wasserpflanze beobachten können. Wenn ich an dem Gewässer solche Bilder sehe, dann kann ich in den meisten Fällen nicht weiterwandern, ehe alles haargenau abgescannt worden ist. Die Pflanze gleitet im wahrsten Sinne mit der Strömung und zeigt sich gegenüber ihren Beobachter*innen somit sehr geschmeidig. Schlaues Ding, denn immer gegen die Strömung zu schwimmen kostet viel Energie. Es sieht aus wie ein kleines, sehr harmonisches Tanzstück, welches mit einem Rauschen des Wassers akustisch untermalt wird. Ein Blick, und schon ist die Seele im Innersten zufrieden und ruhig. Machen Sie sich diese große und vor allem heilende Kraft zunutze und stärken Sie sich dadurch. In Ihrem Alltag können solche kleinen Reisen schon wahre Wunder bewirken.

Kapitel 12

Die Vielfalt im Fließgewässer macht den Unterschied

Breit, schmal oder doch lieber ein Mittel davon? Wie soll ein Fließgewässer denn nun aussehen, und wer soll denn da auch wohnen? In diesem Zusammenhang kann ich nur eins sagen, die Natur ist die Vielfalt selbst. Monotonie kommt nur selten vor. Wenn ich mir Fließgewässer anschaue, wird schnell klar, dass die Morphologie eines Gewässers eine große Bedeutung hat. Ein Ökosystem benötigt viele Nischen, in denen verschiedenste Organismen leben können. Je intakter dieses ist, desto diverser ist die Lebensgemeinschaft insgesamt.

Für ein Fließgewässer bedeutet das, dass eine Variation zwischen der Breite und Tiefe vorhanden sein muss, um den verschiedenen Ansprüche der Organismen gerecht zu werden. Das ist doch wie bei uns Menschen, nicht wahr? Wenn wir nur in einem Raum leben würden, wäre von Zufriedenheit nicht die Rede. Zumindest würden mir die Stube und Küche als einzelne Räume fehlen. Im Fließgewässer ist es im übertragenen Sinn ähnlich! Ein monotoner Lebensraum ist eben nicht einladend.

Wunderbar ist, wenn der Bach oder Fluss sich in geschwungener und länglicher Form ausbreiten kann. Denn wir benötigen flache und tiefe Bereiche im gesamten Gewässer. Das natürliche Aussehen unserer heimischen Gewässer ist vom Gefälle, dem Einzugsgebiet und der Geologie abhängig. Im Gebirge sieht es anders aus als im Tiefland. Daraus ergeben sich verschiedene Gewässertypen in Deutschland. Für die zahlenliebenden Leser*innen: Es sind genau 25 Typen (LAWA 2021).

Nehmen wir uns einmal einen meiner Lieblingsfische – die Äsche (*Thymallus thymallus*) – als Beispiel. Diese Art stellt eine klassische Vertreterin von klaren und schnellfließenden Gewässern der Äschenregion dar (Gebhardt & Ness 2005; Füllner et al. 2016). Von der Art und Weise erinnert sie mich immer an die Hunderasse Basset Hound. Als Hundebesitzer*in haben Sie eventuell gleich ein Bild vor Augen. Diese Rasse ist gemütlich und manchmal schwer von Begriff. Ganz ähnlich gestrickt ist auch die Äsche, da sie manchmal sehr träge und unachtsam ist. Ihr Fluchtverhalten ist wirklich verbesserungsbedürftig, da sie einfach nicht aus ihrem tiefen Kolk schwimmt, wenn ein Kormoran daherkommt (Anderson 2017).

Also stellen wir uns die kleine »Basset«-Äsche vor. Diese liebt gut belüftete sowie tiefe Gewässerabschnitte – sogenannte Kolke. Dort lässt es sich den ganzen Tag sehr gut aushalten, zudem können vorbeihuschende Futterpartikel genüsslich verspeist werden. Die Äsche ist nämlich eine Kleintierjägerin, ihre Leibspeise sind Bachflohkrebse und Eintags- oder Steinfliegen. Unvorstellbar, aber die Äsche kann auch mal gelegentlich kleinere Fische wie Elritzen fressen. In solchen Tiefen fühlt sich die Äsche wohl und wächst vor sich hin. Ganz anders sieht es mit den Jungtieren aus. Bevor diese schlüpfen, müssen die Elterntiere erst einmal eine flache und kiesige Kinderstube finden. Nun werden breite und nicht sehr tiefe Stellen im Gewässer aufgesucht. Fehlen diese, kann das arge Probleme für die Äsche mit sich bringen. Die Fische schlüpfen auch nur dann, wenn die Temperaturen und andere Lebensbedingungen wie Fließgeschwindigkeit oder Sauerstoffgehalt stimmen. Die geschlüpften Larven verbringen dann einige Wochen in der gut belüfteten Kiesschicht und verbrauchen Stück für Stück ihren Dottersack. Diesen Sack kann man sich als eine Art Proviant am Körper vorstellen. Wenn alles aufgebraucht ist, sucht sich die Fischlarve eigenständig Futter. Nach dieser Zeit verbleiben die Jungtiere noch in den Flachzonen des Gewässers (Gebhardt & Ness 2005). Sie sehen anhand dieses kleinen Beispiels, dass die Vielfalt der Gewässerstruktur darüber entscheidet, ob eine Art leben kann oder ausstirbt. Leider hat es die Äsche in Sachsens Gewässern immer schwerer in Sachen Reproduktion. Die zu hohe Temperatur und der große Fraßdruck durch Fischfresser sind einige Gründe dafür, genauso wie die fehlenden Laichhabitate. Erwähnenswert ist auch der negative Einfluss von Wasserkraftanlagen und deren Schwall- und Sunk-Betrieb. Dieser sorgt für Sedimentspülungen, welche wiederum negativen Einfluss auf die Äschenpopulationen nehmen (Kannegiesser 2015). Die Breite und Tiefe eines Gewässers ist die eine Seite der Medaille, entscheidend sind auch die speziellen Strukturelemente, wie zum Beispiel Steine, Wuzeln oder ganze Bäume. Diese schaffen durch ihre bloße Anwesenheit eine wunderbare und einzigartige Gewässerstruktur, die wiederrum viel Platz für Leben bietet (LfULG 2017).

Sehr beliebte Lebensräume stellen auch kleine oder sogar sehr große Gewässerinseln dar. Im Fachjargon wird auch von einem Heger gesprochen. Diese lassen sich in vielen Gewässern beobachten, gerade wenn ein guter Geschiebetransport besteht. Dabei kommt es zur Auflandung von Sediment im Strömungsschatten von Strukturelementen oder einfach durch die Herabsenkung der Fließgeschwindigkeit im Gewässerverlauf (zum Beispiel an einem Gleithang oder langen und breiten Fließstrecken). Die dadurch entstandenen Heger sind wunderbare Lebensräume für die verschiedensten Tier- und Pflanzenarten (Füllner et al. 2021).

Ohne eine schöne Strukturvielfalt wäre beispielsweise ein Überleben der Wasseramsel (*Cinclus cinclus*) nicht möglich. Diese kleine Vogelart ist einfach nur genial, denn sie kann gut und gern 20 Meter weit unter Wasser laufen, um kleine Wasserinsekten wie beispielsweise Köcherfliegenlarven oder Bachflohkrebse zu fangen. Dabei ist es für sie kein Problem, die Luft für 30 Sekunden anzuhalten. Der Schritt gegen die Strömung lässt diese Vogelart buchstäblich kalt, denn sie muss am Tag rund 1.500 Tauchgänge durchführen, um ihren normalen Nahrungsbedarf decken zu können. Für dieses Tier ist zudem eine Tauchtiefe 1,5 Meter machbar. Lassen Sie sich mal diese Zahlen durch den Kopf gehen. Würde man es mit einem Menschen in Relation sehen, so müsste dieser bei einer Körperlänge von 1,80 Metern rund 1,8 Kilometer weit und circa 13,5 Meter tief tauchen können. Die Natur ist immer wieder beeindruckend, und die Wasseramsel ist nur ein Beispiel davon. Fehlen jedoch die Auenwälder und die Vielfalt in der Gewässerstruktur, steht es um die kleine Wasseramsel sehr schlecht. Begradigungen und fehlende Ufervegetation macht das Leben dieser Art schwer. Ohne die nötigen Strukturen fehlen die Nahrungsquellen, die das Überleben sichern (HMUELV 2008). Wer sich in dieses wunderbare Geschöpf verliebt hat, dem empfehle ich die Bibliografie der Wasseramseln (Cinclidae) von August Spitznagel aus dem Jahr 1985. Dieses alte Werk enthält eine massige Ansammlung an Publikationen mit einer kurzen inhaltlichen Einordnung.

Ein weiterer Indikator einer natürlichen Gewässerstruktur ist laut Bezzel (1993) das Vorkommen der Gebirgsstelze. Diese Art kommt ausschließlich an Wildbächen mit einer guten Uferstruktur und entsprechenden Steilhängen vor. Das Gewässer muss zudem ein gutes Holzvorkommen aufweisen. Diese Art ist leider an begradigten und nicht beschatteten Gewässern vergebens zu suchen. Je naturnaher das Gewässer ist, desto mehr Arten können sich ansiedeln und repräsentative Populationen ausbilden. Zum jetzigen Zeitpunkt sind Sie schon ein halber Fließgewässerexperte / eine halbe Flussgewässerexpertin. Denn wenn Sie eine Wasseramsel oder Gebirgsstelze am Gewässer sehen, wissen Sie recht sicher, dass es natürliche Strukturen im Gewässer gibt.

Eine weitere interessante Vertreterin der Fließgewässer ist eine kleine Köcherfliegenlarve, die ich gern »den Flusslandwirt« nenne. Der Name trifft es sehr gut, da die Gattung *Tinodes sp.* kleine »Galerien« auf glatten Oberflächen erstellt. Anders formuliert, legen die kleinen Tierchen Miniaturfelder an, die sie kontinuierlich und unter strengen Maßgaben bewirtschaften und sogar düngen. Da wird genau darauf geachtet, zu welcher Zeit die behüteten Algen abgefressen werden und wann es sinnvoll ist, ein neues »Feld« anzulegen. Akkurat kontrolliert sie ihre Felder und sorgt somit für ihr Überleben im Gewässer. Interessant ist, dass solch ein kleines Lebewesen Schemata entwickelt hat, welche auf eine hohe Effizienz abzielen. Der Vorteil dieser Herangehensweise ist, dass die Larve so ein ideales Nahrungsvorkommen sichert. Sie ist nicht auf lange Nahrungswanderungen angewiesen, denn je gewissenhafter die Pflege der Felder durchgeführt wird, umso größer sind die Erträge. Auch diese Art ist auf eine strukturelle Vielfalt im Gewässer angewiesen (Ings et al. 2010). Ich bin mir sicher, dass Sie sich beim nächsten Spaziergang die Frage stellen werden, ob nicht gerade eine kleine *Tinodes*-Larve ihr neues Feld anlegt. Es fasziniert mich immer wieder, welche kleinen Welten vor unseren Augen verdeckt existieren.

Kapitel 13

Die Popstars unter den Gewässerbewohnern

Sind die Strukturvielfalt sowie sauberes Wasser gegeben, besiedeln ganz besondere Bewohner die Fließgewässer des Mittelgebirges. Mit etwas Glück können Sie einige zu Gesicht bekommen. Ich spreche von der Groppe (*Cottus gobio*), dem Bachneunauge (*Lampetra planeri*), dem Lachs (*Samlo salar*), dem Edelkrebs (*Astacus astacus*) und der Flussperlmuschel (*Margaritifera margaritifera*). Glücklicherweise beobachtete ich schon alle fünf Arten im natürlichen Lebensraum. Die Überraschung ist sehr groß, wenn eines dieser Tiere in Erscheinung tritt. Wir laufen oft an den Gewässern vorbei, aber wir wissen nicht, welche Kreaturen da in den Tiefen auf uns warten. Wenn wir dann die ein oder andere Information besitzen, macht die Gewässerwanderung doppelt so viel Spaß. Zumindest geht es mir immer so. Selbst meine Frau geht seit Langem schon begeisterter an die Gewässer heran, um zu schauen, ob sich ein seltener Bewohner blicken lässt. Dabei konnte sie vor drei Jahren noch nicht viel mit unseren heimischen Fließgewässern anfangen.

Nehmen wir uns einmal die Groppe zur Hand. Hätte ich in meinem Studium nicht eine Abschlussarbeit über diese Fischart geschrieben, dann wäre sie mir unbekannt geblieben. Dieser kleine Fisch lebt sehr gern an seinem eigenen Stein im Fluss. Wie ist das denn nun wieder zu verstehen, ein eigener Stein im Gewässer? Die Groppe bildet ihr eignes Revier aus und sucht sogleich noch ihren Bezugsstein heraus, an dem sie den Tag verbringt und ihre Jungen aufzieht. Im Englischen wird dieser Stein auch »Homestone« genannt (Smyly 1957; Crisp 1963). Erstaunlich ist die Treue der Groppe zu ihrem Zuhause. Das Revier wird über lange Zeit beibehalten und gegen andere Eindringlinge beschützt. Große Begeisterung löst bei mir immer die wunderbare Marmorierung dieser Fischart aus. Es lässt sich ein helles Braun mit einer leichten Grauschattierung erkennen. Eins kann ich Ihnen aber sagen, jede Groppe sieht einzigartig aus (Schröder 2009).

Im Vergleich zu anderen Fischarten besitzt die Groppe keine Schwimmblase, die für die Steuerung der gewünschten Wassertiefe beim Schwimmen benötigt wird. Das macht diese Art zusätzlich so faszinierend und einzigartig. Wenn die Groppe vorwärtskommen möchte, bewegt sie sich ruckartig auf ihren Brustflossen über den Gewässerboden. Wie sich erahnen lässt, kann diese Fischart keine großen Hindernisse im Gewässer überwinden. Sobald wir schon Sohlabstürze von 10 bis 15 Zentimetern haben, ist die Groppe arm dran (Gebhardt & Ness 2005). Dieser Fisch war für meine durchgeführten Befischungen auch ein guter Lehrmeister. In meiner Abschlussarbeit hatte ich mich vertiefend in diese Art eingelesen und mich mit deren Lebensgewohnheiten auseinandergesetzt. Aus diesem Grund durfte ich immer die Befischungen eines anstehenden Projekts (»MOBI-AQUA« TU Dresden) miterleben, welches sich mit der Groppe befasste. Zielstrebig bin ich auf der Suche nach der ersehnten Groppe durch verschiedenste Gewässer in ganz Sachsen gelaufen. Nach kurzer Zeit musste ich mir eingestehen, dass die Lebensraumangaben aus der Literatur nicht vollständig übereinstimmten. Die Realität sah an manchen Gewässern völlig anders aus als im Voraus vermutet. Das Tierchen lebt auch sehr gern an Stellen im Gewässer, die als ungeeignet oder unbewohnbar einzustufen wären. So sind wir Menschen, wir haben den Glauben, alles zu wissen, und stoßen dennoch mit dem Kopf gegen die Wand. Die kleine Groppe hat das geschafft, was meine Schullehrkräfte 13 Jahre lang vergebens versucht hatten: Ich habe damit begonnen, selbstständig Wissen und Erfahrungen zu sammeln und mich nicht auf das Niedergeschriebene zu verlassen. Das Leben schreibt eben die besten Geschichten. Dieses Erlebnis hat auch dazu beigetragen, dass ich die Natur nicht sofort mit der Literatur abgleiche, sondern sie selbst erlebe. Was ich höre, sehe oder rieche, steht in keinem Buch. Das Erlebte ist die beste Wissensquelle, die wir Menschen besitzen. Diese Erkenntnis war für mich wegweisend und der Schlüssel zu manch einer interessanten Lösung.

Neben der Groppe hatte ich auch nicht selten ein Bachneunauge im Kescher. Im ersten Moment sehen ausgewachsene Bachneunaugen aus wie Aale. Ihre Körperbewegung und Kraft ist dem Aal sehr ähnlich. Im Mittelalter waren diese Fische ein gern gesehener Nahrungslieferant. Heute ist diese Art noch in vielen Gebieten Sachsens stark bedroht. Wenn in einem Gewässer Bachneunaugen vorzufinden sind, lassen sich sofort Rückschlüsse auf die Strukturvielfalt schließen. Denn im juvenilen Alter – das entspricht dem Jungalter – leben die Tiere im sandigen Untergrund eingegraben, in der Fachwelt werden sie dann »Querder« genannt. Es macht den Eindruck, als würden die Jungstadien die Lebensweise eines Regenwurms nachahmen wollen. Faszinierend ist die Dauer dieses Lebensstadiums, denn die Bachneunaugen verbringen die meiste Zeit ihres Lebens im Sediment. Das können dann schon einmal drei bis sechs Jahre sein. Wer jetzt denkt, die stecken den Kopf in den Sand, der irrt sich. Der Kopf bleibt außerhalb des Feinsediments. Ihr Umfeld können die kleinen Larven jedoch nicht optisch wahrnehmen, da diese blind sind. Schlimmer geht immer, denn die Zähne fehlen auch noch. Wie nimmt dann das kleine Bachneunauge Nahrung auf, wenn es den ganzen Tag im Sediment steckt? Im Zuge der Evolution haben die kleinen Bachneunaugen die Fähigkeit erworben, organische Partikel (Detritus) oder Mikroorganismen (zum Beispiel Kieselalgen) aus dem Atemwasser zu filtrieren. Immer wieder erstaunt es mich, welche Lebenszyklen Mutter Natur bereithält (Füllner et al. 2016).

Auch die schönste Kindheit endet einmal, und so muss das Bachneunauge erwachsen werden, um sich fortpflanzen zu können. Diese Verwandlung kann gut und gern neun bis zehn Monate in Anspruch nehmen. Ganz nach dem Motto »Gut Ding will Weile haben«. Wer denkt, er/sie halte es keinen Tag ohne Essen aus, der/die sollte sich ein Beispiel an dem Bachneunauge nehmen. Denn dieses nimmt keine Nahrung mehr auf, sobald die Geschlechtsorgane, Augen sowie Hornzähne ausgebildet sind. Der Grund dafür liegt in der Degeneration des Darms. Dies bedeutet, dass der Darm sich buchstäblich zurückbildet und eine Verdauung letztendlich nicht mehr möglich ist. Für Sie klingt das bestimmt nach einem aufopferungsvollen Lebenszyklus. Sobald die Laichzeit von April bis Juni vorüber ist, sterben die Elterntiere, und die neue Bachneunaugengeneration steht in den Startlöchern. Der Kreislauf des Lebens beginnt von Neuem (Bohl 1995; Baumann 2009; Schröder 2009).

An dieser Fischart wird wieder erkennbar, dass kleinste Veränderungen im Gewässer großen Schaden anrichten können. Innerhalb der jeweiligen Lebenszyklen müssen die Lebensraumbedingungen konstant bleiben. Jegliche menschengemachte Veränderung, sei es die Abwässer oder der Ausbau der Gewässer, gefährdet diese Art. Ist einmal eine Population in einem Flussgebiet ausgestorben, dauert es viele Jahre, ehe sich überhaupt eine neue wieder ausbilden kann, denn die Laichwanderungen betragen im Ernstfall nur wenige Kilometer. Üblicherweise laichen die Tiere in der Nähe ihrer Kinderstuben (Querderstandorte) oder ein paar Hundert Meter flussaufwärts (Laves 2011). Aus diesem Grund erfreut es mich sehr zu hören, dass die Bestände sich in den letzten Jahren verbessert haben. Es gibt Grund genug, um Hoffnung zu haben.

Nun komme ich von den unbekannten Vertretern der Mittelgebirgsbäche zu einem, der Ihnen bestimmt bekannt ist. Sie lieben es bestimmt auch, an der Fischbude des Vertrauens genüsslich ein frisches Lachsbrötchen zu essen? Der atlantische Lachs (*Salmo salar*) begegnet uns sehr oft, leider nur im Kühlregal oder im Fischmarkt an der Theke. Haben Sie selbst schon einmal einen Lachs in ihrem Gewässer gesehen? Hätte ich keine Befischungen durchführt, dann wäre mir das ebenfalls entgangen. Vor über 100 Jahren wurde der Lachs noch in unseren großen Fließgewässern gefangen. Der Rhein beherbergte damals die größten Lachsschwärme und war somit das lachsreichste Gewässer in Europa. In der Elbe gab es auch zahlreiche Fischer, die den Lachs angeln konnten. Doch die Bestände wurden vollständig ausgerottet. Die steigende Industrialisierung war maßgebend für die negative Entwicklung dieser Art. Erst durch gezielte Besatzmaßnahmen wurde der Lachs wieder nach und nach angesiedelt. Der Lachs durchlebt einen spannenden Lebenszyklus. Genau wie das Bachneunauge gibt dieser Fisch seine ganze Energie für die einmalige Laichphase ab. Die ersten ein bis zwei Jahre lebt der Lachs in unseren heimischen Süßwasserflüssen und wächst langsam zu einem sogenannten »Parr« und später zu einem »Smolt« heran. Dieser wandert dann schließlich ab in das Meer, um an Größe und Gewicht zuzunehmen. Die Meerphase kann dabei ein bis drei Jahre andauern, während dieser Phase wird der Lachs auch »Kelt« genannt. Ist die Geschlechtsreife erreicht, steht eine lange und anstrengende Reise für den Lachs an. Denn dieser pflanzt sich nur an seinem eigenen Geburtsort fort (Klemetsen et al. 2003).

Diese Schwimmleistung ist unfassbar, denn es gibt dutzende Hindernisse auf seiner Reise. Noch dazu muss der richtige Weg gefunden werden, der letztlich zum ersehnten Laichplatz führt. Zum Glück kann der Lachs sein Heimatfließgewässer erschnuppern. Mehrere Tausend Kilometer Strecke werden da in Kauf genommen, um die Art zu erhalten. Hier trifft der Spruch von Konfuzius zu: »Der Weg ist das Ziel«. Die Reisestrapazen führen dazu, dass nach der verdienten Laichzeit der Großteil der Lachse verstirbt. Das geschieht einzig und allein aus den Folgen der geringen Nahrungsaufnahme und der resultierenden Erschöpfung. Einige sind hart im Leben und durchlaufen ein zweites Mal diesen Zyklus (Gebhardt & Ness 2005).

Das große Lachsaufkommen war aber nicht nur für uns Menschen von Vorteil. Heute ist der Wissenschaft gut bekannt, dass die Lachse sogar Einfluss auf unser Waldökosystem nehmen können. In Kanada konnte festgestellt werden, dass die von Bären verschleppten Lachse Biomasse (marinen Ursprungs) in den Wald bringen. Diese Leckerbissen werden dann auch von anderen Tieren gegessen. Die Pflanzen erfreuen sich ebenso, da sie von den eingetragenen Nährstoffen profitieren (Gende & Quinn 2006). Bei einem kanadischen Bären können das schon 40 Kilogramm bioverfügbarer Stickstoff sein (Urin, Exkremente). Kanadische Wissenschaftler*innen haben zudem festgestellt, dass die Bäume in Gewässernähe dreimal schneller wachsen als im Vergleich zu lachsfreien Gewässerabschnitten. Nun kommt es aber faustdick, denn man hat beobachtet, dass dieses beschleunigte Baumwachstum eine Steigerung der Gewässerbeschattung hervorruft. Es wird im wahrsten Sinne kühler in den Flüssen. Dieser Kühleffekt wirkt sich wiederum positiv auf die Junglachse aus (geringere Temperaturen, mehr Sauerstoff). Nicht nur die besseren Vegetationsbestände fördern die jungen Lachse, sondern auch das erhöhte Vorkommen an Fischnährtieren (zum Beispiel Köcherfliegenlarven), welches durch die Fischkadaver begründet werden kann (Swaaf 2006). Mhh, lecker! Die Eltern sichern durch ihren Körper das Überleben der eigenen Kinder! Zum Glück ist das bei uns Menschen nicht der Fall! In Deutschland hatten wir ebenso große Schwärme an Lachsen. Heute fehlen nicht nur die Lachse, sondern auch die Braunbären in unseren Wäldern.

Würde die massive Befischung des Lachses eingedämmt werden, könnten sich unsere heimischen Lachsbestände gut erholen. Ich durfte schon einmal in das sächsische Lachsprojekt hineinschnuppern und an den Forschungsbefischungen teilnehmen, welche zur Populationskontrolle durchgeführt wurden. Zwar kehren ausgewilderte Lachse wieder zurück, aber die Anzahl an Rückkehrern ist für eine stabile Populationsausbreitung zu gering. In Sachsen sind seit 1995 weit über 1.000 laichfähige Lachse zurückgewandert (SMEKUL 2023). In der Vergangenheit galt der Lachs als Herrenfisch und wurde dadurch auch gut dokumentiert. Der Adel überließ nichts dem Zufall, alles musste ordentlich dokumentiert werden, da der Lachs gute Erlöse abgeworfen hat. So weiß man heute sehr genau, dass in Sachsen in den beiden Flüssen Sebnitz und Polenz (Sächsische Schweiz) die gefangene Stückzahl pro Jahr zwischen 31 und 202 schwankte (LfULG 2003). Im Jahr 1432 sollen so viele Lachse die Elbe hinaufgewandert sein, dass die Fische, im übertragenen Sinne, einander nicht ausweichen konnten. Dennoch ist festzuhalten, dass die Bestände immer Schwankungen unterlagen (Füllner et al. 2003).

Nichtsdestotrotz bin ich stolz darauf, dass der Lachs wieder in unseren Gewässern anzutreffen ist. Dennoch gilt es weiterhin, diese Art zu schützen. Wenn unsere Gewässer an Strukturvielfalt gewinnen und gut durchgängig sind, steigen die Chancen einer besseren Populationsentwicklung. Der Lachs benötigt, wie auch andere Salmoniden, einen kiesigen Sohluntergrund, damit der Laichprozess vollständig funktioniert. Ohne die Vielfalt an verschiedensten Strömungsgeschwindigkeiten oder Wassertiefen wird eine Wiederansiedlung schwierig (Gebhardt & Ness 2005). Außerdem können wir als Konsumentinnen und Konsumenten einen direkten Einfluss auf die Populationsentwicklung nehmen! Es ist ganz einfach: Essen Sie keinen Lachs mehr aus Wildfängen oder unterlassen Sie die Befischung der Lachse im Herbst. Es liegt an uns selbst, ob wir auf den leckeren Geschmack des Lachses verzichten können oder nicht. Aber eins steht fest, es gibt eine sehr große Anzahl an schmackhaften Süßwasserfischen, die Sie alternativ zum Lachs essen können. Ich empfehle hierzu den Wels (*Silurus glanis*), die Rotfeder (*Scardinius erythrophthalmus*) oder das Rotauge (*Rutilus rutilus*). Alle drei Arten sind häufig anzutreffen und schmecken vorzüglich!

Kommen wir nun zu einem weiteren spannenden Vertreter unserer heimischen Fließgewässer, dem Edelkrebs (*Astacus astacus*). Können Sie sich vorstellen, dass ein Krebs von bis zu 20 Zentimetern Länge mit großen Scheren in unseren Gewässern leben konnte? Im Mittelalter stellte der Edelkrebs lange Zeit eine Delikatesse unter den Armen dar, bis irgendwann der gute Geschmack auch unter dem Adel bekannt wurde. Sein Gewicht kann sich auf bis zu 250 Gramm belaufen, was schon eine ordentliche Portion darstellt. Unsere Vorfahren konnten noch an die Gewässer gehen und sich mit frischen Nahrungsmitteln eindecken. Heute ist dieser Gedanke unvorstellbar – noch dazu, wenn der Edelkrebs um sein Überleben kämpfen muss, denn mit den heimischen Beständen sieht es nicht gut aus. Dieser Krebs übernimmt aber eine ganz wichtige Aufgabe im Fließgewässer, denn er ist die »Gesundheitspolizei«. Der Grund für diesen Titel liegt darin, dass er die kranken und toten Tiere verzehrt und so aus dem System entnimmt. Das klingt im ersten Moment unappetitlich, aber es nimmt einen wesentlichen Einfluss auf die Gesundheit der ganzen Fließgewässerbewohner. Eine der größten Bedrohungen dieser Krebsart ist die amerikanische Krebspest, die durch nicht heimische Krebsarten wie den Kamberkrebs (*Orconectes limosus*) eingeschleppt wurde (Poschwitz 2008). Neben der Krebspest ist die fehlende Struktur im Gewässer ein weiterer Grund für die geringe Ausbreitung des Edelkrebses (Füllner et al. 2016). Der Krebs benötigt Rückzugsorte, um sich vor Fressfeinden schützen zu können. Das können alte Wurzelstumpen oder kleine Steinhöhlen im Gewässer sein. Im Kirnitzschtal konnte ich bereits einen Edelkrebs ungestört beobachten. Dieser hatte sich eine circa 15 Zentimeter große Bachforelle geschnappt und versuchte, die ergatterte Beute in seinen Unterschlupf zu ziehen. Das war ein Spektakel, bis diese steife Bachforelle endlich in seinen Unterschlupf passte. Dafür nahm der Krebs viele Dreh- und Stoßversuche vor, um den gewünschten Winkel zu erzeugen. Letztlich konnte er die Bachforelle nach 15 Minuten harter Arbeit langsam verspeisen, ganz nach dem Motto »In der Ruhe liegt die Kraft«! Solche Beobachtungen erfreuen mich immer wieder, leider sind sie sehr selten geworden. Die rasche Verbreitung des schon erwähnten Kamberkrebs macht es unseren heimischen Krebsen nicht leicht. Wenn wir Menschen nicht genug aufpassen, kann es schnell mit dem Dasein unseres Edelkrebses zu Ende gehen. Es gab sogar Fälle, an denen Wehre beibehalten wurden, damit sich die Krebspest nicht weiter ausbreiten konnte und die Edelkrebspopulation stromaufwärts verschont blieb. Hierbei zeigt sich sogar ein biologischer Nutzen eines Wehres. Dieser Fall stellt zwar eine Seltenheit dar, dennoch gibt es ihn.

Wie so oft kommt das Beste zum Schluss, denn ich kenne kein anderes Tier, das es mehr verdient hätte erwähnt zu werden, als die Flussperlmuschel (*Margaritifera margaritifera*). Der Name verrät schon einiges über diese einzigartige Muschelart. Die einst sehr beliebten Perlen wurden für das sächsische Fürstentum gesammelt. Sie haben richtig gelesen, wir hatten früher unsere eigenen Perlen und mussten nicht auf südländische Alternativen zurückgreifen. So kam es vor, dass diese Perlen die Kurfürstin Maria Amalia und wahrscheinlich auch die Prinzessin Dorothea schmückten. Erste Perlensucher wurden im Jahr 1445 benannt, die sich letztlich auch um die Hege der Muscheln kümmerten. Mit dem Kurfürst Johann Georg I. wurde dem Perlensuchen ein Hoheitsrecht zugesprochen, wodurch sich nur ernannte Perlensucher an den Muscheln vergreifen durften. Einer der ersten ernannten Perlensucher bzw. Perlenfischer war Moritz Schmirler. Die Suche klingt sehr einfach, aber es wurden lediglich in 0,03 Prozent der Muscheln eine Perle entdeckt. Wer das nötige Geschick hatte, der konnte die Perle schadlos aus der Muschel entnehmen, sodass diese wieder friedlich weiterleben konnte. Zur Herstellung einer Perlenkette, wie im Fall der Kurfürstin Maria Amalia, wurden insgesamt 177 Perlen verarbeitet. Es lässt sich nur erahnen, welchen Wert eine solche Kette hatte. Noch heute ist die Kette der Kurfürstin in Dresden im Grünen Gewölbe zu finden. In dem frohen Glauben, dass seit dem Juwelendiebstahl 2019 die Sicherheitsvorkehrungen des Grünen Gewölbes verbessert wurden, sollte die Kette auch noch einige Zeit zu sehen sein. In der Vergangenheit wurden unsere Reichtümer jedenfalls besser beschützt und gesichert. So kam es vor, dass sich die Perlenfischer auch um die Muschel kümmerten, damit diese in ausreichend großen Beständen vorkommen konnte. Sie pflegten die Ufer und hielten das Wasser stets sauber. Wurde ein gefährdeter Bestand festgestellt, so versuchten die Fischer ihn umzusetzen, damit es keine Verluste gab. Sie besetzten kleinere Bäche und Mühlgräben mit den Muscheln, damit auch eine Bestandsverbreitung gegeben war. Es ist interessant, wie die Menschen, trotz der wirtschaftlichen Nutzung, die Fließgewässer geschützt haben, um das ersehnte Perlengut zu erhalten. Ich kann mir gut vorstellen, dass bei Verunreinigungen oder gar Bestandsverlusten hohe Strafen auferlegt wurden. Interessant ist auch, dass über 250 Jahre das Ausübungsrecht zur Perlenfischerei bei der Familie Schmirler bestand (LfULG 2008a).

Neben der herrlichen Perle dieser besonderen Muschel ist ihre Lebensweise faszinierend und sogleich einzigartig. Denn die Flussperlmuschel ist ein ausdauerndes Wesen und kann bis zu 200 Jahre alt werden, wenn sich die Wasserqualitäten über die Jahre nicht ändern. Im Durchschnitt liegt die Lebenserwartung bei 80 bis 100 Jahren, was meines Erachtens immer noch sensationell ist. Diese sehr alt werdende Muschel ist eine wirkliche Überlebenskünstlerin und kann dadurch in sehr nährstoff- und kalkarmen Fließgewässern überleben. Andere Muscheln, wie zum Beispiel die Malermuschel (*Unio pictorum*), könnten unter solchen Umständen nicht bestehen (LfULG 2008a).

Die Flussperlmuschel ist eine gesellige Vertreterin, die halb in den Boden eingegraben ist und gemütlich das vorbeifließende Wasser filtriert. Dabei gehen der Muschel so manche Leckerbissen in den »Filter«. Die Leibspeise stellen kleine Pflanzenteile oder andere organische Materialien dar. Wie so oft wird die dadurch gewonnene Energie in den Sommermonaten für die Fortpflanzung aufgebraucht. Doch bis es so weit ist, vergehen ganze 15 Jahre, denn erst dann ist die Flussperlmuschel geschlechtsreif. In normalen Fällen ist diese Art eigentlich getrennt geschlechtlich, was so viel bedeutet, dass es Weibchen und Männchen gibt. Ich persönlich finde es aber immer wieder faszinierend, welche Hintertüren die Natur bereithält, denn es ist möglich, dass weibliche Flussperlmuscheln Zwitter werden können. Hierfür müssen aber spezifische Bedingungen gegeben sein, bevor diese spannende Wandlung stattfindet. Eine in meinen Augen große Meisterleistung ist die Anzahl der Eier, welche für die Fortpflanzung von den Weibchen produziert werden. Ohne Probleme können hierbei zwei Millionen Eier in spezielle Kiementaschen gelegt werden. Die Männchen haben es wieder deutlich leichter, denn diese müssen ihre Spermien nur ins Wasser »ablassen«. Nach der Befruchtung wachsen in den Kiementaschen die zweiklapprigen Larven – die Glochidien – heran. Doch diese Behaglichkeit und Nähe zur Mutter bleibt nicht von langer Dauer. Nicht nur die Vögel werden zu einem bestimmten Zeitpunkt aus dem Nest gestupst, auch diese kleinen Glochidien. Die Muttermuschel schüttet ihre Kinder mit einem starken Stoß in eine freie Welle, und fort sind sie. Ganz dem Motto »Aus den Augen, aus dem Sinn«. Der harte Lebenswandel hat dann für diese kleinen Tierchen angefangen. Denn sie begeben sich in einen neuen Körper. Sie haben richtig gelesen, die kleinen Larven fallen nicht einfach auf den Boden und verbringen ihr Leben im Sediment. Vorerst werden diese zum »Muschelvampir«. Alle Geschichten sind wahr, es gibt wirklich Vampire, halt nur in Muschelerscheinung. Diese kleinen Larven setzen sich an die Kiemen von Bachforellen oder anderen Fischen und saugen deren Blut. Diese Verpflegung gleicht einem Hotelbesuch und lässt somit die Glochidien zu kleinen Jungmuscheln heranwachsen. Zur gegebenen Zeit lösen sich die Muscheln vom Fisch, und ihr weiteres Leben im Sediment beginnt. Doch vorher müssen viele Jahre überstanden werden, ehe diese Muscheln sich selbst fortpflanzen können. Die kleine Muschel lebt im Zwischenraum von Fließgewässer und Grundwasser – dem hypoheischen Interstitial –. Die blutige Zeit hat sie hinter sich gelassen und muss sich nun mit Algen und Biofilmen am Gestein zufriedengeben. Bemerkenswert ist die ausgeklügelte Technik, sich im Sediment festzuklammern bzw. festzukleben. Im Laufe der Entwicklung haben die Flussperlmuscheln eine Technik entwickelt, die vor Genialität nur so strotzt. Sie bilden kleine Fäden durch ein in der Fußdrüse gebildetes Sekret. Im Fachjargon werden diese Fäden auch »Byssusfäden« genannt. In der tiefsten Vergangenheit wurden solche Fäden, zumindest von den im Meer lebenden Muscheln, als Muschelseide verwendet und versponnen. Solche Muschelseidengewänder waren so sündhaft teuer, dass sich lediglich Päpste oder Könige damit kleideten. Für die Flussperlmuschel ist es lediglich ein Hilfsmittel für einen besseren Halt. Wenn die Temperaturen günstig sind, dann kann diese kleine Flussperlmuschel mit einer Größe von circa fünf Zentimetern geschlechtsreif werden und selbst für den Erhalt ihrer Art eintreten (LfULG 2008a).

Doch derzeit ist diese Art gerade in Sachsen fast verschwunden. Es lassen sich lediglich noch einzelne Gruppen finden. Die Verschlechterung unserer Gewässer hat zu diesem katastrophalen Zustand beigetragen. Die Wiederansiedlung wird derzeit bearbeitet, wobei auch die TU Dresden eigene Studien durchführt, um die Flussperlmuschel wieder ansiedeln zu können (Projekt »MARA«, www.flussmuscheln.de). Ohne ein gutes Habitat ist die Wiederansiedlung problematisch, denn die hydrochemischen Ansprüche sind unbedingt einzuhalten, da sonst die Muscheln schlechtere Überlebenschancen haben. Ich bin sehr gespannt, wie sich die Muschel in Sachsen entwickelt und ob wir in der Lage sind, ihr ausreichend Schutz zu bieten. Im Jahr 2022 konnten zumindest erste positive Nachrichten vernommen werden, da Muschelnachzuchten an heimischen Bachforellen zu finden waren (Griebe 2022). Für unsere Umwelt wäre es ein Geschenk, wenn wir wieder die alten Bestandsgrößen aus längst vergangenen Zeiten erreichen würden.

Kapitel 14

Verrate mir, wie es dir geht, liebes Fließgewässer!

In meinem Beruf versuche ich, die Defizite eines Gewässers zu Beginn vor meinem geistigen Auge zu visualisieren. Dabei hilft es mir, mich einfach in das Gewässer zu stellen. Gerade in den Sommermonaten ist das eine wohltuende Methode. Ich mache dabei die Augen zu und horche hinein in die Tiefen des Ökosystems. Es ermöglicht mir, die Rauschkulisse des Gewässers zu analysieren und festzustellen, welche Strukturen vorhanden sind. Im Mittelgebirge ist natürlich eine stärkere Rauschkulisse als im Flachland, da dort mehr Turbulenzen gegeben sind. Dennoch kommt es nicht selten vor, dass ich in einem Mittelgebirgsbach stehe und fast nichts höre. Wirklich nichts, kein Blubbern, Rauschen oder Tropfen. Ohne große Untersuchungen des Gewässers wird klar, es fehlen eindeutige Strukturen, eben die Vielfalt! Anhand des Hörens ist auch leicht herauszubekommen, ob viele Insekten unterwegs sind und ob Fische anwesend sind. Denn diese fressen liebend gern Insekten und schwimmen dafür an die Oberfläche, was wiederum ein Platschen verursacht. Gerade von Mai bis September sollte eine Insektenkulisse zu hören sein. Außerdem lassen sich auch Vögel am Gewässer wahrnehmen. Denn auch sie machen sich gerne die Insektenbar zunutze, um den einen oder anderen Leckerbissen zu erwischen. Wenn nichts zu hören ist, sollten die Alarmglocken läuten, denn das zeigt keinen guten Zustand an, besonders im Frühling und Sommer.

Eine große Vielfalt im Gewässer lässt sich durch die verschiedensten Töne heraushören. Ein lautes Rauschen zeigt ein erhöhtes Gefälle des Gewässers an und ein Plumpsen einen Wasserabfall. Auch Strukturen wie »Totholz« lassen sich hören. Nicht selten entstehen durch kleine, ins Wasser ragende Äste Zischgeräusche oder ein leicht verwirbelndes Rauschen. Eine Stromschnelle oder Gewässerverengung verursacht ein Plätschern. Jedes Mal, wenn ich die Zeit nutze, um die Gewässer zu hören, fühle ich mich, als säße ich in der ersten Reihe des Naturorchesters, und bekomme dabei eine

Gänsehaut. Die Natur gibt ihr einzigartiges Stück preis, welches so individuell ist wie kein zweites. Das Beste dabei ist, jede und jeder kann es hören und muss dafür nicht einmal tief in die Tasche greifen. Gerade in den jetzigen Zeiten bevorzuge ich solche Theaterbesuche und schenke lieber der Natur mein offenes Ohr. Wie ich schon erwähnt habe, sind manche Naturkonzerte sehr leise und mit geringer musikalischer Besetzung. Für meine Maßnahmen schaue ich mir anschließend die Umgebung an und suche nach Strukturelementen wie zum Beispiel Steinen oder Bäumen. Sollten diese im Gewässer fehlen und somit nicht dem Gewässertyp entsprechen, zeigt sich sofort der nötige Handlungsbedarf.

Ein zweiter Analyseschritt ist, mit verschlossenen Augen einen tiefen Atemzug zu nehmen. Das klingt banal, aber anhand des Geruches lässt sich die Verschlammung oder die Abwasserbelastung schnell erkennen. Es ist auch möglich, zu riechen, ob eine Vielzahl an Fischen im Gewässer ist oder nicht. Bei einer guten Fischdichte lässt sich das gerade bei kleinen Wasserturbulenzen erschnüffeln. Parallel fällt es mir immer wieder auf, wenn große Mengen Klärwasser im Fließgewässer vorhanden sind. Der Geruch ist wirklich nicht zu verkennen.

Abschließend zu meiner Analyse mache ich die Augen auf und schaue mir das Gewässer sehr genau an. Mein erster Blick richtet sich dabei auf das Umland und die Sohle. Mit einem Fernglas ist dann ein schneller Überblick über den Gewässerrandstreifen möglich. Wenn ein Fließgewässer keine Begleitvegetation hat, spricht dies natürlich für einen schlechten Zustand (wichtig: Vergleich mit dem jeweiligen vorliegenden Gewässertyp). Auch ein Feld oder eine Wiese am Gewässerrandstreifen werden für die Analye mit einbezogen. Bei der Sohle gehe ich ähnlich vor. Mit einem kleinen Tritt ist schnell zu erkennen, ob diese fest oder locker ist. Praktischerweise lässt sich dadurch auch feststellen, ob eine Kolmation im Gewässer vorliegt. Der Begriff »Kolmation« kann auch gern als Verstopfung der Lückensysteme der Sohle im Gewässer verstanden werden. In der Praxis ist dies auch an der Farbe der Sohle zu erkennen. Oftmals ist diese dann sehr grün, schwarz oder braun. Bei der sogenannten »Stiefelprobe« wird nach kurzer Zeit auch der Grad der Verschlammung deutlich. Je größer die Schlammwolke im Wasser, desto gravierender ist die Kolmation! Außerdem achte ich auf die Korngrößenverteilung im Gewässer. Dafür richtet sich mein Blick auf die

Steine und auf die kleinen Sand- oder Kiesbänke, falls diese vorhanden sind. Ist die Sohle fest, dunkel und ohne jegliche Strukturvielfalt, dann besteht ein großer Handlungsbedarf, da die Sohle ein wichtiger Lebensraum für eine Vielzahl an Wasserorganismen ist. Wenn wirklich viel Zeit ist, setze ich mich auch gern ans Ufer und beobachte einfach die Wasserfläche (Arbeit kann so schön sein!). Nach kurzer Zeit sieht man mit etwas Glück die ersten Wasserbewohner. Neben dieser Vor-Ort-Einschätzung ziehe ich dann die hydrochemischen, hydrologischen und hydromorphologischen Daten, historische Karten und aktuelle Satellitenfotos hinzu und kombiniere alles. Als Resultat entstehen dann erste Maßnahmenvorstellungen in meinem Kopf!

Kapitel 15

Der Zwischenraum als Rettungsinsel kleiner Wasserbewohner

Für diesen Bereich des Gewässers wollte ich gern ein eigenes Kapitel schreiben, da er meiner Meinung nach so unscheinbar, aber sehr wichtig ist. Wenn wir bei einem Spaziergang umherschauen und einen kurzen Blick ins Wasser wagen, sehen wir oftmals kleine oder große Steine. Umgangssprachlich sprechen wir dann von einer Gewässersohle oder dem Flussbett. Mit einer Sohle verbinden wir eine undurchlässige, horizontal liegende Ebene, die das Fließgewässer nach unten abschließt oder sogar abdichtet. Viele denken, dass die meisten Lebewesen auf der Sohle oder im Freiwasser vorzufinden sind. Doch das stimmt nicht ganz, denn eine Vielzahl von Organismen lebt in der Zwischenzone von Fließgewässer und Grundwasser. In Fachkreisen wird hierbei vom »hyporheischen Interstitial (Hyporheal)« gesprochen. Diese Zone ergibt sich aus den kleinen und großen Lücken, welche durch die Aneinanderreihung von Steinen oder anderem Geröll entsteht. Das Fließgewässer ist diesbezüglich nicht abgeschlossen, sondern wird ständig mit frischem Grundwasser versorgt. Dieses strömt durch die vorhandenen Lücken und Höhlen der Sohle hindurch und bereichert so den Fließgewässerkörper mit Frischwasser (Brunke & Gonser 1997). Die horizontale und vertikale Ausdehnung dieser Zone ist stark verschieden. Entscheidend ist dabei das Material der Gewässersohle. Im Fall von sehr grobem Sediment, wie großen Steinen und Schotter, kann schon eine beachtliche vertikale Mächtigkeit gegeben sein (Malard et al. 2002). Was ist denn der Unterschied zwischen dem eigentlichen Grundwasser? Ein paar Eigenschaften lassen sich aufzeigen, die eine Unterscheidung ermöglichen. So ist im hyporheischen Interstitial eine geringere Lagestabilität des Sediments gegeben. Zudem ist die Aufenthaltsdauer des infiltrierten Oberflächenwassers geringer. In verschiedenen Forschungen ließen sich Zeiten von wenigen Minuten bis hin zu 30 Tagen feststellen (Brunke & Gonser 1999; Sawyer & Cardenas 2009).

Wer jetzt glaubt, dass diese Lückensysteme nicht besiedelt sind, der irrt sich gewaltig, denn diese sind ein hervorragender Lebensraum für schutzsuchende Organismen wie Fisch- oder Insektenlarven (Pugsley & Hynes, 1986). Außerdem dient sie als Schutzzone bei Hochwasser, Niedrigwasser oder extremen Wassertemperaturen (Schwörbel 1964, 1967). Viele Fischlarven verbringen ihre Kindheit dort, um sich vor Fressfeinden zu verstecken und entspannt heranwachsen zu können. In diesem Fall werden die Fischeier auf den Kies abgelegt, wodurch diese in die naheliegenden Lückensysteme gelangen. Die Bachforellen oder die Äschen leben dann in ihren ersten Monaten in den Zwischenräumen der Sohle. Dabei hängt ihr Überleben maßgebend von dem Zustand dieser Sohle ab (Gebhardt & Ness 2005). Die Larven des Lachses bewegen sich zum Beispiel aktiv im Interstitial. Erstaunlicherweise können diese bis zu 0,6 Meter tief wandern, je nachdem wie das Sediment aufgebaut ist (Heggenes et al. 2013). Zugesetzte Porensysteme sind dabei alles andere als vorteilhaft, da sie nicht mit ausreichend frischem Grundwasser durchspült werden. Forschungen zeigen, dass mit steigendem Feinanteil im Interstitial die Besiedlungsdichte abnimmt (Richards & Bacon 1994; Brunke & Gonser 1999; Weigelhofer & Waringer 2003). Neben Fischlarven leben auch kleinere Schnecken, Köcherfliegenlarven, Eintagsfliegen, Libellenlarven oder Bachflohkrebse in dem schützenden Poren- bzw. Höhlensystem. Es ist faszinierend, da verschiedene Arten aus unterschiedlichen Lebensräumen koexistieren. In der Fachwelt wird dann von einem »Ökoton« gesprochen (Naiman & Décamps 1990). Wenn extremes Hochwasser, eine Kolmatierung oder zu geringe Mächtigkeiten vorliegen, ist dieser Lebensraum für die Gemeinschaft stark gefährdet (Stubbington 2012).

Insgesamt steht und fällt dieser Lebensraum durch die Landnutzung im Einzugsgebiet, Abwassereinleitungen und die Wassermenge des Fließgewässers (Brunke & Gonser 1997). Beispielsweise ergeben sich schon Unterschiede in der Artenvielfalt, wenn ein Fließgewässer von einem Waldgebiet in ein Wiesengebiet fließt (Trayler & Davis 1998; Hahn 2002; Illyová et al. 2011). In den vergangenen Jahren haben uns die trockenen Sommer immer wieder gezeigt, wie wichtig eine ausreichende Niederschlagsmenge ist. Ohne Wasser trocknen schließlich unsere Fließgewässer aus, dann wird auch unser Interstitial in Mitleidenschaft gezogen.

Es wird wieder ersichtlich, dass eine Menge an Faktoren Einfluss auf die Funktionsfähigkeit des hyperheischen Interstitials nimmt. In vielen Fällen ist uns nicht bewusst, wie wir Menschen diesen Lebensraum einengen und gar auslöschen. Während meiner Gewässerbegehungen sehe ich sehr oft komplett verschlammte Gewässersohlen oder mit Algen zugewachsene Bereiche, die keine Lücken oder Höhlen mehr vorweisen. In solchen Fällen steige ich sofort in das Gewässer, um die äußere und innere Kolmation abschätzen zu können. Für diesen kleinen Test nutze ich gern meine orangefarbenen Stiefel und schürfe mit ihnen in der Sohle herum. In einem intakten Interstitial müssten sich meine Stiefel gut eingraben lassen. Infolge des Eindringens werden kleine Partikel aufgeschwemmt, wodurch eine Abschätzung der inneren Kolmation zum Teil ermöglicht wird. Bei einigen Gewässern kommt es dann zur flächigen Trübung, da sich über die Jahre große Mengen an Feinsediment abgelagert haben. Die wichtigen Lücken- und Porensysteme sind demnach vollständig verstopft, sodass von einem »unbrauchbaren« Interstitial gesprochen werden kann.

Die Randbedingungen stimmen in solchen Fällen schon lange nicht mehr. Oftmals werden die Algen durch die Mengen an Nährstoffen zum Wachstum beflügelt, sodass sich ein dichter Algenteppich bildet. Das ist zwar eine gute Grundlage für die Fischart Nase (*Chondrostoma nasus*), denn diese grast mit einer Leidenschaft die Algenteppiche ab, dennoch wird so wichtiger Lebensraum zerstört. Leider ist es heutzutage immer noch der Fall, dass zu viele Nährstoffe über die kommunalen Abwässer sowie über die Landwirtschaft eingetragen werden. Bei der Chemnitz in Sachsen habe ich das schon sehr oft beobachten können. In diesem Gewässer riechen Sie buchstäblich das Abwasser. Stellen Sie sich gern einmal ins Kleinschweizer Tal, dort werden Ihre Nasenlöcher freigeblasen, das kann ich Ihnen versprechen! Wenn zu viele Nährstoffe im Gewässer sind, kommt es zur sogenannten »Eutrophierung«. Bei diesem Effekt wachsen unaufhaltsam Algen auf der Sohle, die einen dichten Teppich bilden und den Austausch zwischen Fließgewässer und Grundwasser unterbinden. In solchen Fällen sollte eine drastische Verringerung der Nährstofffracht durchgeführt werden. Das ist aber leichter gesagt als getan. Vorerst müssen die Quellen ausfindig gemacht werden, erst dann ist eine Problembehandlung möglich. Sie merken schon selbst, dass wir in Zukunft einiges an Arbeit haben. Die

Tatsache, dass es letztlich auch um Ihr kostbares Wasser geht, dürfte große Einsatzbereitschaft hervorrufen.

Neben dem exorbitanten Algenbewuchs der Sohle ist auch die Eintragung von Feinsediment zerstörerisch. Hierbei gelangen, mitunter durch naheliegende Felder, kleinste Bodenpartikel ins Gewässer. Stück für Stück verstopft das wichtige Lückensystem der Sohle (Banscher 1976; Schälchli 1993). Gerade bei fehlerhafter Bewirtschaftung des Gewässerrandstreifens können große Mengen an Feinsediment ins Gewässer gelangen (LfULG 2022). Bachforellen oder Lachse wird man vergebens suchen, denn diese haben keine Kinderstuben mehr für die kleinen Jungfische. Werden die Laichgruben der genannten Arten verstopft, reicht die Sauerstoffversorgung nicht mehr aus. Das kann zum Absterben der Brut sowie der Eier führen (Greig et al. 2007). Dies ist auch ein Grund dafür, weshalb wir in Deutschland keine idealen Laichbedingungen für Lachse und Bachforellen haben (Niepagenkemper & Meyer 2002; Dirksmeyer et al. 2011).

Als Kind konnte ich das immer sehr gut beobachten. Neben unserem Haus wurde regelmäßig ein riesiges Maisfeld angepflanzt. Wenn es dann starke Gewitter gab, spülte es die feine Bodenschicht in die Kanalisation. Von dort wanderte die braune Brühe sofort in unseren kleinen Dorfbach. Kein Wunder, dass dort kein richtiges Leben mehr vorhanden ist. Die Frühjahrshochwässer reichen demnach nicht mehr aus, um das wichtige Interstitial freizuspülen. Fehlen dann zusätzlich noch die Strukturen im Gewässer, bilden sich keine Strömungsturbulenzen aus, die einen Freispüleffekt hervorrufen würden. Nehmen Sie sich doch bei Ihrem nächsten Spaziergang einmal die Zeit und werfen Sie einen kritischen Blick in die kleinen Gewässer. Diese sind sehr oft völlig verschlammt, sodass nicht einmal mehr größere Steine sichtbar sind. Normalerweise dürfte das gerade im Mittelgebirge nicht der Fall sein. In flacheren Gebieten ist die Sohle anders strukturiert, aber ich gehe jetzt erst einmal von einem Gebirgsbach aus. In meinem Studium durfte ich einen Vortrag über die Renaturierung eines Waldbachs anhören. In diesem Vortrag wurde erläutert, wie einfache Maßnahmen eine große Wirkung auf die Gewässerökologie haben können. Vor dem angrenzenden Waldgebiet wurde der kleine Bach ausgebaggert, sodass eine starke Vertiefung gegeben war. Im Laufe der Zeit sammelten sich die kleinen Bodenpartikel in der geschaffenen Grube an. Einmal im Jahr wurde diese entleert und das angesammelte Feinsediment entsorgt. Allein diese kleine Maßnahme hat dafür gesorgt, dass die vorerst gegebene Verschlammung des Bachs vollständig aufgehoben wurde und sich wieder Kies- und Sandstrukturen gebildet hatten. Dieses Beispiel soll zeigen, dass die Eintragung von Feinsediment eingedämmt werden kann. Das Gewässer lässt sich auch wunderbar schützen, indem die Gewässerrandstreifen von 10 bis 15 Meter eingehalten werden. Viele Landwirt*innen bewirtschaften schon lange nicht mehr bis an die Böschungskante des Gewässers, sondern lassen diesen Streifen freistehen. Einige pflanzen gleich einen Blühstreifen an, andere wiederum lassen dem Gewässer die völlige Macht. Beide Varianten gefallen mir persönlich sehr gut und müssen in Zukunft geachtet und wertgeschätzt werden. Mir ist die schwierige Situation der Landwirtinnen und Landwirte klar, weshalb ich zutiefst dankbar bin, wenn ich Unterstützung und vor allem Flächen zur Verfügung gestellt bekomme, um die Gewässerentwicklung fördern zu können.

Kapitel 16

Die Quelle des Fließgewässers – das Grundwasser

Ohne das Grundwasser würde kein Fluss zu sehen sein. Es herrscht ein ständiger Austausch (effluent oder influent) zwischen dem Fluss und dem Grundwasserleiter. Doch viele Menschen wissen nicht, dass das Grundwasser ein riesiges Biotop darstellt und vor lauter kleinen, blinden Organismen nur so wimmelt. Das Grundwasser ist außerdem der älteste und flächenmäßig größte Lebensraum (LUBW 2006). Für mich ist es kaum vorstellbar, dass Individuen bei völliger Dunkelheit leben können, denn durch die tiefen Bodenzonen dringt kein Lichtstrahl zu ihnen hindurch (Thienemann 1925). Durch die oben liegenden Schichten stellt sich ein gut ausgeglichenes Temperaturverhältnis ein, welches nur geringen Schwankungen unterliegt (Husmann 1978; DVWK 1988). Beeindruckend ist der geringe Platz in den Hohlräumen des Grundwasserleiters, der trotzdem genügend Lebensraum für viele Organismen bietet (Gibert et al. 1994). Wenn ausreichend Sauerstoff vorhanden ist, dann finden wir sehr oft auch höhere Organismen wie zum Beispiel Krebstierchen, Milben, Würmer oder sogar Schnecken (Griebler & Mösslacher 2003).

Ganz besonders faszinierend finde ich die Brunnenschnecke (*Bythiospeum husmanni*), die für uns Menschen seit Jahrtausenden gut versteckt blieb, bis 1963 ein einzelner Mann diese Art in einem Siebbrunnen in der Ruhr-Aue (südöstlich von Dortmund) entdeckte und sofort von ihr begeistert war. Diese kleine Schneckenart, die gerade einmal zwei Milimeter groß wird, lebt in unseren Lückensystemen der Grundwasserleiter, welche sich in der Nähe von Fließgewässern befinden. Es ist erstaunlich, wie dieses Lebewesen in einem solchen spezifischen Lebensraum überleben kann. Aus ihrer faszinierenden Lebensweise heraus wurde sie zum Weichtier des Jahres 2009 ernannt und dadurch etwas bekannter in unseren Breiten. Durch die verborgene Lebensweise ist diese Schnecke schwer zu untersuchen, weshalb meistens mehr Fragen als Antworten bei durchgeführten Untersuchungen entstehen (Niederhöfer et al. 2009). Ich finde es so spannend zu wissen, dass unter unseren Füßen eine herrliche Welt verborgen ist, die wir nur erahnen können. Es ist nicht unbedingt notwendig, mit großen Teleskopen ins Weltall zu schauen, um neues Leben zu entdecken, es reicht ein Blick nach unten. Da das Grundwasser einem riesigen Lebensraum entspricht, werden noch viele Jahrzehnte lang Geheimnisse offenbart werden. Wir Menschen sollten uns diesen Lebensraum immer einmal vor Augen halten, denn es geschieht schnell, dass der Blick eintönig wird. Unsere Umwelt verschwimmt in den alltäglichen Situationen, die jeder Mensch in seinem Leben erlebt. Seien Sie wachsam und leben Sie bewusst in der Gegenwart, denn nur so leben Sie wirklich.

So wie wir Menschen perfekt an unseren Lebensraum angepasst sind, gilt dies auch für die lebenden Tierchen im Grundwasser. Auf den ersten Blick sieht es nach einem sehr mühsamen und harten Leben aus, aber im Laufe der Zeit haben die Tierchen es geschafft, damit gut umzugehen. Doch wie ist es möglich, unter derartigen Umständen überleben zu können? Beispielsweise gibt es schon seit Jahrtausenden Brunnenkrebse (*Bathynella natans*) oder Hüpferlinge (*Graeteriella unisetigera*) in solchen Umgebungen. Die Antwort liegt in ihrer spezifischen Anpassung an die Umweltbedingungen, welche über die vergangenen Zeitepochen ausgebildet wurden. So können diese Individuen einen sehr stark verlangsamten Stoffwechsel (Metabolismusrate) vorweisen. Ohne Nahrung auszukommen ist dabei keine große Sache für sie, selbst über einen längeren Zeitraum (zum Beispiel Mösslacher & Hahn 2003; Schminke 1997).

Wir Menschen halten es keine zwei Wochen ohne Nahrung aus, manche sogar keine zwei Tage (oder zwei Stunden) und dennoch zeigt uns die Natur, was alles möglich ist. Denken Sie noch einmal bewusst daran, dass der Lebensraum lediglich aus lauter kleinen Lückensystemen von wenigen Zentimetern oder sogar Millimetern besteht. Hier ist nicht viel Platz für Lebewesen, die wild umhertanzen, wie es beispielsweise in einem Fließgewässer der Fall ist. Dennoch überrascht es mich, dass es auch Organismen gibt, die trotz dieses beengten Lebensraums bis zu drei Zentimeter groß werden können. Nun stellt sich die Frage, wie so ein großes Tier in einem engen Lückensystem überleben kann. Aber selbst da hat Mutter Natur eine Antwort parat. So wie es unter uns Menschen einige gibt, die sich besonders gut verbiegen oder dehnen können, gibt es auch solche Vertreter im Grundwasser. Diese Technik haben sich die größeren Lebewesen der Grundwasser zunutze gemacht und dabei eine schmale und sehr gut formbare Körperstruktur entwickelt (LUBW 2006).

Neben der perfekten Beweglichkeit wurden noch weitere körperliche Anpassungen über die Zeit vorgenommen, denn Augen oder Pigmente benötigt niemand in der Finsternis. Das wäre aus Sicht der Tierchen sinnlose Energieverschwendung und ganz und gar nicht in ihrem Interesse. Nun stellt sich die Frage, wie es mit dem Liebesleben aussieht, wenn man nichts sieht? Kommt es wieder nur auf die inneren Werte an? Trotz fehlender Augen und Farben findet eine Fortpflanzung statt. Es ist wie bei uns Menschen, wo die Liebe durch den Magen geht, geht diese bei Grundwasserorganismen durch die Sinneskolben (Ästhetasken). Diese ermöglichen es, den ersehnten Partner oder die ersehnte Partnerin ausfindig zu machen oder sogar einem Feind auszuweichen (LUBW 2006). Ja, auch im Grundwasser lauern Feinde hinter jeder Ecke, da heißt es fressen oder gefressen werden.

Wir Menschen sollten uns vor diesen Wesen verneigen, da sie eine der wichtigsten Aufgaben der Welt übernehmen. Endlich kommt Ihr Bier oder Wasser ins Spiel! In vielen Bereichen Deutschlands wird das Grundwasser für die Trinkwasserversorgung verwendet, da es in der Regel gute Qualitäten aufweist. Doch dieses Wasser wäre ohne die kleinen Tiere alles andere als sauber und rein. Denn sie sind dafür zuständig, die Lückensysteme von partikulären Einträgen zu befreien, indem sie diese einfach zerkleinern und »fressen« (Gruner 1965; Danielopol 1983). Ähnlich wird auch davon gesprochen, dass der Grundwasserleiter »offen« gehalten wird (Husmann 1978; Danielopol 1983; DVWK 1988; Schminke & Glatzel 1988; Glatzel 1994). Insgesamt führt das zu einer indirekten Steigerung der Selbstreinigungskraft des Grundwassers (Hahn & Friedrich 1999).

Damit auch ordentlich gereinigt werden kann, braucht es logischerweise viele Helferinnen und Helfer. Uns Menschen ist gar nicht bewusst, welcher Artenreichtum unter unseren Füßen lauert, denn die Grundwasserschichten weisen eine große Artenvielfalt auf (HAHN 2004a). Im Vergleich zu unseren oberirdisch liegenden Fließgewässern lassen sich keine wesentlichen Unterschiede in der Anzahl der dort lebenden Arten nachweisen (Hahn & Friedrich 1999). In Deutschland wurde schon 1920 das Geheimnis der Grundwassertierchen erforscht, wodurch ein guter Wissensstand vorherrscht. Dennoch sind viele Fragen ungeklärt, da wir mit einem riesigen System zu tun haben, was zudem nicht so leicht beprobt werden kann, wenn die Grundwasserschichten einige Meter unterhalb der Erdoberfläche vorzufinden sind (LUBW 2006). Wer sich mit der Thematik Grundwasser ein wenig auseinandersetzt, der bemerkt schnell, dass wir Menschen auch direkten Einfluss auf die Hydrochemie und somit auch auf die Stygofauna (die gesamten Grundwasserarten) nehmen. Anhand der Fließgewässer lässt sich auch erahnen, wie es unseren Grundwassern geht. Wir alle sollten erkennen, dass diese Systeme essenziell sind, um unser eigenes Überleben sicherzustellen, und vor allem das von unseren Nachfahren, denn diese werden sonst ihr blaues Wunder erleben. Zudem ist das Grundwasser nicht nur für ein Fließgewässer von großer Bedeutung, auch unsere Auen sind zwingend darauf angewiesen.

Kapitel 17

Das Land am Wasser – die Auen

Das Wort »Aue« stammt aus dem Germanischen von »auwia« und »ouwa« ab und bedeutet so viel wie »Das Land am Wasser«, »Insel« oder »nasse Wiese« (Moritz & Winding 1994; LZ 2014). Im Mittelhochdeutschen bedeutete »Au« ursprünglich »Wasser«, somit heißen unsere Auwälder im übertragenen Sinne Wasserwälder (Wendelberger 1980; Lazowski 1984). Dieses wunderbare Land mit seinen Wäldern stellt eines der wichtigsten Ökosysteme in unserem Land dar. In Mitteleuropa leben ungefähr 12.000 Tier- und Pflanzenarten in Auen (Langen 2020). Jede noch vorhandene Aue ist einzigartig und für unsere Gesellschaft ein wahrer Schatz. In der heutigen Zeit sind unsere natürlichen Auen fast vollständig verschwunden. In Deutschland sind über 50 Prozent der Auenflächen stark bis sehr stark verändert. Sie unterliegen immer noch verschiedenen Nutzungsarten wie Grünland (43 Prozent), Ackerland (26 Prozent) und Siedlungsfläche (7 Prozent). Insgesamt wurden bei den letzten Datenerhebungen rund 4,5 Prozent der deutschen Fläche betrachtet (BMU & BfN 2021). Für mich sind Auen mehr wert als Gold, darum freue ich mich über jede noch vorhandene und intakte Aue.

Wir Menschen haben einen guten Teil dazu beigetragen, unsere Auen zurückzudrängen. Dabei ändern wir frohen Mutes das Abflussregime und die Überschwemmungsgebiete und fördern die Kanalisierung der Gewässer, wodurch die Komplexität von Auenökosystemen oft sinkt. Dies geschieht weitestgehend irreversibel (Grill et al. 2019). Verschiedene Studien konnten beweisen, dass die Artenvielfalt demenstprechend in Bächen und Flüssen erheblich reduziert wurde (Reid et al. 2019; Vörösmarty et al. 2010; Su et al. 2021). Ganz nebenei nehmen wir negativen Einfluss auf die Ökosystemleistung dieser Gewässer. Schlecht für uns Menschen, denn damit gehen auch Reinigunsgpotenziale verloren, aber darauf gehen wir später näher ein (Dudgeon 2010; Jax 2005). Weltweit zeigt sich, dass wir Menschen anscheinend gern in Überschwemmungsgebieten leben. Laut einer Studie sind rund 50 Prozent der Weltbevölkerung in solchen Gebieten beheimatet (Töckner et al. 2009).

Schon im Mittelalter wurden die Auen auf verschiedene Art und Weise genutzt. Wichtiges Acker- oder Viehland musste her, da es viele Bäuche zu füllen gab. Die gefällten Bäume dienten der Holzgewinnung (Haidvogl 2011). In längst vergangenen Zeiten wurde das Auenholz auch für den Bau von Ufersicherungen oder Buhnen gewonnen (Sablonier 1990). Welch eine Ironie: das Holz der Auen für den Verbau des Fließgewässers. Zum Glück können Erlen und Eschen nicht sprechen, diese hätten wahrscheinlich ordentlich gewettert! Doch die Menschen hatten ihren guten Grund dafür, denn sie mussten Äcker und die Transportfähigkeit des Fließgewässers sichern (Kuhn 2006). Beispielsweise war der Rhein schon im Jahr 1365 als Floßstraße bekannt (Grossmann 1972). Es lässt sich nur erahnen, wie hart diese Zeiten gewesen sein müssen. Zum Glück müssen wir nicht nochmal im Mittelalter leben!

Dennoch würde ich mit Ihnen gern über 10.000 Jahre zurückreisen, in eine Zeit, in der unsere Vorfahren in den Tiefen der Wälder hausten und die Natur ihre Heimat nannten. Bei Ihnen ist jetzt eine gute Vorstellungskraft gefragt, denn wenn Sie gerade gemütlich im Sessel sitzen, kann es schwer werden, sich ein raues Wetter und eine wilde Landschaft vorzustellen. Sie geben bestimmt Ihr Bestes!

Los geht die Reise! Große Siedlungen waren in Europa noch nicht vorhanden. Der Ausbau der Gewässer stand noch überhaupt nicht im Fokus, da kein Handlungsbedarf gegeben war. Die Täler der Fließgewässer waren reine Großbiotope. Moore, Tümpel und kleine Weiher durchzogen die Talflächen. Der Fluss wanderte zwischen den Talseiten oder seinen flachen Auenflächen hin und her und veränderte Jahr für Jahr seine Struktur. »Im Land am Wasser« wuchsen die verschiedensten Baumarten. Es wimmelte nur so vor lauter Insekten und Amphibien wie Frösche, Lurche oder Salamander. Die Natur und – in diesem Fall – die Aue war in ihrer eigenen Balance. In Sibirien ist es noch möglich, solche riesigen Auenflächen zu begutachten. Während meines Studiums zeigte unser Professor uns ein Luftbild aus Russland. Dort war ein großer Fluss mit seiner natürlichen Aue zu sehen. Aus der Vogelperspektive ließen sich die alten Flussverläufe vergangener Jahrhunderte erkennen. Dieses Foto war beeindruckend, denn der Fluss hatte mehrere Kilometer Breite in Anspruch genommen. In diesem Moment erkannte ich das erste Mal, dass all unsere Gewässer in Deutschland ihren

Raum verloren hatten. Für uns sind die jetzigen Gewässerzustände normal, mehrere Kilometer breite Auen kennen wir derzeit nicht. Unsere Vorfahren kannten die Auen noch in ihrem alten Glanz. Die Flüsse waren Teil ihres Lebensraums und nicht wegzudenken. Sie wussten, dass einige Flächen nicht begangen werden konnten, da die Moore zu tief und zu gefährlich waren. Die Sümpfe und Nassflächen an unseren großen Gewässern, wie zum Beispiel der Donau, der Elbe oder dem Rhein, müssen in dieser Zeit atemberaubend gewesen sein.

Ich persönlich würde nur zu gern eine echte Zeitreise unternehmen, um mir diese Auen einmal mitsamt ihrer Fischpopulation ansehen zu können. Was einmal war, kann ja wieder werden, oder? Die Chancen einer positiven Auenentwicklung stehen zumindest für zwei Drittel der Flussabschnitte gut, wie eine vergangene Studie feststellen konnte (Harms et al. 2018). Dennoch konnte in den letzten Jahren keine wesentliche Veränderung des Auenzustands im Vergleich zum Auenbericht vom Jahr 2009 und 2021 beobachtet werden. Der hohe Nutzungsdruck ist nach wie vor präsent (BMU & BfN 2021).

Die vergangenen Auenprojekte geben aber Hoffnung, dass es in die richtige Richtung geht. Bei einer letzten Berichterstattung im Jahr 2021 wurden 174 Auenrenaturierungen und 58 Deichrückverlegungen in Deutschland gemeldet. Seit dem Jahr 2000 nahm die Anzahl der Maßnahmen zu. Zum Glück sind auch 21 Prozent der Auenflächen als Naturschutzgebiete ausgewiesen (BMU & BfN 2021). Dennoch ist das Entwicklungspotenzial unserer Auen noch viel größer. Wie ich eingangs bereits erwähnte, benötigen die großen Flüsse mehrere Kilometer breite Flächen für die seitliche Entwicklung. Selbst kleinere Bäche von weniger als 40 Zentimetern Breite brauchen ihren Platz! Für die Elbe würde es bedeuten, dass beispielsweise Dresden eigentlich gar nicht so nah am Fluss liegen dürfte. Dies gilt für fast jede Stadt in unserem Land, die an ein Gewässer gebaut wurde. Nun ist es nicht möglich, diese Flächen zurückzugewinnen, da die Städte unsere Heimat und ein Teil unserer Geschichte sind. Jedoch stehen uns weite Flächen vor oder nach den Städten und Ortschaften zur Verfügung. An diesen Stellen lassen sich natürliche Auen entwickeln. Wir sollten nur den nötigen Platz zur Verfügung stellen und über den Nutzungsdruck der Flächen sprechen.

Nach Ellenberg (1986) gab es beispielsweise in Baden-Württemberg vor der menschlichen Besiedlung und Landnutzung einen dichten Gehölzsaum bis an die Gewässer. Lediglich in den Moor- oder Schotterbereichen großer Flüsse bildeten sich andere Vegetationsgesellschaften aus, wie zum Beispiel Krautflure (feuchte oder trockene Ausbildung). Die Talauen waren dabei durch Bruch- und Auenwälder geprägt. Das Besondere zu dieser Zeit war die Eigendynamik dieser Naturwälder, denn es wurde gelebt, gewachsen und zum Schluss gestorben. Am Ende jedes Baumlebens fungierte dieser als wesentlicher Lebensraum im Fließgewässer oder in den Auen als Totholz (vgl. Kapitel 9). Eine vollständige Beschattung des Gewässers fand demnach nicht statt, da es immer wieder Lichtungen gegeben haben muss.

Wie Sie schon erfahren haben, sind unsere Auenflächen mit vielen Aufgaben verbunden. Unglaublich, aber wahr – sie fungieren als Vernetzungseinheit zwischen verschiedenen Ökosystemen. Die Auen sind auch dafür da, dass verschiedenste Tiere miteinander leben können. Sie bilden die Brücke zwischen den Vögeln, den Amphibien und den Fischen. Ohne Auen lassen sich keine typischen Fließgewässervögel wie die Wasseramsel, der Eisvogel oder die Bachstelze ansiedeln. Zumindest ist mir noch nie eine dieser Arten bei einem begradigten Bach im Grünland über den Weg geflogen.

Eine Ausbreitung und Verzahnung von Arten findet größtenteils durch die Auenflächen statt. Sie sind das wichtige Bindeglied in einer Artengemeinschaft. Schon in dem Bericht von Werth et al. (2011) wird schön beschrieben, dass eine fehlende Vernetzung letztlich zum Artenschwund beiträgt, da der nötige Genaustausch fehlt. Uns selbst ist nicht bewusst, wie viele Arten es gibt, die keine zwei Kilometer wandern können und somit fest an ihren Ursprungsstandort gebunden sind. Eine Gelbbauchunke (*Bombina variegata*) kann lediglich eine Distanz von rund zwei Kilometern überwinden (Mermod et al. 2010a). Schnecken schneiden logischerweise noch schlechter ab, da liegt die Distanz bei maximal 0,9 bis 3 Kilometer (Kappes & Haase 2011). Unsere heimischen Molche (Teichmolch und Kammmolch) schaffen es gerade mal auf einen Kilometer (Mermod et al. 2010c). Der Fadenmolch (*Lissotriton helveticus*) schneidet am schlechtesten ab, dieser kann lediglich einen halben Kilometer Distanz überwinden (Meier 2003).

Nun stellen wir uns vor, die Auen sind durch eine Siedlung unterbrochen, und die Distanzen zur nächsten Auenfläche übersteigen fünf Kilometer. Sie merken jetzt gleich, dass es für einige Arten dann verdammt schlecht aussieht. Der Fadenmolch ist logischerweise in seinem derzeitigen Reservat eingeschlossen und blickt auf keine gute Zukunft. Mit jeder Flächenunterbrechung sinkt die Artenvielfalt, und eine Rückbesiedelung wird erschwert. Nun ist klar, dass eine Betrachtung des gesamten Systems erfolgen muss. Um einen erfolgreichen Artenschutz gewährleisten zu können, ist es wichtig, dass in Zukunft große Auenflächen eine natürliche Entwicklung erfahren.

Neben der Vernetzung dienen unsere Auen auch der Reinigung. Denn durch einen ausgeprägten Gehölzsaum wird der Eintrag von Feinsediment deutlich reduziert. Verschiedene Untersuchungen zeigen, dass schon ein fünf bis zehn Meter breiter Vegetationsstreifen ausreicht, um 80 Prozent des Feinsediments unter guten Bedingungen zurückzuhalten (Venohr et al. 2017; Liu et al. 2008; Collins et al. 2009; Yuan et al. 2009; Zhang et al. 2010; Ramesh et al. 2021). Giftstoffe oder Schwermetalle werden durch die Gewächse aufgenommen und somit nicht ins Gewässer transportiert. In landwirtschaftlich geprägten Gebieten können Stoffe wie die Herbizide Metazachlor oder Atrazin ins Gewässer gelangen. Für unsere Wasserpflanzen im Fließgewässer kann der Eintrag solcher Stoffe die Biomasse verringern. Den Algen (MOHR et al. 2007; Fernández-Naveira et al. 2016) und dem Phytobenthos ergeht es dabei auch nicht besser (Bighiu et al. 2020). Solche Pflanzenschutzmittel (PSM) binden sich, Gott sei Dank, an organischen Materialien im Boden (Lacas et al. 2005). Dort können die adsorbierten und gelösten PSM in Ruhe abgebaut werden (Krutz et al. 2005; Lacas et al. 2005). Auenwälder fungieren als ein wunderbarer Wasserfilter, wenn die Wassertropfen auf dem Boden eintreffen und allmählich versickern. Die Auen halten zudem Nährstoffe wie Phosphor und Stickstoff zurück und reduzieren auch den Nitrateintrag, welcher sich sonst im Grundwasser anreichern würde. Sie leisten damit insgesamt einen Schutz für unsere Gewässer und Meere. Für die Sparfüchse unter uns: Auen filtern ganz ohne Betriebs- oder Lohnkosten! Nicht zu glauben, aber wahr, diese Filterfunktion spart uns am Ende Millionen von Euro (BfN 2015). In einer Studie konnte sogar berechnet werden, dass die Filterleistung (Nährstoffelimination Stickstoff und Phosphor) rund 500 Millionen Euro gekostet hätte, wenn man die Menge an Nährstoffen hätte technisch filtern wollen (Scholz et al. 2012). Die Pflanzen in den Auen haben sogar die Kraft, PSM zurückzuhalten (Krutz et al. 2005; Dosskey et al. 2010). Einige Studien kommen zu dem Schluss, dass fünf bis zehn Meter breite Vegetationsstreifen für einen Rückhalt von 80 Prozent des PSM-Eintrags ausreichen (Venohr et al. 2017; Krutz et al. 2005; Zhang et al. 2010). Auch gelangen Nährstoffe, welche als Dünger ausgebracht wurden, nur bedingt ins Gewässer, wenn ein Vegetationsstreifen oder sogar eine ganze Aue das Gewässer vom Feld trennt (DORIOZ et al. 2006; Reichenberger et al. 2007; Liu et al. 2008; Collins et al. 2009).

Wir können uns die Aue als eine Art Bodyguard vorstellen. Sie entscheidet, wer rein darf und wer lieber das Weite suchen sollte. Sie schützt auch die Lebewesen innerhalb der eigenen Grenzen und bietet einen angemessenen Lebensraum. Fehlt jedoch diese Aufpasserin, dann spielen alle verrückt, und die sonst friedliche »Party« ufert aus. Dabei entfernt sich das Gewässer auch stückweit von seinem natürlichen Charakter. In der Praxis sehe ich leider viel zu oft, dass der wichtige »Bodyguard« fehlt und ein reines Chaos vorhanden ist. Die Bäume werden abgeholzt oder von den Nutztieren abgefressen. Weiterhin werden ganz oft die Flächen entwässert, damit diese befahren werden können. Dadurch wird die Möglichkeit einer Flächenvernässung und Schaffung von Feuchtbiotopen vollständig verhindert. Für Amphibien sieht es dann sehr schlecht aus, denn der benötigte Lebensraum ist nicht gegeben. Dabei ist es ganz einfach, wir können uns Auenflächen heraussuchen, die keinen großen landwirtschaftlichen Nutzen aufzeigen, und diese einfach der Natur überlassen. Damit meine ich eine völlige Stilllegung der Nutzung. Keine Kuh und kein Schaf dürfen dann diese Flächen betreten. Das klingt vorerst sehr hart, aber nur so können sich natürliche Auenstrukturen ganz von selbst ausbilden. Vor allem wird so auch die natürliche Beschattung des Fließgewässers gefördert, was eine erhebliche Erwärmung des Wassers verhindert (Barton et al. 1985; Bowler et al. 2012; Loicq et al. 2018; Kail et al. 2021). Ich habe es schon oft erlebt, dass Auenflächen angepflanzt werden und dann aber eine weitere Bewirtschaftung stattfindet. Klar wachsen dann ein paar Erlen im Auenbereich, aber die eigentliche Auenstruktur fehlt immer noch. Eine natürliche Aue kennt eben keine Bewirtschaftung. Gute Feuchtejahre zeigen uns dann, dass Auenflächen schlecht zu befahren sind und eine intensive Nutzung erschwert wird.

Kapitel 18

Von der Aue in den Mund

An dieser Stelle kann ich Ihnen sagen, dass Auenböden auch hohe Schwermetallbelastungen aufweisen können. Daher kann es sein, dass die Auenflächen von der Elbe, der Mulde oder Zschopau in Sachsen mit Arsen oder Cadmium kontaminiert sind (LfULG 2008b; BFUL 2023). Für die Elbe wurden schon spezielle Managementpläne erstellt, in denen Weideflächen gesperrt und besondere Saugzeiten für Kälber entwickelt wurden, um die Kontamination so gering wie möglich zu halten (Schulz 2005; Gude 2008; Ungemach 2013). In der Vergangenheit gab es verschiedene Untersuchungen zur Weideviehhaltung oder der Hühnerfreilandhaltung. Dabei konnte festgestellt werden, dass selbst Kälber und Hühner bereits nach geraumer Zeit durch die Nahrungsaufnahme kontaminiert werden können. Die Belastungen traten schon bei überschaubaren Konzentrationen auf, die noch nicht einmal die EU-Grenzwerte überschreiten (Weber et al. 2018).

Lassen Sie diese Information erst einmal wirken. In Zukunft müssen wir uns die Frage stellen, was wir denn wollen. Wenn wir wissen, dass die Beweidung oder auch Pflanzennutzung von Auenflächen auch Risiken mit sich bringen können, dann ist es ratsam, gerade stark kontaminierte Flächen der Natur zu überlassen und sich lieber auf gute ökonomische Flächen zu stürzen. Jeder Landwirt und jede Landwirtin achtet sehr auf die Qualität der eigenen Produkte, aber das Wissen über die Stoffaufnahme von belasteten Überflutungsflächen in unserer Nahrungskette ist ein bedeutendes Thema. In Deutschland gibt es zum Glück eine sehr gute Kontrolle der Lebensmittel. Auch werden sehr stark belastete Flächen der intensiven Nutzung entzogen. Dennoch bin ich der Meinung, dass wir noch mehr Flächen umnutzen könnten. Ein mir sehr bekannter Bach im Erzgebirge ist so stark mit Arsen belastet, dass es wirklich gesundheitsgefährdend wäre, einen Schluck daraus zu trinken. Bei der Sanierung des Kindergartens in der Gemeinde wurde der komplette Boden abgetragen und deponiert, da schon das Spielen auf dem Boden eine Gefahr für die Kinder hätte darstellen können. Flussabwärts werden Rinder oder Schafe auf den Auenflächen gehalten. Es wird fleißig

Landwirtschaft betrieben, obwohl bekannt ist, dass die Pflanzen wunderbar Schwermetalle aufnehmen. Gerade Wiesenkräuter sind für eine Schwermetallaufnahme anfällig (BFUL 2023). Wenn an diesem Fließgewässer Sedimente entnommen werden müssen, heißt es oft, eine Altlast liege vor. Zeigt eine Bodenanalyse nun eine Belastung auf, dann geht es so weit, dass das entnommene Flusssediment nicht mehr ins Wasser zurückgegeben werden darf. Nicht einmal genau an die Stelle, an der es zuvor entnommen wurde.

Ja, unsere Gewässer haben zum Glück nicht denselben Zustand wie vor 30 Jahren, aber die Sedimente sind die gleichen. Das Problem hat sich nur auf die Überschwemmungsgebiete verlagert. In Zukunft bin ich mir sehr sicher, gute Flächenlösungen mit der Landwirtschaft zu finden. Damit steigt die Chance für eine natürliche Auenentwicklung, welche ich persönlich sehr befürworte. Derzeit findet in der Wissenschaft eine rege Veröffentlichung neuer Daten oder Kenntnisse statt. So konnten nicht nur über die Onlineplattform Eos (Science News by AGU) neue Erkenntnisse zur Belastung von Überschwemmungsgebieten veröffentlicht werden, sondern auch über die wissenschaftlichen Arbeiten von Crawford et al. (2017, 2022). Diese beschäftigen sich mit dem Thema der Sedimentbelastung von Überschwemmungsgebieten nach Hochwasserereignissen und warnen zudem vor den indirekten Beeinflussungen der Schadstoffe im Sediment. Im Zusammenhang des Klimawandels wird häufig davon gesprochen, dass die Hochwasserereignisse zunehmen können. Das würde für uns Menschen weitere Belastungen der Überschwemmungsgebiete bedeuten, da das schadstoffreiche Sediment auf diese Flächen aufgebracht wird. Die Schwermetalle hängen sich an kleinste Partikel und verweilen dort für eine lange Zeit, bis diese wieder von der Pflanze oder direkt vom Tier aufgenommen werden (Crawford et al. 2017, 2022). Während meiner Zeit als Feuerwehrmann erlebte ich ein großes Hochwasser im Jahr 2013. Hautnah war es mir möglich, die Eintragung von Schadstoffen zu beobachten. Dabei wurden Heizöl, Benzin, Pestizide, Abwasser, Farben und vieles mehr in das Gewässer gespült. Als kleine Gedankenstütze: ein Tropfen Heizöl kann rund 600 Liter Wasser verunreinigen (Moos 2023). Verschiedene Untersuchungen geben Entwarnung, da festgestellt wurde, dass ausgetretenes Heizöl nur wenige Zentimeter in den Boden eindringt und das im Boden befindliche Öl nach einigen Monaten schließlich abgebaut wird. Dadurch werden Grundwasserschäden ausgeschlossen (Schneider 2003; Deiniger et al. 2009). Dennoch hat Heizöl nichts im Fließgewässer verloren. Wie Sie schon im vergangenen Kapitel gelesen haben, sind solche Flächen lieber der Natur zurückzugeben!

Kapitel 19

Die Aue als Mutter Teresa

Auen sorgen sich sehr behutsam um ihre Bewohner, so fungieren sie beispielsweise auch als »Nahrungslieferant«. Überspitzt und lustig formuliert, handelt es sich dabei also um den »Auenbofrost«. Dieser versorgt die kleinsten Lebewesen mit dem nötigen Holz und Laub. Ohne diese Lieferung wäre die Artenvielfalt einer Aue und eines Gewässers deutlich geringer. Und hier spielen auch die Baumarten eine wichtige Rolle, denn die Blätter jeder Art weisen unterschiedliche Eigenschaften auf, wenn die Zersetzbarkeit betrachtet wird. So kommt es vor, dass Weiden- oder Erlenblätter besser zersetzt werden können als beispielsweise Eichenblätter. Zudem sind Erlen in der Lage, durch eine Symbiose mit Mikroorganismen im Wurzelbereich Stickstoff zu ergattern. Einfach genial, denn somit kann die Baumart auch in stickstoffarmen Gegenden gut gedeihen. Im Zuge des Nährstoffreichtums lässt die Erle ihre Blätter grün abfallen. Das sind dann wiederum herrliche Leckerbissen für unsere schreddernden Wasserorganismen (zum Beispiel für den Bachflohkrebs). Wenn es wiederum unseren Wasserorganismen gut geht, können auch die Fische gedeihen. Zudem fallen die einen oder anderen Insekten vom Baum direkt ins Gewässer. Essenslieferung per Flug, wenn das mal nichts ist! Im Winter profitieren auch Vögel wie der Erlenzeisig von den Früchten – den sogenannten Winterstehern – der Erle (Jürging 2004).

Wird die Fläche der Natur überlassen, siedeln sich im Laufe der Zeit auch die entsprechenden Gehölze an. Ich habe bereits Auenflächen gesehen, welche nur insgesamt 20 Jahre alt waren. Die Zeit der Entwicklung war diesbezüglich sehr kurz, aber dennoch effektiv. An diesen Stellen herrscht jetzt eine gute Belieferung mit den benötigten Blättern und Holzresten. Kleine Wasserinsekten knabbern genüsslich die Blätter an und schaffen so wieder die Grundlage für andere Organismen. Die Bakterien erledigen dann den Rest des Abbaus. Es ist ein Zusammenspiel, welches sich über Jahrtausende entwickelt hat und zur Perfektion gelangt ist.

Neben der ausreichenden Nahrungslieferung sind auch die Auenflächen für uns ein wahrer Schutz, der nicht wegzudenken ist. Im Positionspapier des Bundesamtes für Naturschutz 2022 steht geschrieben, dass die Verringerung der Überflutungsflächen und deren intensive Nutzung aus Hochwasserereignissen Katastrophen machen. Somit wird zugegeben, welche immense Schutzwirkung unsere Auen haben! Um ein Gefühl zu bekommen: In Deutschland fehlen uns zwei Drittel der Überflutungsflächen (BfN 2022). Bei unseren großen Flüssen wie Rhein, Elbe oder Donau sind nur noch 10 bis 20 Prozent der Auenflächen vorhanden. Der Rückgang ist durch den Bau von Hochwasserschutzdeichen erklärbar (BMU & BfN 2021). Die Hochwasserwelle nimmt Fahrt auf und wird dadurch beschleunigt. Der Hochwasserscheitel steigt zudem an. Treten dann noch Überlagerungen aus den Hochwasserwellen der Nebenflüsse und Hauptflüsse auf, ist eine Verschärfung der Hochwasserlage möglich (Belz et al. 1999). Welches Fazit können wir für unsere Fließgewässer und Auen ziehen?

1. Natürliche Auen und Fließgewässer bremsen die Hochwasserwelle und senken somit auch die Hochwasserschäden ab.
2. Das kostbare Wasser bleibt in der Fläche – dort, wo es auch hingehört.
3. Wir schützen nicht nur unser Leben, sondern auch das vieler Tier- und Pflanzenarten.

Ohne eine Gegenleistung zu erwarten, geben Auen uns Nahrung, sauberes Wasser, Schutz und Erholung. Über die jetzige Entwicklung beschweren sie sich nicht, still und leise wird alles ertragen und hingenommen. Sie sind ein bedeutender Bestandteil unseres Lebens. Jahrtausende haben wir von diesen Flächen nur genommen. Ohne diese Flächen gebe es uns wahrscheinlich nicht, aus diesem Grund ist es an der Zeit, etwas zurückzugeben. Ganz im Sinne der Mutter Teresa, sie wäre bestimmt stolz auf uns!

Kapitel 20

Natürliche Ufer machen den Unterschied!

Der Zustand des Gewässerufers entscheidet oft darüber, welche Qualität das gesamte Fließgewässer letztlich hat. Wenn ich in der Wildnis unterwegs bin, verfolge ich sehr gern die Uferlinien, die mir ins Auge fallen. Mein erster Blick wandert dann zu den nahestehenden Bäumen am Rand. Schnell lässt sich feststellen, ob deren Wurzel bis in das Gewässer hineinreichen oder ob es eine strikte Trennung zwischen Wasserkörper und Ufer gibt, wie beispielsweise durch einen Steinverbau. Zu meiner Freude sind oft noch Wurzeln im Gewässer zu sehen. Für die eine oder den anderen ist es nur ein gut anzusehendes Naturbild, für mich hingegen ist es die reine Erfüllung, da ein wichtiger Lebensraum geschaffen ist. Bachforellen lieben es, solche Wurzelunterstände zu nutzen, um Schutz vor Fressfeinden (Prädatoren) zu finden. Bei vergangenen Befischungen habe ich immer gute Erfolge an Wurzeln verzeichnen können. Auch die Anzahl gefangener Aale war nicht unerheblich. Letztlich ist unser Ufer ein bedeutender Faktor im Gewässer. Vielerorts sind die Ufer vollständig befestigt, damit keine Ufererosionen entstehen können. Für ein Fließgewässer bedeutet das den Stillstand. Denn dieses möchte sich gern in der Landschaft ausbreiten und etwas umwandern. Doch lässt sich bei meinen Begehungen immer mehr erkennen, dass auch natürliche Uferabbrüche zugelassen werden. Sobald ein großer Uferabbruch gegeben ist, siedeln sich auch wunderschöne Geschöpfe an. So kann es sein, dass Sie auf einmal den Eisvogel beobachten können. Dieser nutzt steile Uferabbrüche, um seine Bruthöhlen zu bauen (Dierschke 2022).

In vielen Teilen Deutschlands haben sich im Uferbereich herrliche Hochstaudenflure (mehrjährige Pflanzen, welche nicht verholzen) gebildet, die ein Paradies für Insekten sind. Je nach Region und dem spezifischen Standort am Gewässer können dann auch verschiedenste Pflanzenkombinationen auftreten. Die bekanntesten sind das weiß blühende Mädesüß (*Filipendula ulmaria*), der echte Baldrian (*Valeriana officinalis*) oder das rosa blü-

Abbildung 9 Uferabbruch in der Würschnitz bei Chemnitz, welcher als Bruthabitat genutzt wird, *Quelle: Riverbalance / Clemens Kuhnitzsch*

hende behaarte Weidenröschen (*Epilobium hirsutum*). Weitere interessante Vertreter wären dann noch Sumpfschafgarbe (*Achillea ptarmica*), Beinwell (*Symphytum officinale*), gelbe Wiesenraute (*Thalictrum flavum*), Gilbweiderich (*Lysimachia vulgaris*), Sumpfkratzdiestel (*Cirsium palustre*) oder Wald-Engelwurz (*Angelica sylvestris*) und viele weitere Arten (NLWKN 2022).

In den wärmeren Monaten bilden sich oft wunderbar leuchtende Blüten am Uferbereich aus, welche ein traumhaftes Farbenspiel darbieten. Solche herrlichen Blütenteppiche entstehen an unberührten Flächen, denn die

Pflanzen dürfen in diesem Zusammenhang nicht geschnitten werden, um eine Aussaat zu ermöglichen. Bei so viel Pflanzenvielfalt fühlen sich unsere Insekten am wohlsten, beispielsweise bevorzugt die grüne Keiljungfer (*Ophiogomphus cecilia*) und die gebänderte Prachtlibelle (*Calopteryx splendens*) die Hochstaudenfluren, um Wache zu halten, denn Eindringlinge sind im eigenen Revier nicht erwünscht. Neben den Insekten lieben es die Rohrammer und der Sumpfrohrsänger sehr, in den Hochstaudenfluren zu brüten und die dort lebenden Insekten zur Fütterung der Jungtiere zu fangen. Insgesamt ist eine Hochstaudenflur parallel zum Gewässer vorzufinden. Dieser Streifen kann als Verbindungsstraße für sämtliche Tierarten zwischen den Auensystemen am Gewässer genutzt werden. Aus diesem Grund sind sie für eine ausgewogene Artenbiodiversität sehr wichtig. Hat sich einmal eine Hochstaudenflur am Gewässer ausgebildet, so kann diese über mehrere Jahrzehnte bestehen bleiben, wenn kein Überwuchs durch nicht einheimische Pflanzen wie zum Beispiel das indische Springkraut stattfindet (NLWKN 2022).

Bei einer meiner vergangenen Begehungen dachte ich wirklich, dass ich im Märchenwald angekommen war. Mich hätte es nicht gewundert, wenn mir eine Fee entgegengekommen wäre. Jedenfalls fand ich fast schon eine göttliche Staudenflur am Gewässerufer der Chemnitz. Die Blütenpracht warf mich um! Im Zuge des Borkenkäferbefalls der angrenzenden Waldfläche waren weite Teile des Ufers frei von Fichten. Diese Chance wurde natürlich von der heimischen Flora angenommen. Es entstand ein völlig neues Bild in der Landschaft. Mich erinnerte es wieder daran, dass die scheinbare Zerstörung der Fichtenwälder auch Chancen bieten.

Vor ein paar Jahren durfte ich ein sensationelles Ereignis miterleben. Mein Schwiegervater hatte die tolle Idee, bei Hochwasser eine Bootstour auf der vereinigten Mulde zu veranstalten. Nach langem Diskutieren stimmte ich dieser waghalsigen Aktion zu und war letztlich froh, dabei gewesen zu sein. Ich bin aus dem Staunen nicht mehr herausgekommen, da ich die gewaltige Kraft des Wassers so eindrucksvoll beobachten konnte. So nah und »relativ« sicher war ich bis zu diesem Zeitpunkt noch nie einem Hochwasser gekommen. Die ganze Bootstour habe ich dafür genutzt, um zu beobachten, wie eine natürliche Uferrevitalisierung aussieht. Es ist schwer vorstellbar, wie schnell zwei Meter Ufer einbrechen können. An einigen Flussabschnitten hatte ich mich gefühlt wie an der Antarktis, wo temporär riesige Eisschollen ins Meer fallen und so ein dumpfes Geräusch von sich geben. Zwar waren die Schollen in der Mulde viel kleiner, dennoch haben sie Eindruck bei uns hinterlassen. Selbst die Geräuschkulisse war ähnlich. Stück für Stück holte sich so die Mulde viele Meter Ufer in ihren Besitz und erweiterte sich auf natürliche Art und Weise. Das abgeschwemmte Ufermaterial lagert sich dann später in strömungsberuhigteren Gewässerabschnitten ab. Mit etwas Glück entstehen somit kleine oder sogar sehr große Sedimentinseln, welche nach kurzer Zeit von der Vegetation erobert werden. Auch in der Natur herrscht ein reges Geben und Nehmen. Wichtig ist nur, dass der Fluss arbeiten darf und sich einen eigenen Weg suchen kann.

Kapitel 21

Klein aber fein

Ein großes Fließgewässer entsteht nicht einfach so aus dem Nichts. Wie Sie schon in den vorhergehenden Kapiteln erfahren haben, spielt unser Grundwasser und das Einzugsgebiet eine maßgebende Rolle. Weiterhin wird ein Fließgewässer durch viele kleine Zuflüsse gespeist. Es handelt sich dementsprechend um ein richtiges Gewässernetzwerk. Alles hängt zusammen und beeinflusst sich entsprechend. In meiner Tätigkeit als Hydrobiologe sehe ich es sehr oft, dass kleinere Zuflüsse nicht sehr tiefgründig betrachtet werden. Meines Erachtens ist das nicht exakt der richtige Weg, da gerade auch die Zuläufe Schadstoffe, aber auch Nährstoffe in größeren Mengen mit sich bringen können. In den meisten Fällen sind die kleinen Zuläufe verbaut und durchlaufen landwirtschaftlich genutztes Gebiet. Die größten Anteile an Fließstrecke ergeben sich durch die kleineren Fließgewässer in Deutschland (BfN 2021). Gerade der Eintrag von Pflanzenschutzmitteln aus Drainagesystemen und Oberflächenabflüssen führt zur Belastung kleiner Fließgewässer (Huber et al. 2000; Münze et al. 2017). Hierbei sind die Belastungen gerade in landwirtschaftlich genutzten Flächen vorhanden, wie sich in der Vergangenheit gezeigt hat (zum Beispiel Stehle & Schulz 2015; Liess et al. 2021).

Oftmals sehen diese aus wie technische Abflussgerinne und zeigen fast keinen natürlichen Charakter. Dieser Zustand ist aber sehr schade, denn die kleinen Fließgewässer haben ein hohes Entwicklungspotenzial, und es ist deutlich einfacher, einen Dorfbach zu renaturieren, als beispielsweise die Elbe oder den Rhein. Zudem sinken die Kosten für die Maßnahmen, da schon mit wenigen Geräten und Materialien gute Ziele erreicht werden können.

Was macht nun gerade diese kleinen Zuläufe so interessant? Es ist zum einen die Temperaturentwicklung im Gewässer, denn oft fehlen geeignete Gehölzsäume, die eine Beschattung bewirken. Des Weiteren stehen sie oftmals im direkten Kontakt mit der Landwirtschaft. Damit ist ein Transport von Nährstoffen und Feinsediment mitunter vorprogrammiert. Doch nur weil das Gewässer im ersten Augenblick klein und unscheinbar aussieht, steckt in Wirklichkeit ein hohes Entwicklungspotenzial dahinter. In meinem Vorwort hatte ich es schon einmal angesprochen, dass in meinem Heimatdorf einmal Forellen im Dorfbach zu beobachten waren. Dieser Bach ist derzeit keine 70 Zentimeter breit und ist an manchen Stellen so stark zugewachsen, dass dieser vollständig in der Wiesenlandschaft verschwindet. Ich bin mir sehr sicher, dass dieser Bach wieder in einen naturnahen Zustand gebracht werden und somit ein zukunftsträchtiges Habitat für Bachforellen (*Salmo trutta*) darstellen kann.

Nun stellen Sie sich einmal vor, welche Reinigungsleistung mit den kleinen Zuflüssen einhergingen, wenn diese sich im natürlichen Entwicklungszustand befänden. Wir hätten somit auch einen direkten Einfluss auf unsere größeren Fließgewässer, der sich über die Jahre immer mehr bemerkbar machen würde. Derzeit werden diese kleinen Fließgewässer fast vollständig außer Acht gelassen. Gründe dafür gibt es ausreichend, aber in der Regel mangelt es an der Bearbeitungskapazität oder am Geld. Den zuständigen Gewässerunterhalter*innen wurden andere Aufgaben auferlegt, die das Thema der Wasserrahmenrichtlinie (WRRL) in weite Ferne rücken ließ. Ich bin mir sehr sicher, dass schon Geldbeträge von weniger als 10.000 Euro ausreichen, um punktuelle Veränderungen am Gewässer zu bewirken. In vielen kleinen Fließgewässern muss lediglich die Uferkante aufgebrochen werden und ein entsprechender Gehölzsaum (bitte lückenhaft) aus beispielsweise Weiden oder Schwarzerlen angepflanzt werden. Vielerorts ist es auch ohne Weiteres möglich, besonders im ländlichen Raum, Bäume in das Gewässer einzubauen und somit maßgebend Einfluss auf die Struktur zu nehmen. Es dauert nicht sehr lang, dann holt sich die Natur selbstständig ihr Eigentum zurück, und Sie können dann entspannt Eintagsfliegen oder Eisvögel in Ihrem Dorf beobachten. Wenn Sie Glück haben, siedeln sich auch wieder Forellen an.

Sollten Sie ebenfalls einen kleinen Bach auf dem Grundstück besitzen, dann können Sie gern meine Anleitungen im Kapitel »Die Chance zur Verbesserung« nutzen. Im Einklang mit Ihrer zuständigen Behörde und der öffentlich-rechtlichen Körperschaften (Bund, Land, Kreis, Gemeinden) kann ich es Ihnen nur ans Herz legen. Denn Sie helfen nicht nur der Natur, sondern auch sich selbst. Sie haben die Chance, aus einem kleinen Gerinne ein Biotop zu schaffen, das zudem in den Sommermonaten herrlich blühen kann, sobald sich die Staudenfluren ausgebildet haben. Dafür müssen Sie eine Mahd am Gewässer unterlassen und ein freies Wachstum ermöglichen, ansonsten warten Sie ewig auf eine Entwicklung.

Neben den herrlich blühenden Pflanzen werden Sie auch auf einmal neue Nachbarn beobachten können. Denn solche schönen Gewässer sind beliebt bei einer Vielzahl an Tieren. Sie fördern dabei die Vögel, Amphibien und Reptilien in Ihrer nahen Umgebung. Ist es nicht ein traumhafter Gedanke, einen Eisvogel vom Küchenfenster beobachten zu können, wie der kleine Fischfänger ins Wasser schießt und mit einem Fisch im Schnabel auftaucht, oder die Bachstelze, welche wie eine erhabene Königin über Ihr Grundstück stolziert? Wenn Sie auch kleinere Stillwasserbereiche in der Nähe haben, werden Sie auch mitbekommen, das auf einmal verschiedene Libellenarten bei Ihnen umherfliegen. Diese Kreaturen besitzen meiner Meinung nach die glanzvollsten Farben in unserer Insektenwelt und sind dementsprechend bestens für die Beobachtung geeignet.

Ein viel wichtiger Punkt ist aber das tägliche Naturkonzert, welches Sie nach einer »Bachrettung« genießen können. Stellen Sie sich einmal vor, Sie sitzen entspannt in Ihrem Garten und hören ein sanftes Platschen und Rauschen im Hintergrund. Allein der Gedanke daran lässt mich sofort entspannen. Ich kann Ihnen versichern, dass sich schon nach kurzer Zeit eine unvergleichliche Geräuschkulisse bildet, die Sie nur auf Ihrem Grundstück genießen können. Es reicht schon ein größerer Ast, den Sie in das Bächlein eingebracht haben, welcher Ihnen dann im wahrsten Sinne ein Liedchen singt. Mit jedem Jahr befreit sich dieser Bach immer mehr von seinem vorerst vorgeschriebenen Verlauf und wird Ihnen ein stetig wechselndes Konzert der besonderen Art vorspielen. Für die Sparer*innen wird es jetzt noch interessanter, denn dieses Naturkonzert kostet Sie nichts, und es läuft in Dauerschleife. Es liegt wirklich an jedem selbst, diese einzigartige Chance zu nutzen. Ein natürlicher Bach gibt Ihnen viel mehr Leben und Freude zurück, als Sie im ersten Moment erahnen können.

Kapitel 22

Mensch, muss das denn wirklich sein?

Ganz dem Motto »Ohne Fluss kein Leben« gilt es, das Wasser sauber und rein zu halten. Für uns Menschen gibt es keine wichtigere Ressource. Interessanterweise ist unser Wasser einer der besten Lösungsstoffe auf der Welt, wodurch eine Verunreinigung schnell und unscheinbar ablaufen kann. Die größten Verunreinigungen gehen leider von uns Menschen aus. Unsere Flüsse und Bäche sind global gesehen die am meisten gefährdeten Ökosysteme (Albert et al. 2021). Jeder Mensch trägt täglich, oftmals unbewusst, zur Schädigung bei. Gemeinsam schauen wir uns jetzt mal Schritt für Schritt unseren alltäglichen Tagesablauf an und analysieren, wie einzelne Punkte dabei Einfluss auf unsere Fließgewässer nehmen. Los gehts!

Es fängt bei der morgendlichen Dusche bereits an. Haben Sie schon einmal die Inhaltsstoffe Ihres Duschgels genaustens studiert? Wohl eher nicht, zumindest war diese Produktanalyse auch für mich völliges Neuland. Erlauben Sie sich ruhig einmal so eine Recherche. Nehmen Sie Ihr Lieblingsduschgel und schauen Sie im Internet nach den Inhaltsstoffen. Es gibt sehr anschauliche Seiten, auf denen die Wirkungen der einzelnen Stoffe beschrieben werden. Auf dem Markt gibt es glücklicherweise Handy Apps wie zum Beispiel »CodeCheck«, die einen schnellen Überblick über die Inhaltsstoffe der Produkte und deren Wirkung auf Körper und Umwelt geben. Mir graut es manchmal im Supermarkt, wenn ich zusammen mit meiner Frau die Inhaltsstoffe bekannter Marken lese. Oft werden Mikroplastik, Aluminium, Nanopartikel, Paraffine oder hormonell wirkende Stoffe in die Duschgele eingebracht (Hoffmann 2024). Die meisten Inhaltsstoffe sind kaum auszusprechen. Damit beginnt schon die irreversible Verschmutzung unserer Gewässer, obwohl wir doch gerade erst bei der morgendlichen Dusche waren. Gerade Mikroplastik wird von Kleinstlebewesen wie Wasserflöhen, Muscheln oder Würmern aufgenommen. Fische und Muscheln können womöglich Schädigungen am Magen-Darm-Trakt oder den Kiemen erleiden. An einigen Beispielen ließ sich feststellen, dass Mikroplastik auch im Verdauungstrakt angereichert werden kann. Schlecht für den Fisch, denn der denkt, er wäre satt, obwohl er nichts gefressen hat. Die Weichmacher und Flammschutzmittel im Mikroplastik sorgen wahrscheinlich für Vergiftungen oder hormonähnliche Wirkungen im Organismus (LfU 2017). Ehrlicherweise ist an dieser Stelle darauf hinzuweisen, dass vorerst Ihr eigener Körper mit den chemischen Einwirkungen zu kämpfen hat.

Erstaunlich ist die Vielzahl an verschiedenen Stoffen in den heutigen Pflegeprodukten. Wir Menschen haben das dringende Bedürfnis, stets aus jeder Pore wohlriechend duften zu müssen. Wir wollen nach Rosen, Mango, Bergluft, Kirsche, Oregano, Erde, Wald oder frischem Morgentau riechen. Dieses Hygienebedürfnis geht aber mit einem großen Nachteil einher. Denn oftmals werden synthetische Duftstoffe verwendet, die nicht nur unserem Körper schaden, sondern auch die Umwelt belasten. Der deutsche Allergie- und Asthmabund e. V. (DAAB) warnt vor der Verwendung solcher Duftstoffe in der Schwangerschaft und im Babyalter. Neben dem guten Duft spielt die Geschmeidigkeit der Duschgele und Handseifen eine große Rolle, die mittels geeigneter Silikone erreicht wird. Oft werden diese unter den Decknamen »Methicone« oder »Dimethicone« versteckt. Ein Otto-Normalverbraucher weiß mit beiden Begriffen nichts anzufangen. Die eingesetzten Stoffe werden als Weichmacher verwendet. Eine große Gefahr geht dabei von cyclischen Siloxanen aus. Laut Umweltbundesamt gehören die Stoffe D4 (Cyclomethicone, Cyclotetrasiloxane) und D5 (Cyclopentasiloxane) zu der Gruppe der Siloxane, welche sich oftmals in Cremes, Waschlotionen und Haarpflegemitteln verstecken. Beide Substanzen stehen im Verdacht, gesundheitsgefährdend zu sein. Der Stoff D4 beeinflusst vermutlich sogar die Fruchtbarkeit von Menschen negativ (UBA 2015a).

Für die Gewässer sind beide Stoffe unheimlich gefährlich, da sie sich nur schwer abbauen lassen und zusätzlich im Körper der Wasserorganismen angereichert werden können. Diese Stoffe gelangen durch uns in die Gewässer und verbleiben somit für lange Zeit dort, wodurch eine dauerhafte Beeinflussung gegeben ist. Gerade in Großstädten kommen hohe Konzentrationen zustande, die nicht vollständig in den Kläranlagen abgebaut werden können (Adler et al. 2001). Es lohnt sich, entsprechend in die Thematik der Pflegeprodukte einzutauchen, denn Sie schützen nicht nur Ihre Gesundheit, sondern auch die von vielen Tausend Wasserorganismen. Wir können schon mit der Verwendung einer Naturseife aus Schafmilch viel für unsere Umwelt tun, ohne großen Aufwand zu betreiben. Während meiner Wildnispädgogikausbildung habe ich mich mit Flusswasser gewaschen, das ging auch. Sie dürfen nicht vergessen, wenn sich die Stoffe anreichern können, vergiften Sie sich auf lange Sicht selbst. In meiner Familie oder in der Schule wurde über solche Dinge nicht sehr viel nachgedacht. Wir alle hatten unsere favorisierten Shampoos. Diese waren mitunter die billigsten überhaupt. Zurückblickend wird mir selbst etwas mulmig zumute, da mir diese chemische Gefahr lange Zeit nicht bewusst gewesen ist. Sie können sich vorstellen, dass ich als Kind viel zu viel von diesen Shampoos verwendet habe. Schließlich hat es mir große Freude bereitet, einen gigantischen Schaumteppich auf dem Kopf zu erzeugen und damit etwas herumzuspielen. Erschreckenderweise hatten wir damals nur eine normale Klärgrube auf dem Grundstück, wodurch das Abwasser einfach in den Bach lief. Eine Verdünnung des Abwassers im Bach war nicht gegeben, weil einfach das Wasser fehlte. Zusätzlich ging es fast jedem Haushalt in meiner Gemeinde so. Kamen in den Sommermonaten noch ein paar Gewitter hinzu, ließ sich das eingeleitete Abwasser wie eine Fahne im Bach erkennen.

Selbst einfache Handlungen wie der morgendliche Toilettengang oder die Gesichtspflege sind äußerst beeindruckende Einflussfaktoren für unsere Fließgewässer. Gerade durch unsere Ausscheidungen gelangen chemische Stoffe unkompliziert in unser Fließgewässerökosystem. In einigen Ortschaften/Städten gelangen unzählige Medikamente (Weitere et al. 2021) und sogar Drogen in die Flüsse unseres Landes (Hummel et al. 2006). Gerade das Schmerzmittel Diclofenac führt zu Schädigungen von Nieren und Kiemen bei Regenbogenforellen (Schwaiger et al. 2004).

Die Einleitung von Medikamentenrückständen stellt ein großes Problem für die zukünftige medizinische Behandlung dar, weil durch die Eintragung von Antibiotika eine Resistenz für im Gewässer lebende Bakterien gefördert wird (Theodoropoulos 2022). Vielleicht kennen Sie die kleinen Schlagzeilen aus den Krankenhäusern, welche über resistente Keime klagen. Der Ursprung dieser Problematik lässt sich an Orten beobachten, wo viel Antibiotika eingesetzt wird (Landwirtschaft, Kliniken). Dies geschieht einfach über die Evolution der Bakterien, da eine rasante Anpassung an die vernichtende

Wirkung von Antibiotika stattfindet (RKI 2019). Es fühlt sich für mich an wie ein Wettlauf gegen die Zeit. Der großzügige Umgang mit Antibiotika sollte aus diesem Grund zwingend überdacht werden. Es klingt banal, aber stärken Sie Ihr Immunsystem und bleiben Sie gesund! So haben Sie nicht nur ein viel angenehmeres Leben, Sie schützen dadurch auch Ihre lieben Gewässer!

In der Vergangenheit hat sich auch die Wirkung von Hormonen in Fließgewässern als sehr bedeutend herausgestellt. Alle kennen sie, die »Liebespille«, die Errungenschaft der freien Liebe und der sexuellen Entwicklung des Menschen. In der Chemie wird dann von Ethinylestradiol (EE2) gesprochen (Tennhardt 2004). Keine Frage, diese kleine Pille hat ihre Vorteile, welche nicht von der Hand zu weisen sind. Aber ebenso bringt sie einige Nachteile mit sich. Was passiert mit der Pille im Körper? Wird das enthaltene Hormon im Körper abgebaut? Na ja, teilweise, wie der Wissenschaft seit Langem bekannt ist. Auf kurzem Wege gelangt es wieder über das Abwasser in Ihren wundervollen Bach (Schulte-Oehlmann et al. 2007). Das macht bestimmt nichts, oder? Die Einflüsse im aquatischen Ökosystem sind sehr beeindruckend. Untersuchungen an Fließgewässern konnten aufzeigen, dass schon ein kurzer Kontakt von nicht einmal 30 Minuten mit Hormonen belastetem Wasser zur Verweiblichung von Bachforellen geführt hat (Skillman et al. 2006). Was bedeutet das für zukünftige Bachforellenpopulationen? Diese stehen vor dem Aus, denn für eine ausreichende Reproduktion sind nun mal auch männliche Individuen gefragt. Diese Entwicklung ist sehr kritisch zu sehen und kann nur entschärft werden, wenn die kommunalen Kläranlagen eine weitere Klärstufe einbauen würden (Nash et al. 2004; Örn et al. 2006).

Für die Bachforellen, aber auch für andere Wasserorganismen, kommt es noch schlimmer, denn die hohen Konzentrationen an Drogen im Flusswasser verursachen verschiedenste Schädigungen (Zuccato et al. 2008). Sie denken bestimmt: Was haben Drogen in meinem Alltag zu suchen? Leider sind sie für einige unter uns fester Bestandteil des Lebens, und aus diesem Grund werden Sie in diesem Buch davon lesen. Mir ist es zumindest eine Herzensangelegenheit, diesen Missstand darzustellen. Unsere Kläranlagen sind nicht in der Lage, die Drogenrückstände im Abwasser vollständig zu klären, aus diesem Grund gelangen diese ungehindert in unsere Gewässer (Ort et al. 2014). Untersuchungen von Horký et al. (2021) zeigen deutlich, dass beispielsweise Forellen (*Salmo trutta*) eine Abhängigkeit für illegale Drogen (Kokain, Opioide, Amphetamine und Cannabisderivate) entwickeln können. Dabei sinkt die Aktivität der Forellen bei entsprechendem Drogenentzug. Diese Verhaltensänderung kann eine ganze Nahrungskette negativ beeinflussen. Wird die Bachforelle durch die Drogen langsamer in der Jagd, können mehr Wasserinsekten überleben, dies verschiebt die Artendichte im Gewässer. Beispielsweise können somit mehr grasende Eintagsfliegenlarven überleben, welche vermehrt den Biofilm an den Steinen und Ästen verspeisen. Wie Sie ja schon wissen, nimmt der Biofilm wiederum Einfluss auf die Selbstreinigungskapazität im Gewässer. Alles im Ökosystem bedingt sich gegenseitig. Es besteht auch die Möglichkeit, dass die drogensüchtigen Forellen sich nur noch an den Kläreinläufen aufhalten. Diese Verhaltensänderung kann unerwartete Folgen für das gesamte Ökosystem haben (Boulêtreau et al. 2011). Die Wissenschaft geht davon aus, dass Nahrungs- und Sexualverlangen von Fischen durch den Drogeneinfluss beeinträchtigt werden kann. Die Fische haben buchstäblich nur noch Drogen im Kopf und vernachlässigen dabei ihre wichtigste Aufgabe – die Fortpflanzung (Hyman et al. 2006).

Den Aal (*Anguilla anguilla*) trifft es noch härter, denn dieser wird derzeit durch die vorhandenen Kokainreste im Wasser körperlich stark beeinträchtigt, sodass eine normale Laichwanderung verhindert wird. Außerdem kann es vorkommen, dass das Alter für eine erfolgreiche Reproduktion in vielen Fällen nicht erreicht werden kann (Capaldo et al. 2018). Der Einfluss von Drogen wirkt sich auch auf die kleinsten Lebewesen – Algen und Bakterien – aus. Die Studie von Lee et al. (2016) konnte nachweisen, dass sich durch die Zugabe von Drogen im Fließgewässer die Zusammensetzung der Algen- und Bakteriengemeinschaften verändern kann. Damit ergibt sich ein Einfluss auf die Wachstumsrate und den Lebenszyklus von aquatischen Insekten.

Wer hätte es einmal gedacht, dass unsere Wasserorganismen ein Drogenproblem haben. Leider gibt es derzeit noch keine Entziehungskuren oder Entzugskliniken für Fische, sodass zukünftig weitere Schädigungen eintreten werden. Im Sinne des Ursachen-Wirkungs-Prinzips trifft es uns Menschen rückläufig wieder. Die Drogen sind schließlich zeitweise noch im Körper der Fische vorhanden, zudem hält sich dieser scheinbar den ganzen

Tag im Abwasser auf, damit sein Drogenrausch erhalten bleibt. Der Angler oder die Anglerin kommt nun freudig daher, fängt die Forelle und verspeist somit auch eine Portion Drogen und Abwasser, da wünsche ich nur »Bon Appetit«.

Mich persönlich hatte die Studie von Aberg et al. (2021) fasziniert und zugleich schockiert, denn die Wissenschaftler*innen konnten beweisen, dass durch das Glastonbury Festival in England eine erhebliche Schädigung der dort lebenden Aale verursacht wurde. Nun stellt sich die Frage, wie ein Festival Einfluss auf ein naheliegendes aquatisches Ökosystem nimmt. Ganz einfach: Die Gäste des Festivals haben es ordentlich krachen lassen und so viele Drogen konsumiert, als wären es Gummibärchen. Wie so oft wurden nur selten die Toiletten aufgesucht, da es in der Nähe einen herrlichen Wildbach gab. Aus diesem Grund versammelten sich Tausende Menschen für ihren Toilettengang am Bach. Der eingebrachte Urin hat ausgereicht, um solch hohe Drogenkonzentrationen im Gewässer zu erzeugen, dass es sofort zu einer Schädigung der dort lebenden Aale gekommen ist. Nun stellt sich mir die Frage, wie viele Drogen auf solch einem Festival im Umlauf sind, dass der Urin derart stark belastet ist. Mir war es bis dahin nicht bewusst, wie viele Menschen Drogen nehmen, und wie sehr diese unsere Umwelt zerstören. Ich habe die starke Vermutung, dass unter den Fastivalgänger*innen auch der eine oder die andere hoch engagierte Naturschützer*in dabei war, der/die ebenfalls Drogen konsumierte und somit die Umgebung verseucht hat. Dieses Beispiel hat mir auch gezeigt, wie wichtig Toiletten sind. Spätestens jetzt sollte jede*r verstehen, dass wir die Verursacher*innen vieler Probleme in der Natur sind. Der Aal lässt sich beispielsweise derzeit nicht erfolgreich künstlich reproduzieren. Es gab zwar in der Vergangenheit verschiedene Versuche zur Reproduktion, dennoch ist noch Geduld gefragt (Tesch 1999; Thünen 2017). Fehlt einmal diese Art im Fließgewässer, ergeben sich Auswirkungen auf das ökologische Gleichgewicht (Robin 2024). Jede Art hat ihre individuelle Aufgabe im Fließgewässer.

Wieder einmal zeigt sich an so einem Beispiel, wie wichtig die Reinigung unseres Abwassers ist. Aus Sicht der Abwasserbehandlung kann diesem Trend in Zukunft aber entgegengewirkt werden. Derzeit gibt es bei den meisten Kläranlagen drei Reinigungsstufen (1. mechanische Reinigung, 2. biologische Reinigung, 3. chemische Reinigung – Phosphatelimination), welche sehr gut für die Elimination von Nährstoffen eingesetzt werden können. Im Hinblick anderer Stoffe, wie zum Beispiel Medikamente, Mikroplastik, Drogen oder eingetragene Hormone, sieht die Reinigungsleistung eher schlecht aus. Die Anlagen kommen dann an ihre Reinigungsgrenzen (Schuhen 2024). Unter Einsatz von Ozon und Aktivkohle könnten diese Eintragungen stark minimiert werden. In Deutschland gibt es schon einige Anlagen, die eine vierte Reinigungsstufe eingebaut haben. Somit ist es eigentlich kein Neuland mehr, aber leider nicht flächendeckend umgesetzt. Im Zuge der neuen Kommunalabwasserrichtlinie erhoffe ich mir eine deutliche Verbesserung der Abwasserqualität großer Anlagen in Deutschland. Die Richtlinie sieht vor, bis 2035 die vierte Reinigungsstufe zu etablieren. Die Schweiz hat schon seit 2016 die bessere Reinigung von Spurenstoffen vorgeschrieben. Da hinken wir Deutschen gewaltig hinterher, es geht ja »nur« um unser Wasser (Lefherz 2023).

Zurück zum normalen Tagesablauf vieler Menschen hier in Deutschland. In Ihrer Morgenroutine stehen bestimmt noch einige Dinge an, die Sie erledigen müssen, nicht wahr? Sie haben geduscht, waren auf Toilette und nun gehen Sie in die Küche, um Ihr wohlverdientes Brötchen zu essen. Für einen entspannten Start in den Tag bereiten Sie sich noch eine Kanne mit Kräutertee zu. Da passiert es. Sie stellen noch den vollen Geschirrspüler an, um nach der Arbeit (übrigens stammt das Wort »Arbeit« vom mittelhochdeutschen Begriff *»arebeit«* ab, was so viel bedeutet wie »Beschwernis, Leiden, Mühe«) sauberes Geschirr zu haben. Die Inhaltsstoffe Ihres Spültabs landen wo? Genau, in unseren Gewässern, und dort wirken diese zumeist negativ auf die Organismen ein. Gerade das enthaltene Rostschutzmittel Benzotriazol ist für unsere Lebewesen im Wasser schädlich. Zudem lässt es sich leider biologisch nicht abbauen (Lefherz 2023). Nebenbei bemerkt, wird auch durch das Waschen von Plastikgeschirr Mikroplastik in die Umwelt geleitet (Zinkant 2024). Sie merken schon, unser Leben besteht in einigen Teilen nur daraus, unbewusst Stoffe in die Umwelt zu bringen. Um Sie zu beruhigen, ich verwende auch eine Spülmaschine, da ich dem Luxus nicht entgehen kann. Dabei verwende ich ökologisch gut verträgliche Spültabs, welche überall erhältlich sind. Es ist lohnenswert, sich vertiefend in die natürlichen Reinigungsmittel einzulesen. Derzeit bestehen schon einige gute Firmen, welche umweltfreundliche und nachhaltige Produkte auf den Markt bringen.

Viele wissen ebenfalls nicht, dass sie durch die Verwendung einer Waschmaschine Einfluss auf die Qualität unserer Flüsse und Bäche nehmen. Mit jedem Waschgang werden kleinste Partikel (Mikrofasern oder Nanopartikel) und chemische Stoffe herausgewaschen. Laut einer internationalen Studie stammen 35 Prozent des Mikroplastiks im Meer aus dem Faserabrieb beim Kleidungwaschen. Bitte verschlucken Sie sich nicht bei dieser Zahl, aber mich hat sie umgehauen. Ich gebe noch einen drauf: Wenn Sie sechs Kilogramm Polyester-T-Shirts waschen, kommen ganze 120 Miligramm Mikroplastik zustande, und das bei jedem Waschgang. Die Sportlerinnen und Sportler unter uns werden bestimmt ganz nervös bei diesen Zahlen! Den Besitzer*innen von Fleecejacken soll es nicht besser ergehen, denn diese Kleidungstücke können gut und gern viermal so viel Mikroplastik abgeben wie unser Polyester-T-Shirt. Nun rechnen Sie das einmal für 40 Millionen Haushalte in Deutschland hoch, Prost Mahlzeit sage ich da nur! Zum Glück ist nun aus verschiedenen Studien bekannt, dass die Wassermenge maßgebend für das Ausmaß des Faserabriebs ist. Kurz und schmerzlos kann ich Ihnen sagen: Je mehr Wasser zum Waschen genutzt wird, umso mehr Fasern werden abgerieben. Neben dem Wasservolumen spielt auch die Temperatur eine Rolle. Somit gilt, lieber kalt statt warm waschen. Ein kleiner Tipp von der Oma: Hängen Sie die Wäsche zum Trocknen lieber auf. Forscher*innen konnte im Jahr 2020 feststellen, dass die Benutzung von Ablufttrocknern den Eintrag von Mikroplastik fördert. Das Gerät verteilt die Fasern noch dazu wunderbar im Raum (STMELF 2023).

Ganz spannend ist es bei dem Waschen neuer Kleidung. Manchmal riechen Sie das schon selbst, wodurch der Gang zur eigenen Waschmaschine angetrieben wird. Eins steht fest, die kleinen Partikel und Chemikalien landen alle im Bach oder Fluss. Die Auswirkungen werden derzeit noch untersucht, man geht aber davon aus, dass diese Fasern und Partikel von kleinen Wasserinsekten als Nahrung angesehen werden könnten und so in den Nahrungskreislauf gelangen (LfU 2017). Manchen Menschen ist das wahrscheinlich herzlichst egal, obwohl es ja um deren eigenes Leben geht. Ich kann mir nur schwer vorstellen, dass ein*e Angler*in scharf darauf ist, Bachforellen zu fangen, die einen hohen Mikrofaseranteil aufweisen. Der Kreislauf schließt sich, und die Kontamination landet auf unserem Teller. Zwar spülen wir das Wasser weg, dennoch wirkt es früher oder später wieder auf uns ein. In einer Studie konnte sogar bewiesen werden, dass die Mikrofasern über die Nahrung (Fisch, Muscheln) in den menschlichen Körper gelangen. Über die Blutbahn wandern die Partikel in die Leber und in das Herz, wo es schlussendlich zur Anreicherung kommt. Dies führt längerfristig zur Begünstigung von Herz-Kreislauf-Erkrankungen. Es konnten sogar schon Mikroplastikpartikel in der Plazenta sowie bei Babys im Mekonium (Kindspech), Herzmuskel, Blut und Fettgewebe nachgewiesen werden (Vlacil et al. 2021; Zinkant 2024). Allein schon, wenn Sie Ihre Plastikflasche aufdrehen, mit Plastikspielzeug auf dem Boden spielen oder Plastikgeräte nutzen, entsteht Mikroplastik. Es ließ sich sogar feststellen, dass gerade in der Wohnung eine beträchtliche Belastung der Atemluft vorliegen kann. Deswegen immer schön lüften, plastikhaltiges Spielzeug entfernen und gut saugen! Für die Mütter und Väter unter uns: Babys atmen im Verhältnis zum Körpergewicht mehr Mikroplastik ein als Erwachsene (Zinkant 2024).

Zum Thema Wasser kann ich Ihnen sehr ans Herz legen, einfach Leitungswasser zu trinken, und das aus Glasbehältern. Wenn ich zusammen mit meiner Frau einkaufen gehe, beobachte ich sehr gern die Menschen, die sich mit riesigen Mengen an Plastikwasserflaschen abquälen, um wieder genügend Trinken zu Hause zu haben. Jedes Mal muss ich darüber schmunzeln, denn es zeigt die Verbundenheit zum eigenen Trinkwasser aus der Region. Ich sage Ihnen jetzt die Gründe, weshalb ich niemals Wasser im Laden kaufen würde. Lediglich Heilwasser landet in meinem Einkaufskorb, wenn der Bedarf da ist. Die 1,5-Liter-Plastikflaschen haben eine wunderbare Eigenschaft, sie sind leicht und gut zu stapeln. Aus Sicht der Industrie eine herrliche Verpackung, die wahres Geld spart. Für uns Konsument*innen gibt es aber fast keinen positiven Aspekt an diesen Flaschen, denn diese haben viele negative Eigenschaften. Die Kunststoffe weisen Inhaltsstoffe auf, die uns Menschen sehr gefährlich sein können. In der vergangenen Untersuchung von Wagner & Oehlmann (2009) konnte ein Hinweis erbracht werden, dass durch den Konsum von Mineralwasser in Plastikflaschen endokrine Disruptoren (ED) aufgenommen werden. Mit diesen Substanzen ist vorerst nicht viel anzufangen, da sie in unserer Gesellschaft unbekannt ist. Ich kann Ihnen aber sagen, dass diese Stoffe eine extreme Wirkung auf unseren menschlichen Körper haben, denn diese können die biochemische Wirkweise von körpereigenen Hormonen stören. Die Resultate sind dramatisch, denn dadurch können Störungen im Wachstum, in der Entwicklung und in der Fortpflanzung einhergehen. Schon in der Vergangenheit wurden hormonbedingte Erkrankungen scharf diskutiert (Safe 2000, 2005; Sharpe 2003; Waring & Harris 2005). Wenn nun zudem eine falsche Lagerung der Flaschen stattfindet, ist der Lösungsprozess noch dramatischer.

Vielleicht sollte ich an dieser Stelle wieder eine kurze Geschichte erzählen. Als Jugendlicher half ich sehr oft bei meiner Mutter aus. Diese hatte sich das Ziel gesetzt, ein eigenes Kurhaus zu eröffnen, und dann noch das kleinste in ganz Deutschland. Ein Haus war schnell gefunden, und so mussten wir mit viel Stress, Kraft und Ausdauer ein 400 Jahre altes Haus aufbauen bzw. retten. Zu dieser Zeit haben wir immer aus Plastikflaschen getrunken. Leitungswasser gab es höchstens zum Kochen der Kartoffeln oder zum Abwaschen. Eines Tages sollte ich den Dachboden des Hauses dämmen. Ich nahm mir eine 0,5-Liter-Flasche zum Trinken mit hoch und platzierte sie am Dachfenster. Die Tage vergingen, und die Flasche lag verschlossen am Fenster in der prallen Sonne. Wie das so bei Jugendlichen ist, war die Flasche schnell vergessen, und schon wurde die nächste aus dem Keller geholt. Nach zwei Wochen war ich mit meinen Arbeiten fertig. Die Flasche lag immer noch am Fenster. Wie Sie sich denken können, geriet sie in Vergessenheit, bis zu dem Tage, als ich nochmals meine damalige Arbeit kontrollieren sollte. Die Flasche stand etwa sechs bis acht Monate in der Sonne und wurde nicht geöffnet. Wie der Zufall es wollte, bekam ich vor lauter Wärme auf dem Dachboden Durst. Aufgrund meiner jugendlichen Faulheit wollte ich nicht in den Keller. Plötzlich entdeckte ich die noch volle Flasche und freute mich außerordentlich. Beim Öffnen der kleinen Flasche bekam ich einen großen Schreck, denn das Wasser stank nach Verdünnungsmitteln, ich hatte den Duft von Lackentferner in der Nase. Wahrscheinlich wäre dieses Wasser auch ideal für die Entfernung von Nagellack gewesen.

Mit dieser Geschichte möchte ich Ihnen sagen, dass wir mit dem in Plastikflaschen abgefüllten Wasser sorgsam umgehen sollten. Interessant ist, dass wir Menschen dann auch noch Geld bezahlen, um unserem Körper solches Gift zuzuführen. Bitte rechnen Sie mal nach, wenn Sie eine Wasserflasche (ein Liter) für einen Euro kaufen. Dann bezahlen Sie im Jahr bei einem täglichen Wasserkonsum von drei Litern rund 1095 Euro. Wenn Sie stattdessen Leitungswasser trinken, sparen Sie mehr, als Sie erahnen können. Insgesamt würden Sie im Vergleich zu den gekauften Wasserflaschen rund 7,60 Euro für Ihren jährlichen Wasserkonsum zahlen. Dieser Preis ergibt sich aus dem jährlichen Wasserkonsum (drei Liter pro Tag) und den Grundkosten für 1.000 Liter Leitungswasser (circa sieben Euro pro 1.000 Liter Wasser). Mit dieser ersparten Summe könnten Sie viel für unsere Umwelt tun. Sie merken sicherlich, welche großen Handlungsspielräume vorhanden sind. Ich trinke seit Jahren nur noch Leitungswasser. Der Kostenfaktor und die außerordentliche Kontrolle des Trinkwassers spricht für den Konsum dieses wunderbaren Nahrungsmittels. Aus diesem Grund können Sie ohne Weiteres den Kauf von Wasserflaschen einstellen. Eine Geschichte muss ich in diesem Zusammenhang noch erzählen, und zwar davon, als wir das erste Mal von dem Weichmacher BPA hörten. Fast alle meine Kommiliton*innen hatten eine Plastikflasche auf ihren schmalen Unitischen stehen. Ich würde wirklich behaupten, es waren 80 Prozent der Studierenden. Die Vorlesung ging los, und das Thema war – Sie können es sich bestimmt denken – Weichmacher in Plastikflaschen und deren Wirkung auf den menschlichen Organismus. Nach gut einer Stunde landeten alle Flaschen im Müll oder wurden in den jeweiligen Discounter abgegeben. Ein paar Tage danach saßen alle mit einer Glasflasche im Hörsaal, der Dozent konnte sich das Lachen nicht verkneifen und meinte scherzhaft zu uns: »Das beobachte ich in jedem neuen Jahrgang«. Der Stoff BPA wird derzeit von vielen Herstellern nicht mehr verwendet, da die schädlichen Wirkungen und der schlechte Ruf abgeschreckt haben. Zum Glück (für die Industrie) ist man auf einen weniger erforschten Stoff umgeschwenkt, nämlich Fluoren-9-Bisphenol (BHPF). In einer Studie konnte auch für diesen Stoff eine negative Auswirkung bei Mäusen nachgewiesen werden. Wird 60 Grad warmes Wasser in so eine Flasche gefüllt, löst sich der Weichmacher (Brech 2017)! Da kann ich nur sagen: Mut zur Lücke! Augen zu und trinken!

Zurück zur Eintragung der Mikrofasern, welche intensiv untersucht wird, um deren Auswirkungen abschätzen zu können. In verschiedenen Studien, wie zum Beispiel in der von Liu et al. (2021), werden die Eintragungswege analysiert und abgeschätzt. Dabei stellt sich immer mehr heraus, dass kommunale Abwasserkläranlagen trotz neuerer Reinigungstechnik keinen vollständigen Rückhalt bieten. Immer noch gelangen riesige Mengen an Textilfasern in die Umwelt. Eine weitere Problematik stellt anschließend der Klärschlamm mit seiner hohen Mikrofaserbelastung dar. In einigen Ländern – auch in Deutschland – werden diese Schlämme wieder auf die Äcker gebracht und als Dünger verwendet. Dadurch gelangen Mikrofasern ungehindert ins Grundwasser und durch Direktabflüsse in die Gewässer hinein. Mit jedem Waschgang gelangt mehr Material in die Umwelt, die Mengen sind uns nicht bewusst, aber wir sprechen deutschlandweit von mehreren 1.000 Tonnen (LfU 2017). Wenn wir Menschen uns dann immer wieder neue Kleidung zulegen, diese waschen und nach kurzer Zeit doch wieder entsorgen, schaffen wir einen Zustand in unserm Land, der nicht ohne Weiteres rückgängig gemacht werden kann. Die Zwischenprodukte bei der Zersetzung dieser kleinen Fasern sind derzeit noch Bestandteil vieler Untersuchungen (ESKP 2018).

Sie merken an der Menge an Informationen, dass mich das Thema brennend interessiert, dennoch möchte ich gern zurück zum Tagesablauf. Nach dem verdienten Frühstück geht es mit dem Auto zur Arbeit. Schon jetzt denken viele Menschen an die ausgestoßenen Abgase, welche unsere Umwelt und uns selbst beeinflussen. Andere Stoffe, wie beispielsweise Reifenabrieb, Bremsabrieb, Materialverschleiß oder Ölreste, sind oftmals nicht im Fokus. Wenn Sie wüssten, was jährlich an Reifenabrieb in unserer Umwelt landet. Nach neusten Forschungen wird davon ausgegangen, dass sich der Jahreseintrag pro Bundesbürger*in auf rund 1,2 Kilogramm beläuft (Peters 2023). Dabei konnte in einer Studie des ADAC festgestellt werden, dass im Mittel 120 Gramm pro 1.000 Kilometer Fahrtstrecke Abrieb entsteht. Die Menge an Reifenabrieb ist zwar abhängig von der Reifenmarke, aber nicht von der Reifenart (Sommer-, Winter-, Allwetterreifen). So können sich Unterschiede im Bereich von 60 bis 150 Gramm pro 1.000 Kilometer ergeben (ADAC 2022). Wo landet dieser Abrieb? Der Großteil gelangt in den Boden (60 Prozent), ein weiterer fließt mit jedem Regenguss in unsere Oberflächengewässer (20 Prozent). Für Deutschland können dann schon Mengen von 1,92 bis 4,8 Millionen Kilogramm in die Meere gelangen (Peters 2023). Die Reifen enthalten Schwermetalle, Weichmacher, Mineralöle und andere Stoffe. Einige Komponenten der Inhaltsstoffe von Reifen und Bremsen haben sich im Laufe langjähriger Untersuchungen als toxisch erwiesen (Wik & Dave 2006; Marwood et al. 2011; Bejgarn et al. 2015;

Malachova et al. 2016). Letztendlich nimmt der Reifenabrieb insgesamt 30 Prozent des gesamten Mikroplastikeintrages – in Bezug auf das gesamte Umweltsystem – ein (Ott et al. 2015; Kooi et al. 2016; Boucher & Friot 2017; Machado et al. 2018; Peeken et al. 2018).

Natürlich stellt sich dann eine weitere Frage: Sind unsere Straßenränder dann Altlasten, die eine hohe Schwermetallbelastung aufweisen? Studien von Sommer et al. (2018) zeigen, dass der größte Anteil des Abriebs im Straßenrandbereich verbleibt. Es ist durchaus denkbar, dass sich dadurch über die Jahre erhöhte Schadstoffkonzentrationen im Bodenbereich etablieren können. In meiner Kindheit haben wir die Straßenränder mit für die Heuernte abgehauen – na lecker – ganz nach der Divise »Vom Reifen in den Mund«!

Die Bremsen sind im Vergleich zu dem Reifenabrieb dann noch mal eine andere Hausnummer. Sie kennen bestimmt den Moment, wenn die Autofelgen schwarz sind und nur noch ein ordentliches Reinigungsmittel den alten Glanz wiederherstellen kann? Die schwarze Brühe enthält eine Vielzahl an Schwermetallen wie Antimon, Eisen, Kupfer, Zinn und Molybdän. Nach einer durchgeführten Spülung sind die Felgen sauber, und die schwarze Brühe ist zum Glück gut vom Hofpflaster abgelaufen. Die dadurch entstehenden Eintragungen belaufen sich wieder auf einen Tonnenwert. Als ich das erste Mal von diesem Thema hörte, hatte ich noch nie über eine Materialeintragung durch den alltäglichen Bremsabrieb nachgedacht. Der jährliche Reifenwechsel war für mich normal und wurde dementsprechend nie thematisiert. Zudem schätzte ich als Jugendlicher die schwarzen Ölhände nach dem Reifenwechsel als ungefährlich ein. Der Bremsenabrieb kann schon mal über 20 Prozent des gesamten Verkehrsfeinstaubs einnehmen. Für unsere Lunge sind die kleinen Partikel von nicht einmal drei Mikrometern Durchmesser gesundheitsschädlich. Es ließ sich im Labor feststellen, dass die Metallpartikel negativen Einfluss auf die im Körper befindlichen Makrophagen (Fresszellen) nehmen können (Bopp 2020). Im Zuge der kommenden Elektromobilisierung ist die Feinstaubbelastung immer noch ein großes Thema. Zwar fallen die Abgase weg, dennoch bleibt der Reifen- und Bremsabrieb erhalten. Gerade bei schweren Elektroautos können sogar erhöhte Abriebmengen gegeben sein (Köllner 2022).

Kommen wir zurück auf Ihre tägliche Fahrt zur Arbeit. Diese beginnt bei Ihnen zu Hause und endet an Ihrem Arbeitsplatz. Sie sind den ganzen Tag fleißig und trinken ab und zu eine Tasse Kaffee. Jetzt denken Sie sich, mein Kaffee wird doch hoffentlich nicht auch noch Einfluss auf unsere Gewässer nehmen. Sie werden lachen, aber auch der Kaffee oder viel mehr alle mit dem Containerschiff transportierten Waren beeinflussen die Gewässer, und das auf verschiedensten Wegen. Zum Thema Kaffee: Um ein Kilogramm Kaffee zu erzeugen, benötigt man rund 18.900 Liter Wasser (WFN 2011). Bei uns im Büro reicht ein Kilo Kaffee für rund drei Tage. Wenn wir das hochrechnen, dann brauchen wir bei 160 Tagen intensiver Tätigkeit rund 53 Kilogramm Kaffee. Das bedeutet, dass wir insgesamt 1.080.000 Liter Wasser verbraucht haben. Das entspricht in etwa einem 50 Meter langen und zehn Meter breiten Schwimmbecken mit einer Tiefe von zwei Metern. Machen Sie sich den Spaß und beobachten Sie den Kaffeeverbrauch in Ihrer Büroküche, Sie werden erstaunt sein, was da für ein Wasserverbrauch entsteht.

Zurück zum Transport des Kaffees. Was nur die Wenigsten wissen, ist, dass mit den Containerschiffen Pflanzen- und Tierarten verschleppt werden. Der Begriff für die eingeschleppten Tierarten nennt man »Neozoen«. Die schweren Schiffe transportieren Tiere von einem Kontinent zum nächsten. Dieser Transport kann oftmals Arten einschleppen, die in unseren heimischen Ökosystemen dann in Massen auftreten können. Es ist alles miteinander verbunden und nichts voneinander getrennt. An verschiedenen Stellen auf der Erde wurden Kanäle gebaut, um lange voneinander getrennte Fließgewässer miteinander verbinden zu können. Auf diesem Wege konnten die verschiedensten Arten umherwandern. Eine derzeit heiß diskutierte »Wanderin« stellt die Schwarzmundgrundel (*Neogobius melanostomus*) dar. Infolgedessen fand später auch eine Besiedelung der Mündungsbereiche von Flüssen in Deutschland statt (LfU 2024). Diese Art ist eigentlich im Schwarzen, Kaspischen und Asowschen Meer und deren Verbundflüssen heimisch (Charlebois et al. 1997). Zudem beheimateten die Schwarzmundgrundeln die unteren Teile der Donau bis hin zur Stadt Vidin in Bulgarien (Simonović et al. 1998). Der erste nachweisliche Fund von Schwarzmundgrundeln im Freistaat Sachsen wurde 2016 erstmals verzeichnet (Pfeifer et al. 2016). Innerhalb eines Flusssystems kann es zu Revier- und Nahrungskämpfen zwischen Grundel und der heimischen Groppe kommen (Brandner 2013).

Dem einen Leid ist des anderen Freud, denn die Anglerinnen und Angler profitieren seither von einer guten Raubfischgröße in den Fließgewässern. Die Schwarzmundgrundel wird sehr gern als Futterfisch bei den Raubfischen angesehen (Steiermark 2020). Doch auch hier muss ich Ihnen mitteilen, dass es wieder eine Kehrseite gibt, denn die Schwarzmundgrundel frisst mit Schwermetallen belastete Kleinmuscheln. Es ließ sich feststellen, dass die Schwarzmundgrundel die kleine feingerippte Körbchenmuschel (*Corbicula fluminalis*) und die Wandermuschel (*Dreissena polymorpha*) mit einer großen Vorliebe verspeist. Dieser Aspekt ist für mich als Hydrobiologe schon wieder sehr interessant, da beide Muscheln ebenfalls zu den nicht heimischen Arten zählen. Das Problem scheint sich etwas zu neutralisieren. Der wirklich interessante Punkt dieser Nahrungskette ist, dass die Muscheln Filtrierer sind und dadurch eine Vielzahl an Schadstoffen aufnehmen können. Nun zeigt sich dementsprechend, dass die Schwermetalle oder Schadstoffe bis zum Endkonsumenten – dem Menschen – gelangen können. In der Danziger Bucht wurde beispielsweise der Verzehr von Zandern verboten, da diese durch den Konsum von Schwarzmundgrundeln belastet waren und immer noch sind (Lehmann 2017). In diesem Sinne guten Appetit, wir Menschen machen uns selber das Leben durch solche Situationen schwer. Zum Abschluss kann ich Ihnen sagen, dass eingetragene Arten immer ein hohes Risiko für unsere heimische Flora und Fauna darstellen. Aus diesem Grund auch der Appell an Sie: Bitte wildern Sie keine Aquariumfische aus oder pflanzen Gartenpflanzen in den Wald. Sie lachen, aber es wurden schon Malawiebuntbarsche (zum Beispiel *Pseudotropheus Elongatus*) in der Elbe gefangen, obwohl diese in Afrika beheimatet sind (TUD 2021).

Na, der Kaffee schmeckt Ihnen hoffentlich immer noch? Aber die Verknüpfungen sind doch einfach genial, oder? Wir Menschen haben selbst bei einer Tasse Kaffee eine sehr große Verantwortung für unsere Umwelt. Neben dem leckeren Kaffee gab es bei mir auf Arbeit immer einen sogenannten Drucktag. Kennen Sie den? Sie wandern morgens zielstrebig zum Computer, um Ihre Dokumente oder Mails von letzter Woche auszudrucken. Oftmals passiert es dann, dass kein Kopierpapier mehr im Drucker liegt. Innerlich bedanken Sie sich bei Ihrem Kollegen, der wieder kein Papier nachgefüllt hat. Also gehen Sie zum Schrank, um das Papier aufzufüllen, und dabei haben Sie nicht die leiseste Ahnung, dass Sie gerade die Gewässer beeinflussen.

Papierfabriken benötigen Unmengen an Wasser für die Produktion. Aus diesem Grund stehen diese Anlagen sehr oft an Gewässern, um Wasser entnehmen zu können. Was passiert mit dem vielen gebrauchten Wasser? Es sollte nach dem Stand der Technik gereinigt und unversehrt wieder in den Wasserkreislauf eingelassen werden. Als Faustregel gilt, pro Kilogramm Papier werden über neun Liter Wasser in der Produktion benötigt (Erlewein 2022). Bei der Produktion von einer Tonne Primärfaserpapier können dann gut und gerne 50 Kubikmeter Abwasser entstehen. Die Belastung durch organische Kohlenstoffverbindungen kann sich negativ auf unsere Fließgewässer auswirken (NABU 2024). In meinen alltäglichen Begehungen sehe ich oft Papierfabriken, die direkt am Gewässer stehen und über mehrere Hundert Meter verbautes Ufer vorweisen. Mitunter wird für die betriebliche Wasserversorgung ein Wehr errichtet, welches die Durchgängigkeit für Wasserorganismen beeinträchtigt.

Eine Kernfrage ist auch, welche Temperatur das Abwasser der Papierfabrik hat. Laut dem aktuellen Abwassertemperaturgrenzwert sollte die Wassertemperatur nicht über 30 Grad liegen. In dem Bericht von Jung et al. (2008) wird jedoch auch von einer sommerlichen Überschreitung gesprochen. Eine weitere Studie konnte gerade in den Wintermonaten für einen sommerkühlen Berglandbach Temperaturen von über 20 Grad feststellen (PCU 2019). Wenn die Laichtemperaturen der Bachforelle (optimal 1–10 Grad, max. 13 Grad) oder Äsche (optimal 4–8 Grad, max. 15 Grad) betrachtet werden, zeigt sich eine deutliche Überschreitung (anglermap 2024). Ein sommerkühler Berglandbach sollte keine 30 Grad Wassertemperatur aufweisen, ansonsten verschwinden die kälteliebenden Organismen auf Dauer. So viel schon einmal zum Thema Papier und die Verbindung zum Gewässer. Es ist sehr verblüffend, wie sehr unser Büroalltag Einfluss nehmen kann.

Nach einem erfolgreichen Arbeitstag fahren die meisten Menschen wieder zufrieden nach Hause und freuen sich schon auf die wohlverdiente Leserunde, die den Tag abklingen lässt. Die Beeinflussung unserer Gewässer hat jetzt ein Ende, nicht wahr? Na ja, nicht ganz, denn Sie merken beim Lesen, dass Ihre Lieblingshose ein sehr großes Loch hat. An eine klassische

Rettung der Hose ist nicht zu denken, da Sie kein wirklicher Schneidermeister sind. Nach kurzem Grübeln steht fest, eine neue Lieblingshose muss in den nächsten Tagen her. Solche Situationen gibt es sehr oft in unserer Gesellschaft, denn wir sind auf das neuwertige Produkt fokussiert. Nur in den wenigsten Fällen findet eine Reparatur statt. Seien Sie nicht traurig, kein großer Modehersteller hat ernsthaft Interesse daran, Kleidung zu reparieren. Es sollen lieber neue Kleidungsstücke erworben werden. Eine Reparatur wäre zu kostenintensiv und aufwendig (Bosch 2023). Doch wie ergeht es unseren Fließgewässern dadurch? Beeinflussen wir auch ausländische Gewässer?

Sie denken sich bestimmt, dass eine einzelne Person doch nicht fremde Gewässer aus anderen Ländern beeinflussen kann, oder? In Wahrheit besitzen Sie eine ungeahnte Macht im Leben, welche Sie unbewusst in ihrem Alltag einsetzen. Im Übrigen hat jeder einzelne Mensch diese Macht in die Wiege gelegt bekommen!

Ein Einflussfaktor auf die weltweiten Gewässerzustände stellt die Kleidungsindustrie in Bangladesch, Indien und China dar. Diese drei Länder produzieren einen Großteil der weltweit angebotenen Kleidung (BMUV 2023). Interessant ist, dass anhand der Gewässer schnell festzustellen ist, welche Kleidungsfarben verwendet wurden. Das Bild von roten oder gelben Flüssen ist unvorstellbar, aber leider die Realität in den genannten Ländern. Die Flüsse und Bäche in den Industriegebieten sind bunt (Fairfood4u 2016). Dort ist kein Leben mehr auffindbar. Vielleicht ist der Fluss gerade in diesem Moment blau, da wieder neue Jeans eingefärbt wurden, wer weiß? Klar ist jedenfalls, dass wir mit unseren Kleidungskäufen einen großen Einfluss auf unsere nicht heimischen Gewässer nehmen. Durch die eingeleiteten Bleichmittel oder Farbstoffe wird das vollständige Leben im und am Wasser ausgelöscht. Buchstäblich sprechen wir dann von einem »toten« Gewässer. Bei einem T-Shirt können dann schon sechs Kilogramm Chemikalien zusammenkommen. Diese Menge landet also unkompliziert im naheliegenden Fließgewässer (BMUV 2023). Dieser Zustand wird auch die nächsten Jahre anhalten. Der Nairobi-Fluss in Afrika ist beispielsweise durch Altkleider verseucht. Dort gelangen täglich viele Tonnen alte Kleidungsstücke in das Fließgewässer. Es stinkt fürchterlich, und das ganze Ökosystem ist zerstört. Es liegt so viel Kleidungsmüll im Gewässer, dass der Fluss seine Mäander durch Kleidungsflächen zieht (Wahnbaeck 2022). Wir hinterlassen Altlasten für die nächsten Generationen, welche uns noch vor die Füße fallen werden. Denken Sie immer an den ewigen Wasserkreislauf.

Nicht nur die Produktion von Kleidung sollte genau unter die Lupe genommen werden, auch die Nahrungsmittelerzeugung. Es ist schon verwunderlich, dass wir genüsslich essen und trinken und nicht wissen, dass wir für die Produktion der Ware mitunter viel Wasser benötigen. Dies gilt nicht nur für Lebensmittel. Auch unsere Autos, Computer oder Handys haben einen ordentlichen Wasserverbrauch!

Nehmen Sie sich ruhig Zeit, Ihr Konsumverhalten zum Thema Essen zu analysieren. Das kann einzeln oder auch in einer Gruppe geschehen. Hierbei ist zu prüfen, was Sie essen und welchen Nutzen es für Sie hat. Macht es gesund oder krank, und wie sieht es mit der Qualität sowie Nachhaltigkeit aus? Sind Ihre Konsumgüter regional oder international vertreten? Brauchen Sie immer alle Produkte das ganze Jahr über oder ist es möglich, Pausen einzulegen? Gehen Sie einmal 100 Jahre zurück, was wurde da auf dem Tisch serviert? Ein Joghurt mit Zimtstreuseln bestimmt nicht. Es wurde entsprechend der jeweiligen Jahreszeit gegessen und darauf geachtet, dass die Lebensmittel zu 100 Prozent verwertet wurden. Meine Urgroßmutter Elsa Kuhnitzsch hatte die Angewohnheit, Knochen vom Rind nicht nur einmal zu kochen, sondern mehrmals. Erst wurden diese vorgekocht, was eine herrliche Rinderbrühe hervorgebracht hat, danach wurden die Knochen zerkleinert und wieder gekocht, um eine klare Rinderbrühe zu erzeugen. Die Küchenabfälle wurden gequetscht und den Hühnern verfüttert, die wiederum leckere Eier dadurch legen konnten. Wenn die Eier letztlich als Gericht mitgezählt werden, dann wurden aus den Knochen drei Gerichte gezaubert. Mir sind nur noch wenige Menschen in meinem sozialen Umfeld bekannt, die Rinderbrühen selbst kochen würden. Diese kleine Anekdote zeigt, dass wir aus unseren Lebensmitteln viel mehr machen könnten, was somit auch Einfluss auf die Konsummenge und Zusammenstellung nimmt. Wenn wir uns hinsetzen und schauen, wie wir unsere Lebensmittel verwerten können, wird schnell klar, dass unser derzeitiges Kochverhalten ineffizient ist. Ich sehe das bei der Zubereitung von verschiedenen Gemüsesorten. Das wunderbare Gemüsewasser wird bei vielen Haushalten nicht als Suppe verwendet, sondern landet unverzüglich im Abwasser. Schade um die Vitamine, die Ihnen damit verloren gehen. Eine Suppe macht auch satt und kann mit einem Ei wunderbar verfeinert werden. Auch in dieser Thematik gibt es sehr gute Literatur und eine Vielzahl an Hilfestellungen.

Wichtig ist nur, dass wir als Menschen von diesem unvorstellbaren Massenkonsum wegkommen und wieder zur Normalität übergehen. Dadurch ist unseren Gewässern erheblich mehr geholfen. Der Naturschutz bzw. Gewässerschutz beginnt bei uns im Kopf und in unseren gewohnten Verhaltensweisen. Nutzen Sie die Zeit und überlegen Sie für sich, wo bei Ihnen noch überall Potenzial für eine Verbesserung versteckt ist. Sie haben dadurch genau drei riesige Vorteile:

- Sie bleiben fit und gesund,
- Sie sparen bares Geld,
- und Sie schützen nachhaltig Ihre Umwelt.

Ich möchte an dieser Stelle aufhören, die Eintragungen aufzuzählen, welche jeden Tag durch die einzelne Person in die Umwelt direkt oder indirekt gebracht werden. Nach den ganzen Beschreibungen ist klar geworden, dass wir Menschen Stoffe ins Gewässer bringen, die uns selbst wieder schaden und unserer Nachwelt keine guten Ökosysteme hinterlassen. Sie fragen sich bestimmt, was nun geschehen muss, um diese Veränderung besser in den Griff zu bekommen? Es liegt vorerst an uns selbst, den jetzigen Markt anzupassen. Dies beginnt damit, ökologische Waschmittel zu kaufen, bedacht zu konsumieren und sich stets weiterzubilden. Jede Person sollte sich innerlich fragen, wohin die Entwicklung ihrer eignen Umwelt gehen soll. Als kleine Stütze habe ich Ihnen ein paar Fragen aufgeschrieben, die Sie in Ruhe einmal durcharbeiten bzw. durchdenken können.

- Wie viel Liter Wasser benötige ich wirklich?
- Muss ich jeden Tag Wäsche waschen oder duschen?
- Muss ich mein Auto mit Spülmittel im Garten oder vor dem Haus waschen?
- Ist die Verwendung von Pflegeprodukten mit Mikroplastik sinnvoll?
- Wie wertvoll ist Wasser für mich selbst?
- Weiß ich, wo mein Wasser herkommt und wer dafür sorgt, dass es in ausreichender Menge und guter Qualität geliefert wird?

- Wie viel kostet Leitungswasser im Vergleich zu gekauftem und in Flaschen abgefülltem Wasser?
- Wie viel kostet die Aufbereitung von einem Kubikmeter Wasser?
- Welche Gewässer fließen durch mein Dorf oder meine Stadt?
- Wie sehen natürliche Gewässer für mich aus?
- Fühle ich mich in der Natur wohl?
- Welche Tiere leben am und im Gewässer?
- Wo gelangt mein Abwasser hin?
- Welche Inhaltsstoffe stecken in meinen Pflegeprodukten?
- Muss ich im Garten Pestizide oder Fungizide verwenden?
- Muss mein Schuppen direkt am Gewässer stehen?
- Brauche ich das Wasser aus dem Gewässer wirklich zum Gießen meines Gartens?
- Ist es wichtig, auch meinen kleinen Bach vor der Haustür zu schützen?
- Brauche ich immer die neueste Mode oder kann ich meine alten Sachen noch eine Weile tragen?
- Wie lange sollte ich wirklich meine technischen Geräte nutzen, ehe ich diese verschrotten lasse?
- Ist ein hoher Konsum an Kaffee notwendig oder kann dieser reduziert oder durch Malzkaffee ersetzt werden?
- Muss ich mich mit dem Thema Wasser insgesamt auseinandersetzen?

Wasser ist in unserer Gesellschaft unscheinbar geworden, und erst recht unsere Fließgewässer vor der Haustür, nicht wahr? Während meines Studiums wurden ähnliche Fragen gestellt, die bei mir einen starken Wandel hervorgerufen haben. Wir wurden ebenfalls gefragt, wie wir die Ressource Wasser in unserem Leben wahrnehmen. Niemand hatte das je bewusst getan, und das, obwohl wir uns für einen wasserlastigen Studienplatz beworben hatten. Uns war einfach die große Bedeutung des Wassers nicht klar. Es war uns schlichtweg fremd, da wir im Elternhaus nie darüber diskutiert oder gesprochen hatten. Jedenfalls blieb uns der Mund noch lange offen stehen, denn wir begriffen langsam die Dimension »Wasser« ein wenig. Wenn wir Menschen uns und unsere Umgebung besser verstehen wollen, ist der Blick auf das Wasser unerlässlich, denn wir bestehen zu 67 Prozent aus Wasser. Unser Gehirn besteht schon aus über 90 Prozent Wasser. Im Konsens gesehen sind wir Wasser. Die Ressource ist nicht aus unserem Leben wegzudenken. Auch unsere Gesundheit hängt von den gegebenen Wasservorräten ab. Wenn wir gemeinsam unseren Lebensstil anpassen, die alltäglichen Produkte überdenken und deren Folgen abwägen, sind wir auf einem guten Weg der Besserung. Ich bin mir sehr sicher, dass es uns leichter fällt, etwas zu schützen, was wir gut kennen und lieben.

Kapitel 23

Kanal oder Fließgewässer, die Entscheidung treffen Sie!

Der Abfluss

In meiner Berufslaufbahn habe ich schon manche Sätze zu hören bekommen, wie zum Beispiel »Wasser muss schnell, unkompliziert und ohne Störungen abfließen« oder »Unsere Vorfahren haben sich schon was dabei gedacht, die Gewässer auszubauen«. Dies stigmatisiert ein Gewässer zu einem Ablaufgerinne technischer Art. Diese Denkweise ist durch die Hochwasser 2002 oder 2013 auch gerade in Sachsen stark ausgeprägt. Verständlicherweise haben die Menschen Angst vor Verlusten oder anderweitigem Schaden, weshalb sie am liebsten besonders Fließgewässer mit gut ausgebauten Uferlinien haben möchten. Zwar wurde der Hochwasserschutz verbessert, dennoch sind die Gründe für immer größere Hochwasserereignisse vielschichtig und vielmals auf uns selbst zurückzuführen. In Zukunft treffen uns häufiger regional verortete Großniederschläge, die dann Auswirkungen auf flussnahe Siedlungen haben werden (UBA 2019).

In der Vergangenheit war die Steigerung der Nutzflächen in Deutschland ein wesentlicher Antrieb, um Gewässer auszubauen und deren Verlauf zu ändern. Im 20. Jahrhundert stiegen die Autarkiebestrebungen an. Zudem war das Land durch die Notsituationen der Weltkriege bestrebt, auch die Kultivierung nasser Standorte wie Niederungen und Moore zu fördern. Somit wurde auch der Blick auf die wertvollen Auen gerichtet. Durch die Begradigung der Bäche und Flüsse konnten hektarweise Nutzungsfläche erzeugt werden, die für die damalige Grundversorgung wichtig waren (Dahl et al. 2005; Kuhn 2006). Da schwingt bei mir wieder der Satz einiger Bürgerinnen und Bürger in meinen Ohren »Unsere Vorfahren haben sich schon was dabei gedacht, die Gewässer auszubauen«. Nur weil vor 100 Jahren so gedacht wurde, bedeutet dies nicht, dass wir jetzt keine Änderungen vornehmen sollten. Im Erzgebirge finde ich es sehr erstaunlich, dass die ausgebauten

Gewässer nach 100 Jahren immer noch standfest sind. Eine schnelle Revitalisierung des Gewässers ist in den meisten Fällen nicht gegeben. Erst nach großen Niederschlagsereignissen zeigen sich erste »wunde« Stellen. Die eingebauten Bruchsteine sind derartig ineinander verkeilt, dass ein Aufbruch selbst mit dem Bagger schwierig ist. Aus diesem Grund sind noch kilometerlange Strecken vollständig ausgebaut und begradigt.

Im Vergleich dazu werden unsere Gewässer heute unter anderen Prämissen ausgebaut, verfestigt und in einen starren Zustand gebracht. Keine Frage, in einigen Regionen sind solche Maßnahmen für eventuelle Katastrophen mildernd. Doch was passiert, wenn alles im Gewässer ausgebaut wird und die Fließstrecken eingeengt werden? Das Wasser schießt regelrecht durch die Ortschaften. Wie eine Mühle mahlt das Wasser an den Mauern, auf der Suche nach den kleinen Schwachpunkten im Bauwerk, und wie Sie sich vorstellen können, entstehen diese im Laufe der Zeit.

Das Wissen und die jeweiligen Techniken zur Verbesserung der Gewässer sind im großen Maße erörtert. Seit Jahrzehnten arbeiten unzählige Wissenschaftlerinnen und Wissenschaftler an der Fragestellung, wie wir nachhaltig unsere Gewässer schützen können. Vielen ist klar, der Fluss braucht mehr Platz zum Arbeiten. Wird der Platz, in Fachkreisen auch »Entwicklungskorridor« genannt, geschaffen, mildern sich die Hochwasserschäden ab. Nach den jüngsten Hochwassern ist hierbei schon einiges geschehen. Den Gewässern wird in einigen Fällen der nötige Platz zugeteilt, doch meines Erachtens ist dies viel zu wenig. Des Weiteren ist auch der vorhandene Platz und dessen Bewuchs von Bedeutung. Das Rückhaltevermögen steigt an, wenn die Überflutungsflächen mit natürlicher Vegetation bestückt sind. Das liegt an der Rückstauwirkung, welche wiederum den Abfluss verlangsamt. Dies hat den Vorteil, dass die Hochwasserwelle abgeflacht wird und der Hochwasserschaden minimiert werden kann. Hier lernen wir, dass der naturnahe Zustand eines Gewässers die einfachste Lösung der Hochwasserproblematik ist. Und schauen wir realistisch in die Zukunft, dann wird uns dieses Thema zukünftig noch intensiver beschäftigen (BfN 2022).

An dieser Stelle ist genau zu analysieren, wie wir Menschen mit unseren Lebensweisen Einfluss auf das Hochwassergeschehen nehmen. Meine ehemalige Gemeinde ist verstärkt 2013 durch ein Hochwasser überrumpelt worden, da die Autobahnentwässerung in den naheliegenden Dorfbach eingeleitet wurde. Die Ausmaße waren wirklich verheerend. Die Versiegelung unserer Flächen ist wahrhaftig ein Problem. Laut Umweltbundesamt sind schon allein rund 45 Prozent der Flächen in Siedlungen und Verkehrstrecken versiegelt. Zum Glück nehmen die Anteile an Versiegelungsflächen seit dem Jahr 1993 ab. Dennoch ist noch etwas Luft nach oben (UBA 2024). Es ist wichtig, dass der Mensch seine Rolle in der Natur akzeptiert und anerkennt. Mutter Natur ist stärker, geduldiger und viel weiser, als wir je sein werden. Wer glaubt, diese Kraft bändigen zu können, wird kläglich scheitern. Je mehr wir mit Mauern, Dämmen oder hohen Schutzwänden gegen diese Kraft ankämpfen, umso größer und gewaltiger wird diese. Es ist Zeit zum Umdenken. Wir dürfen uns die Frage stellen, wie wir zukünftig mit der Natur leben wollen. In einem späteren Kapitel dieses Buches werden Sie verstehen, dass nicht nur der Hochwasserschutz mit der natürlichen Entwicklung der Gewässer sichergestellt wird, sondern auch der Schutz unserer wichtigsten Ressource – dem Wasser.

Die Kraft des Wassers und deren Nutzung

Das Wasser im Gewässer sollte fließen oder nicht? Ist ein Anstau, gerade im Hinblick auf die derzeitige CO_2-Debatte sinnvoll, um CO_2-neutralen Strom zu produzieren? Geht das überhaupt, CO_2-»neutralen« Strom herstellen, und das aus Wasserkraft? Diese Thematik trifft mich leider viel zu oft und wirkt entsprechend sehr zermürbend. Eins kann ich vorwegnehmen, Wasserkraft ist nicht die einzige und beste Lösung und wird es in Zukunft auch nie werden. Ich habe schon die wunderbaren CO_2-Massen zitiert bekommen, welche durch die Wasserkraftanlage eingespart werden. Für Unwissende klingt das wunderbar und entspricht den gesetzten Zielen der CO_2-Einsparung. Andere Menschen sagen zum Thema Wasserkraft auch so was wie: »Aber so ein Wasserkraftwerk tut doch keinem etwas« (Zitat: Michael Kretschmer [CDU], Freie Presse, 01.08.2019). Es zeigt die Unwissenheit der ökologischen Folgen eines Wehres und einer Wasserkraftanlage.

Leider spielt die Wissenschaft nicht ganz mit, denn Untersuchungen von Bridget et al. (2016) oder Scherer & Pfister (2016) deuten vielmehr auf eine CO_2- und Methanfreisetzung durch den vorhandenen Stauraum einer Wasserkraftanlage. Jede Wasserkraftanlage besitzt einen Wehrkörper, der das zufließende Wasser anstaut. Dieser Stauraum ist durch geringe Fließgeschwindigkeiten und Ablagerungsprozesse gekennzeichnet. Abgelagerte Stoffe werden durch Bakterien und andere Mikroorganismen im sauerstofflosen Milieu zersetzt, und dann passiert das Undenkbare, es wird Methan ausgestoßen. Dieses Gas ist leider über 30-mal stärker in der Treibhausförderung als CO_2. Vergangene Untersuchungen haben auch gezeigt, dass vor und hinter den Wehranlagen ordentlich Methan emittiert wird. Es ließen sich 80-fach höhere Werte ermitteln als in wehrfreien Bereichen (Mäck 2014). Es zeigt sich, dass wir ein großes Konfliktpotenzial mit unseren Wasserkraftanlagen erzeugen können. Durch die fehlenden Turbulenzen verringert sich zudem die Eintragung von Sauerstoff im Staubereich, wodurch ein Sauerstoffdefizit entstehen kann. Für die Organismen, die auf Sauerstoff angewiesen sind (sogenannte »aerophile Arten«) stehen dann die Karten nicht sehr gut. Die Forelle und die Äsche können, schon aus hydrochemischer Sicht, in solchen Staubereichen nicht besiedelt werden. Was viele auch nicht wissen, ist, dass die Wildbettabgabe, also die dem Gewässer zurückgeführte Wassermenge, oft nicht ausreicht und die Ausleitungsstrecken viel zu lang sind. Weiterhin ist eine Gefährdung der Fische beim Passieren der Wasserkraftanlage nicht ausschließbar. Gerade dann, wenn diese nicht dem neusten Stand der Technik entsprechen (Füllner et al. 2016). Ich habe schon oft ausgetrocknete Flussbetten gesehen, die durch eine falsche Wassernutzung entstanden sind, oder einzelne Anlagen, an denen die Fische direkt in die Turbine geleitet wurden. So etwas kann man dann den »Fischhäcksler« nennen. Hierbei sind auch Sie gefragt, denn Nachfragen kostet schließlich nichts, also seien Sie mutig und fragen Sie bei der Gemeinde oder Stadt nach, wenn Ihnen etwas Spanisch vorkommt. Je größer der Druck, desto mehr passiert auch in diesem Land.

Die Nutzungseffizienz von Wasserkraftanlagen ist aus ökologischer Sicht fragwürdig und wird jedoch nur geringfügig behandelt. Derzeit wird mit hohem Druck an der Durchgängigkeit der Wehre gearbeitet. Jedoch ist oftmals nur die Durchgängigkeit für Fische geschaffen. Sediment, Wasserinsekten oder andere Organismen sind meistens nicht in der Lage, die Barrieren zu überschreiten. In diesem Sinne ist es noch nicht die vollständig ausgereifte Lösung. Es kommt selten vor, aber in diesem Zusammenhang muss ich unsere alten Vorfahren loben. Schon im tiefsten Mittelalter wurde die Problematik der Spätfolgen von Wehren festgestellt. Was viele nicht wissen, ist, dass die Fischerei eine bedeutsame Rolle in der Ernährung der Bevölkerung gespielt hat. Alle größeren Flüsse dienten der Fleischbeschaffung. In diesem Zusammenhang wurden rückläufige Fangerträge festgestellt und schon zu dieser Zeit mit den Querverbauungen in Verbindung gebracht. Unfassbar aber wahr, dass die alten Vorfahren versucht haben, diese Bauwerke mit Tonröhren oder anderweitigen Baumaßnahmen durchgängig zu machen, damit ihre Fischerträge wieder stiegen. Es gab sogar schon im 16. Jahrhundert Regelungen für die Wasserabgabemenge (Mindestwasser) und Passierbarkeit von Wehranlagen. Es zeigt sich: Die Auswirkungen von Wehren im Gewässer sind seit langer Zeit bekannt und dokumentiert. Es ist keine neue Erfindung, die mit dem 20. oder 21. Jahrhundert in Verbindung gebracht werden kann (Füllner et al. 2016).

In diesem Zusammenhang ist es mir regelrecht eine Pflicht, ein Umdenken im Thema der Wasserkraft anzuregen, denn die ökologischen Auswirkungen einer solchen Anlage übertreffen den Klimaschutz bei Weitem. Was bringt uns eine Anlage, welche zwar neun Tonnen CO_2 einspart, aber dafür vier Kilometer Fließstrecke zerstören, die Methanproduktion im Stauraum erhöht und so zu einem Treibhauseffekt beiträgt? Wie von Zauberhand wird ganz nebenbei noch die Durchgängigkeit von Wasserorganismen negativ beeinflusst und dem Landschaftsbild die Schönheit geraubt. Zuzüglich werden, wie schon einmal erwähnt, viele Fische durch die Turbine getötet. Das gilt vor allem bei älteren Anlagen, bei denen noch keine weiteren Schutzmechanismen vorhanden sind (Füllner at al. 2016). Lassen Sie sich alle diese Punkte mal in Ruhe durch den Kopf gehen! Was viele nicht sehen, ist die ökonomische Effizienz dieser Anlagen. In vielen Fällen wurden diese billig erworben und konnten mit wenig Aufwand Strom produzieren, und das Tag für Tag. Die Prozesse bei einem Rückbau sind mitunter so zermürbend, dass die Anlage entweder stehen bleibt oder wieder in Betrieb genommen wird, obwohl die ökologischen Auswirkungen drastisch sind. Heutzutage werden oftmals lange juristische Verfahren durchgeführt, um Einigkeit in der Wehrthematik zu erlangen. Ich kann es sehr gut nachvollziehen, dass die jeweiligen Sachbearbeiter*innen viel Kraft und Energie benötigen, um kleine Erfolge zu erzielen. Wenn Sie selbst ein*e Wehrbesitzer*in sind, können Sie wirklich etwas sehr Gutes vollbringen, indem Sie den Rückbau der

Anlage zulassen und diesbezüglich Ihr Einverständnis geben. Klar sind die ökonomischen Interessen gegeben, aber wir dürfen die Wichtigkeit unserer Wasserressource nicht vergessen. Ich kann Ihnen versichern, dass schon viele diesen Weg gegangen sind und Ihre Ansprüche fallen gelassen haben. Diesen Leuten kann ich nur meinen Dank aussprechen!

Im Oktober 2021 hatte ich ein sehr interessantes Gespräch mit einem großen Wasserkraftanlagenbetreiber. Wir haben uns sehr vertiefend die Vor- und Nachteile des Betriebs solcher Anlagen vor Augen geführt. Solche Gespräche kann ich persönlich immer empfehlen. Es ist besser, miteinander zu sprechen statt gegeneinander ohne direkten Blickkontakt. Als ich meine Bedenken und die Auswirkungen schilderte, machte sich ein großes Verständnis breit. Nur die wenigsten wissen von der Zerstörung der Sohle im Einstaubereich durch solche Wasserkraftanlagen. Aus dem Gespräch heraus hatte ich den Eindruck, dass sich die Betreiberinnen und Betreiber nicht immer im Klaren sind, wie die Ökosysteme in Verbindung stehen und miteinander agieren. Ich erzählte dann eine Geschichte von einer meiner Gewässerbegehungen der Zschopau. An diesem Fluss befinden sich sehr große Wasserkraftanlagen mit großen Staumauern. An sich sehen diese Baukonstruktionen interessant aus. Es ist beeindruckend, wie unsere Vorfahren in den 1920er-Jahren solche Bauwerke gestemmt haben. Jedenfalls sind die Stauräume solcher Anlagen riesig. Da kann es schon einmal vorkommen, dass das Fließgewässer auf einer Strecke von drei bis vier Kilometern stillsteht. Aus diesem Fließgewässer wird dann also ein Standgewässer. Am Tag meiner Begehung hatte ich eine kleine Rast gemacht, um mir den Stauraum des Wehres einmal genauer anzusehen. Nun raten Sie mal, was ich dort beobachten konnte. Es zogen gemütlich mehrere Gruppen großer Schuppen- und Spiegelkarpfen in der Zschopau umher und wühlten im Schlamm nach kleinen Würmern und anderen Tierchen. Anglerinnen und Anglern schlägt in so einem Moment das Herz höher, und es zuckt in der Angler*innenhand, aber einen Hydrobiologen kommen die Tränen. Normalerweise sollten keine Karpfen in einem Gründling-Rotaugen-Gewässer vorkommen. Typischerweise findet man dort Gründlinge, Döbel, Schmerlen, Rotaugen und in kleinen Anteilen (ein bis vier Prozent) auch Forellen oder Äschen (LfULG 2007). Gerade die beiden letzten Fischarten sind leider in stark verschlammten Fließgewässerbereichen nicht anzutreffen (Gebhardt & Ness 2005). Da das noch nicht ausreicht, sind gleich mehrere solcher großen Wehranlagen hintereinander gebaut. »Willkommen, Klimaschutz und Naturschutz, wir Menschen laufen am Leben vorbei«, sprach ich zum Abschluss. Es wurde still – um genau zu sein, herrschte Funkstille. Dann kam der unerwartete Satz, »Sie haben da wirklich recht, das kann nicht die Lösung sein«. Miteinander reden bringt immer etwas, vor allem, wenn es sachlich abläuft. Ein nächster ehrenhafter Schritt war es, dass mich der Anlagenbetreiber fragte, wie denn dieses Defizit eventuell in Zukunft beseitigt werden könnte und dass er bereit wäre, Anpassungen an seinen Anlagen vorzunehmen. Ich war fassungslos, da ich mit solch einer positiven Reaktion bei Weitem nicht gerechnet habe. Im Nachhinein dachte ich mir dann, nur so kann Entwicklung nachhaltig betrieben werden. Alle Fachbereiche sitzen in einem Raum und basteln und tüfteln an Lösungen für die Probleme unserer heutigen Zeit. Ich bin mir sicher, dass Wasserkraftanlagen, welche nicht rückgebaut werden können oder einen sehr großen Stromumsatz haben, den Ansprüchen der Zukunft gerecht werden könnten. Die Grundlage dafür liegt in der Kommunikation und dem Fachaustausch auf einer sachlichen und nicht emotionalen Ebene.

Dennoch bevorzuge ich den Rückbau der nicht benötigten und illegal betriebenen Wehre. Interessant an dieser Stelle ist dann der Moment, wenn eine Wehranlage zurückgebaut wird. Ich durfte schon bei einigen Abrissen teilnehmen und war immer wieder erstaunt. Die Kraft des Wassers ist so atemberaubend und beeindruckend, dass ich immer wieder Gänsehaut bekomme. Es ist ein strahlender Moment, wenn der Bagger zum Abriss ansetzt und die Anlage aufbricht. Von außen sieht es so aus, als würde das Wasser vor Freude durchschießen wollen. Wenn die ersten Wehrstücke entnommen sind, kann das Gewässer sich frei bewegen, was sich schnell beobachten lässt. Es strömt und platscht und rauscht, auf einmal bekommt das Gewässer einen eigenen Ton, den es vorher nicht gab. An einer Wehranlage an der Flöha hatte sich nach dem Abriss ein schönes »Riffle« gebildet, das ist ein Bereich im Gewässer, den man als seichte Stromschnelle bezeichnen kann. Als Hydrobiologe schwebt man dann auf Wolke sieben, da das eine der bedeutendsten Ereignisse in der beruflichen Laufbahn darstellt. Dieser wunderbare Klang des rauschenden Wassers ist Musik in meinen Ohren. Es klingt wie eine besondere Art der Danksagung, da das Gewässer wieder fließen und »leben« kann.

Sehr oft ist dann schon nach wenigen Tagen eine völlig andere Gewässerstruktur vorhanden als vor dem Wehrabriss. Solche Erlebnisse haben einen großen Eindruck bei mir hinterlassen. Wir sollten als Menschen den Fluss oder Bach nicht anstauen, sondern seine Eigendynamik fördern. Schließlich reden wir von einem Fließ- und keinem Standgewässer. Anführend daran ergibt sich noch mal eine wunderbare Situation, denn nach mehreren Jahren sucht man selbst die ursprüngliche Stelle des rückgebauten Wehrs. Die Natur holt sich, wenn sie kann, ihr Eigentum wieder zurück. Nach zehn Jahren ist dann wirklich nichts mehr zu erkennen. Sie als Wanderer oder Wanderin sehen dann nur noch einen natürlichen Fluss friedlich dahinfließen. Seien Sie ehrlich, ein natürlicher Flussverlauf ist eine Augenweide im Vergleich zu einer großen Wehranlage. Gern werfe ich die Blicke in die Nachbarländer, und siehe da, in Frankreich konnte der große Vezins-Staudamm zurückgebaut werden. Forscher*innen konnten im Zuge des Rückbaus wieder Meeresneunaugen, Aale und Lachse im Fluss Sélune feststellen, ein wahrer Erfolg. Für Europa ist es ein starkes Zeichen (Fergal MacErlean 2024)!

Die technischen Wehre sind das eine, aber wie sieht es mit unseren Naturbaumeister – dem Biber – aus? Dieser baut bei wiederkehrenden Wasserschwankungen und Wasserständen unter 50 Zentimeter Staudämme, um eine Regelbarkeit des Wasserstandes in seiner Höhle hervorzurufen. Denn das Wasser bietet dem Biber den nötigen Schutz in seiner Biberburg. Feinde wie der Fuchs oder der Dachs können so nicht hinein, da sie sonst im Wasser abtauchen müssten. Sein Revier kann unter Umständen ganze fünf Kilometer betragen (NABU 2013). Sind solche Dämme dann auch eine Beeinflussung der Fließgewässer? Ich durfte schon in Biberstein im Landkreis Mittelsachsen die Überreste eines Biberdamms bestaunen und dessen Wirkung beobachten. Im ersten Moment gelten ähnliche Bedingungen wie bei einer technischen Anlage, da der Stauraum die Fließgeschwindigkeit verringert. Es kommt ebenfalls zu einem Abbau des angesammelten Schlamms. Doch der Biber bringt Vielfalt in die Gewässer und fördert somit auch die Struktur. In Biberstein gab es wirklich einen großen Anstau des Wassers. Da aber das Wasser fließen wollte, wurden kurzerhand andere Wege gesucht. Bei einer technischen Anlage ist das schon mal nicht möglich. In diesem Fall kam es zur Überflutung einer Viehwiese, sodass der ursprüngliche Gewässerverlauf abgeändert wurde. Dem Biber war es anscheinend egal, da der allgemeine Wasserstand ausgereicht hat. Nach einiger Zeit verschwand der Biber wieder, und seitdem ist an der ursprünglichen Biberverbauung eine Gewässerverzweigung vorhanden. Um dieses Resultat planerisch und bautechnisch umzusetzen, hätte es viele Jahre der Genehmigung benötigt. Der Biber hat es einfach so durchgezogen. Zwar staut der Biber die Gewässer teilweise an, dennoch unterliegt alles einer Dynamik, welcher dem Fließgewässer zugutekommt. Eine technische Anlage bleibt so lange erhalten, bis ein Abriss erfolgt. Dem Fließgewässer werden nur geringfügige Ausweichmöglichkeiten (zum Beispiel Umgehungsgerinne, Fischaufstiegs- und -abstiegsanlagen) angeboten. In weiten Bereichen, an denen keine Siedlung vorzufinden ist, befürworte ich die Ausbreitung des Bibers. Kritisch sehe ich den Fraßdruck auf die wenigen Ufergehölze. Ich kenne einige Bereiche, an denen die letzten Eichen oder Pappeln umgehauen wurden. Nach den waghalsigen Fällaktionen steht da leider kein Schatten spendender Baum mehr. Gespannt blicke ich dennoch in Richtung Zukunft, denn die Entwicklungen der Biberreviere sind vorerst nicht immer ganz zu erblicken. Den Menschen, die Sorgen oder Bedenken gegenüber der Biberthematik haben, kann ich nur sagen, dass ein Miteinander tatsächlich möglich ist. Auch hier zählen der gemeinsame Dialog und der Erfahrungsaustausch zwischen den Menschen.

Während einer Baubesprechung draußen am Gewässer hielt neben uns ein fremdes Auto. Heraus kam ein großer, korpulenter Mann mit dicker Bomberjacke und finsterer Miene. Eilig kam er in unsere Mitte gelaufen, und wir ahnten, dass es jetzt Ärger geben wird. Ohne große Umschweife kam er direkt zur Sache und fragte: »Seid ihr von der Biberbande?« Ohne mit der Wimper zu zucken antwortete ich: »Haben wir etwa ein Biberbild auf unserer Baujacke kleben?« Daraufhin war das Eis schon mal gebrochen, und alle fingen an zu lachen, sogar der große, eben noch grimmig aussehende Mann. Danach schilderte er uns sein Problem. Der Biber hatte seinen ganzen Obstgarten umgelegt und abgefressen. Seine geplante Apfel- und Birnenernte fiel dem Biber zum Opfer. Anscheinend schmeckte ihm die Rinde der Bäume besonders gut, oder er war sich bewusst, wen er damit ärgern konnte.

Nach wenigen Minuten konnten wir den Mann an die zuständige Behörde weiterleiten, wo ihm dann geholfen wurde. Der Biber kann schon für die eine oder andere zugespitzte Situation sorgen, allerdings sollten wir diese ohne große Gefühlsausbrüche verarbeiten. Ich begegne sehr oft Menschen, die ihre Bibergeschichten gern preisgeben und denen die nötige Hilfe fehlt. Das geht beispielsweise schon bei der Verkehrssicherung der Bäume los. Wenn Sie ein Grundstück an der Straße haben, und die darauf wachsenden Bäume werden angefressen und stellen somit eine Gefahr für Leib und Leben dar, wird das Verständnis für den Biber bei manchen Menschen kleiner. Denn Sie als Grundstückseigentümer*in sind für Ihre Flächen verantwortlich, außer Sie haben die Verkehrssicherheitspflicht vertraglich anders geregelt. Bei meinen Begehungen bekomme ich so manche Geschichten mit. Ein Anglerverein berichtete, dass die Wasserzufuhr ihres Vereinsgewässers vollständig zum Erliegen gekommen ist. Der Biber hatte zwar neue Wasserflächen erzeugt, aber ein schon altes Biotop stand anschließend trocken. Wie Sie merken, ist dieses Thema sehr spannend und birgt so manchen Gesprächsstoff.

Der Blick nach unten lohnt sich

Seit einigen Jahren fällt uns Menschen auf, dass wir nicht nur oberirdisch Einfluss auf unsere Umwelt nehmen, sondern auch unterirdisch. Wir haben die Macht, die Lebensgemeinschaften im Grundwasser zu beeinflussen. Die von uns geschafften Veränderungen sind nicht sofort sichtbar, da wir selbst nicht in die Tiefen des Grundwassers blicken können. Was der Mensch nicht sieht, das ist ihm vorerst auch nicht sehr wichtig und bedeutsam. Nicht ohne Grund wird oft gesagt: »Aus den Augen, aus dem Sinn«. Doch zum Glück ist es in dieser Zeit möglich, Forschungen zu betreiben, um auch diese Veränderungen sichtbar machen zu können. Die daraus resultierenden Bilder sind für uns Menschen greifbar und gut verständlich. Wie ich bereits in Kapitel 16 erläutert habe, sind unsere Lebensgemeinschaften in den Tiefen des Grundwassers hoch spezialisiert und unterliegen seit langer Zeit keinen erheblichen Schwankungen. Doch einiges hat sich seit dem ständigen Städtewachstum und dem Ausbau freier Flächen getan. Wir Menschen nehmen durch unsere großen Siedlungsgebiete direkten Einfluss auf die Grundwassertemperatur im städtischen Bereich. So konnten die Untersuchungen von Menberg et al. (2013a) aufzeigen, dass die Grundwassertemperatur im Stadtgebiet oft mehrere Grad Celsius erhöht sein kann. Hierbei bilden sich sogenannte Wärmeinseln, die nicht mit Erholungsinseln im übertragenen Sinne verwechselt werden dürfen. Im Normalfall liegen die Grundwassertemperaturen in Deutschland zwischen neun und 14 Grad. Die Temperaturschwankungen liegen lediglich bei einem Grad (Thiem et al. 2021). Große Städte wie Köln oder Frankfurt erreichen dann schon einmal Temperaturen von über 16 Grad, oder im Spitzenfall mehr als 20 Grad, wenn wir die Stadt München einmal als Beispiel nehmen (Zhu et al. 2010; Dohr 2011; Menberg et al. 2013a; 2013b). Im Umkehrschluss müssen wir festhalten, dass unsere Städte zur Erwärmung unseres Grundwassers beitragen und somit einen direkten Einfluss auf die Lebensbedingungen unserer Grundwasserorganismen nehmen. Diese kleinen Lebewesen sind wiederum zuständig für die Selbstreinigung des Wassers (Danielopol et al. 2003). Dieser Reinigungseffekt wird letztlich als »Ökosystemleistung« zusammengefasst (Griebler & Avramov 2014) und ist dabei ein maßgebender Faktor der Wasseraufbereitung.

In der heutigen Zeit spielt beispielsweise die Erderwärmung zur Energiegewinnung eine nicht irrelevante Rolle. Laut Umweltbundesamt (Texte 54/2015) liegen aber nur wenige Untersuchungen vor, welche die Auswirkung von Erdwärmeanlagen auf das Leben von Grundwasserorganismen beschreiben. Aus meiner Sicht ist immer mit Vorsicht an solche Energiegewinnungsmethoden heranzugehen. Die Grundwasserorganismen sind hoch sensible Lebewesen, die sich an eine sehr konstant bleibende Umwelt über lange Zeit angepasst haben. Schwankungen in der Temperatur sind da logischweise alles andere als gut. Allgemein ist bei jeder Energiegewinnung abzuschätzen, was die Entnahme für das angrenzende Umweltsystem mit sich bringt. Wahllos zu handeln könnte einen erheblichen negativen Rücklauf erzeugen, der uns dann Jahre später hart treffen kann. Ich sehe die Zukunft eher in der Sparsamkeit und im bedachten Verbrauch von Ressourcen, ganz dem Motto: »Weniger ist manchmal mehr!«.

Biologische Bedeutung des Ausbaus

Es lässt sich schon vorwegnehmen, dass jeder technische Eingriff im Gewässer Einfluss auf die Ökologie nimmt. Wie bereits im vorherigen Kapitel erwähnt, können diese Eingriffe ganz verschieden sein. Vom komplett ausgebauten Fließgewässer bis hin zu einem natürlichen Verlauf ist alles in unserem Land zu beobachten. Wie Sie jetzt schon wissen, verändern wir schon seit Jahrhunderten die natürliche Entwicklung unserer großen sowie kleinen

Fließgewässer. Wird ein Gewässer ausgebaut, spreche ich nicht mehr von einem »lebendigen« Fluss oder Bach. Meines Erachtens wird ein Gewässer erst lebendig – im übertragenen Sinne –, wenn dieses sich natürlich und frei entwickeln kann. Dies gilt auch für seine angrenzenden Auenlandschaften. Die Erkenntnis sollte sein, dass naturferne Gewässer keine guten Lebensräume darstellen und unsere gewollte Artenvielfalt hemmen. Fließgewässer sollten keine begradigten Kanäle sein, welche wunderbar das Hochwasser abfließen lassen, aber wenig Platz für eine Vielzahl an Arten bieten. An zahlreichen Stellen in Deutschland ist der schlechte Zustand unserer Gewässer behebbar. Die Umsetzungserfolge entscheiden wir als Bürgerinnen und Bürger mit!

Haben Sie schon einmal während eines Regenfalls die kleinen Rinnsale auf den Straßen beobachtet? Oder noch besser auf einem Feldweg, welcher leicht ausgespült wird? Ich beobachte gern diese Miniaturgewässer und lerne, den Fluss des Wassers besser einzuschätzen. Wasser verzweigt sich im Laufe seines Weges, und das ist auch gut so. Auf einem Feldweg werden Sie keine ausgespülten, begradigten und perfekt ausgemessenen Kanäle finden. Bei der Beobachtung solcher kleinen Phänomene werde ich immer ganz versonnen und verliere mich in Gedanken. Ich denke dann über die Natur nach und wie wir sie beeinflussen, oder besser gesagt beherrschen, und bändigen wollen. Meiner Meinung nach verfehlt das unsere Bestimmung des Lebens, denn schließlich stammen wir aus der Natur. Wir waren vor langer Zeit eins mit ihr, und heute verlassen wir Stück für Stück unseren Lebensraum und wundern uns, weshalb wir erkranken oder unglücklich im Leben sind. Auch wir Menschen haben spezifische Lebensraumansprüche, wenn ich unseren Körper betrachte. Ein natürliches Umfeld ist auf allen Ebenen für uns Menschen förderlich und trägt zu einem zufriedeneren Leben bei. Zumindest spüre ich es am eigenen Leib, wenn ich viel Zeit im Wald oder an meinen Lieblingsbächen verbringe. Die gesundheitlichen Effekte der Natur wurden meiner Meinung nach im Buch »Der Heilungscode der Natur« von Clemens G. Arvay wunderbar beschrieben. Dort ließ sich sehr gut herauslesen, dass die Natur einen wesentlichen Einfluss auf unsere Gesundheit hat. Waldspaziergänge fördern sogar die Anzahl von Killerzellen im Körper! Wenn das mal nichts ist (Arvay 2018).

Würden wir unseren Lebensraum (die Natur) schätzen, lieben und respektvoll behandeln, dann wären nur wenige Bäche oder Flüsse angestaut, begradigt, eingeengt, umverlegt, verrohrt, vernichtet oder mit Häusern sowie anderen neuartigen Gebilden verbaut. Doch der waghalsige Versuch, unsere Gewässer zu verändern und immer wirtschaftlich zu nutzen, fällt uns jetzt schon auf die Füße. Ich erinnere mich gern an das Jahr 2018. Es war heiß, und der normale Jahresniederschlag blieb aus. Ich habe den Sommer in vollen Zügen genossen und war ständig baden. Die Welt war in meinen Augen perfekt, einfach Sommer in Sachsen, herrlich! Es gab zu diesem Zeitpunkt eine andere Seite, die medial die Runde machte. In dem Jahr 2018 war die Wasserversorgung von der Landeshauptstadt Dresden besonders interessant. Viele Dresdener Bürgerinnen und Bürger wissen nicht, dass 60 Prozent ihres Trinkwasser aus einem kleinen Mittelgebirgsbach stammen, der nicht einmal eine Breite von fünf Metern misst. Die Talsperre Klingenberg versorgt die Stadt Dresden zu großen Teilen mit Trinkwasser (LTV 2024). Die Bilder waren unvorstellbar, die Talsperre sah 2018 – übertrieben gesagt – aus wie eine kleine Pfütze in der Savanne. Ein einziger kleiner Fluss versorgte nun heimlich eine riesige Stadt. Wir können dankbar sein, dass Dutzende Menschen hart gearbeitet haben, damit genügend Trinkwasser da war! Ebenso ist die lebensnotwendige Wasserversorgung dem ausgezeichneten Wassermanagement zu dieser Zeit zu verdanken. Sehen Sie jetzt die Bedeutung unserer Fließgewässer? Dieser kleine Bach, der »Wilde Weißeritz« heißt, entscheidet vieles und ist unabdingbar für Tausende von Menschen. Und warum wird gerade dieses Wasser verwendet? Die Wilde Weißeritz kann sich oberhalb der Talsperre frei und natürlich bewegen. Die Auenflächen sind größtenteils vorhanden, und das Abwasser aus den Siedlungen darf nicht mehr eingelassen werden. Wenn ein Gewässer natürlich verläuft, keine Abwassereinleitungen vorweist und die Auenflächen intakt sind, ist dieses in der Lage, unser Wasser zu säubern und trinkfähig zu machen. Je natürlicher ein Gewässer ist – das schließt einen hohen Anteil an Totholz mit ein –, desto sauberer wird das fließende Wasser. Für uns Menschen ist das ein klarer Vorteil, da wir unser herrliches Trinkwasser schützen und weitestgehend sichern (UBA 2021).

Ein weiterer wesentlicher Faktor, der mit einem Gewässerausbau einhergeht, ist die Temperatur. Gerade dann, wenn dazu noch die Beschattung fehlt. Diese nimmt maßgebend, zusammen mit dem Sauerstoffgehalt, Einfluss auf unsere Fließgewässerqualität, wobei zwischen beiden Parametern ein direkter Zusammenhang besteht. Im übertragenen Sinne steigt der Sauerstoffgehalt mit sinkender Temperatur. Im Sommer stellen sich so bei erhöhten Wassertemperaturen niedrigere Sauerstoffkonzentrationen ein als beispielsweise im kälteren Herbst oder Winter. Für viele Wasserorganismen ist ein hoher Sauerstoffgehalt für das Überleben sehr wichtig (LfU 2023). Oft fehlt durch den Ausbau die vollständige Auenfläche, wodurch in den Sommermonaten keine Beschattungen für das Fließgewässer gegeben ist. Das führt letztlich zum Anstieg der Wassertemperatur im Gewässer. Dadurch kann sich ein drastischer Unterschied im Temperaturverlauf von beschatteten zu unbeschatteten Bereichen etablieren. Für temperaturempfindliche Organismen schwindet dann der Lebensraum weitestgehend (LfULG 2021). Es gibt nichts Schlimmeres als zu warmes Wasser in einem sonst kühlen Mittelgebirgsbach, bei dem die Wassertemperatur im Sommer nicht dauerhaft über 17 Grad steigen sollte. Für die Bachforelle wird es ab 25 Grad kritisch (Müller 1997). In einigen Mittelgebirgsbächen konnte ich im Sommer Temperaturen von über 29 Grad feststellen. Bei solchen hohen Temperaturen wird auch die große Bedeutung von Ufergehölzen für das Fließgewässer deutlich (Hering 2017). Schon sehr viele Autorinnen und Autoren haben auf die negativen Einflüsse von Rodungen der Gewässerrandstreifen kleiner Fließgewässer hingewiesen. Diese nehmen direkten Einfluss auf das Temperaturregime. Die Zusammenhänge sind wieder einmal schon sehr lange bekannt und erforscht, dennoch wird immer noch an einigen Stellen im Land der Gehölzsaum gerodet (Gray & Edington 1969; Ringler & Hall 1975; Lynch et al. 1984; Beschta et al. 1987; Boyle et al. 1997; Johnson & Jones 2000; Nislow 2005). Wenn ich mit meinem Auto durchs Land fahre, sehe ich sehr viele kleine Fließgewässer, welche einsam durch die Landschaft verlaufen. Meist sind diese mit Rasengitterplatten ausgebaut. Neben diesem technischen »Korsett« fehlen dazu noch die begleitenden Ufergehölze. Allein dieses Bild löst bei mir Tränen aus! Für Bachforellen stellen diese Gewässer dann leider kein Lebensraum mehr dar. In einer Studie ließ sich sogar nachweisen, dass die Bachforellen nach der Rodung der Gehölzstreifen am Fließgewässer vollständig verschwunden sind (Jungwirth 2003). Ähnliche Rückschlüsse konnten auch für die Äschen in dem Oberlauf der Orbe gezogen werden. Diese Fischart fehlte mit zunehmender Wassertemperatur (Moosmann et al. 2005). Die Temperatur nimmt nicht nur Einfluss auf die Gesundheit der Wasserorganismen, sondern auch auf die Zusammensetzung der Arten. Logischerweise verschwinden kälteliebende Organismen, wenn, übertrieben gesagt, »tropische« Wassertemperaturen an der Tagesordnung stehen. Genetisch sind viele dieser Organismen an spezifische Temperaturspannen angepasst, wodurch unnatürliche Schwankungen verheerend sind (LfU 2007).

Neben der Wassertemperatur sind auch die natürlichen Strukturen im Fließgewässer bedeutend. In vielen Maßnahmenbereichen beobachte ich sehr oft, dass beispielsweise die Sohle von begradigten Gewässern keine Variabilität zeigt. Mitunter fließt das Wasser Jahrzehnte lang geradeaus, ohne irgendeine Kurve zu schwingen, wodurch sich eine homogene Sohle ausbildet. In diesem Zusammenhang fällt der Mangel an Strukturelementen ins Gewicht. Erst diese ermöglichen eine Turbulenz im Fließgewässer, welche bei größeren Wasserabflüssen deutlich wirkt. Bei einem homogenen Abfluss (ohne Strömungsdiversitäten) ist eine ausgeglichene Verteilung der verschieden großen Kiese und Sande (Kornfraktionierung) nicht ohne Weiteres möglich. Im Laufe der Zeit bildet sich zudem ein ausgeprägter Algenteppich, der unser wichtiges Lückensystem in der Sohle abschließt. Gerade an der Flöha in Sachsen beobachte ich dieses Phänomen sehr oft. Letztendlich ist die homogene Sohle kein guter Lebensraum für unser Makrozoobenthos (die kleinen, wirbellosen Tierchen, die dort leben) und unsere Fischlarven.

Gleiches gilt natürlich für unser Ufer bzw. für die Böschung eines Fließgewässers. Durch einen vollständigen Gewässerverbau ist eine Uferentwicklung nicht möglich. Erinnern Sie sich noch an das Kapitel 17 mit dem Schwerpunkt Auen? Dort schrieb ich von den großen Entwicklungsflächen sibirischer Flüsse. Sobald ein Fließgewässer keine seitliche Eingrenzung erfährt, kann es sich durch die Landschaft arbeiten. Je nach Standort geschieht dies mal schnell und mal langsam. Dieser Entwicklungsprozess ist aber sehr wichtig, weil dadurch eine wirkliche Lebensraumvielfalt im Gewässer entsteht. Es werden dadurch tiefe und flache Bereiche geschaffen. Das Gewässer kann schmal oder sehr breit verlaufen. Es können Mittelinseln oder große und kleine Unterspülungen mit beeindruckenden Wassertiefen (Kolke) entstehen. All diese Strukturen bilden zusammen einen hervorragenden Lebensraum. Beispielsweise sucht sich die Äsche die tiefen Kolke, die Bachforelle die Unterspülungen oder gut überströmten Flachbereiche. Jede Art besiedelt ihre ganz spezielle Nische. Je mehr es solche Nischen gibt, umso größer kann auch die Artenanzahl sein. Sie sehen selbst: Wird die Entwicklung des Fließgewässers gestört oder bautechnisch verhindert, zieht das Konsequenzen mit sich. Das ist bei uns Menschen nicht anders. Der eine möchte ein Fachwerkhaus mit Garten, die andere liebt Stadtwohnungen mit lichtdurchfluteten Fenstern. Jeder Mensch hat seine Wünsche und Vorlieben an seinen Lebensraum. Der Mensch hat aber einen klaren Vorteil, er nimmt sich das Recht raus, seinen Lebensraum zu gestalten. Das Fließgewässer zieht da an manchen Stellen in Deutschland leider die schlechteren Karten.

Abschließend ist eindeutig festzustellen, dass technisch ausgebaute Fließgewässer keinen guten Lebensraum darstellen. Es sind vielmehr große Probleme mit der baulichen Veränderung (der Begradigung, dem Ausbau und dem Anstau) eines Fließgewässers zu beobachten. Für Sie habe ich in dem Kapitel »Die Chance der Verbesserung« Hinweise aufgelistet, die zum Schutz unserer Fließgewässer beitragen. Ich möchte abschließend zu diesem Kapitel mit Ihnen ein kleines Gedankenexperiment machen. Wir Menschen sind alle individuell und verfolgen unseren eigenen Weg. Nun stellen Sie sich vor, dass alle Menschen in einem Betonblock ohne Stühle sitzen und dort ihr Leben verbringen. Zu essen gibt es Haferschleim, und die Raumbedingungen sind unangenehm. Der Außenbereich ist fad, eintönig und ohne jegliche Struktur. Diese Umgebung stellt den Lebensraum dar. Abwechslung? Fehlanzeige! Jetzt die Frage an Sie: Lässt es sich so angenehm leben? Legen Sie das Buch gern zur Seite und nehmen Sie sich bei einem frischen Glas Wasser die Zeit, darüber nachzudenken.

Kapitel 24

Steht die Welt still?

Wie Sie sicherlich im Laufe dieses Buches gemerkt haben, gibt es eine Vielzahl an Defiziten, die an unseren Gewässern zu beobachten sind. Dennoch muss ich deutlich darauf hinweisen, dass Tausende Menschen in Deutschland sich derzeit damit beschäftigen, wie wir in Zukunft besser und bedachter mit unseren Gewässern umgehen können. Die Ressource – Wasser – ist bei vielen ein leidenschaftliches Thema geworden. Es werden zahlreiche Studien zur Kontaminationsgefahr und Renaturierungsfähigkeit der Gewässer durchgeführt. Erste Erfolge konnten diesbezüglich schon mehrfach erzielt werden. In Deutschland und im gesamten europäischen Gebiet wird dabei die Wasserrahmenrichtlinie (WRRL) umgesetzt. In dieser schon lang vorhandenen Richtlinie (seit dem Jahr 2000) werden ökologische Ziele erläutert, welche zu einem festgesetzten Stichtag erreicht werden sollen. Ursprünglich wurde das Jahr 2015 zur Zielerreichung favorisiert. Alle Gewässer sollten bis dato einen guten ökologischen Zustand oder ein gutes ökologisches Potenzial (für erheblich veränderte Gewässerkörper) vorweisen. Diesem Ziel sind wir nicht einmal ansatzweise nähergekommen. Das liegt nicht an den jeweiligen Bearbeitungstechniken, sondern an der starken Belastung der Gewässer und den riesigen Herausforderungen der Maßnahmenumsetzungen.

In diesem Zusammenhang kann ich einen Appell an die jüngere Generation richten. Wählen Sie sich einen Beruf oder ein Studium in dem Fachbereich »Wasser« aus, denn dadurch haben Sie die Möglichkeit, nachhaltig etwas in dieser Welt zu verändern. Die Zukunft liegt in den Händen der jüngeren Generationen, da diese den Hauptanteil der Renaturierungen übernehmen müssen (Zeitgründe!). Was ich Ihnen außerdem ans Herz legen möchte, ist, dass auch Sie als einzelne Person Berge verschieben können. Ich übertreibe mit dieser Aussage nicht, denn uns ist unklar, wie viel Macht wir besitzen. Am Ende liegt auch die Verantwortung bei Ihnen auf dem Schoß, denn wie Sie in den vorhergehenden Kapiteln gelesen haben, sind es die Menschen, die unsere Gewässer schädigen. Vielmehr sind es unsere jetzigen Gewohnheiten oder Lebensstandards, die für eine schlechte Gewässerentwicklung als Verursacher genannt werden dürfen.

Keine Angst, Sie sind mit der Verantwortung nicht allein, Sie haben viele Menschen um sich, die tagtäglich Wunder bewirken und neue Erkenntnisse und Ideen hervorbringen. Diese Menschen ermöglichen es, eine Verbesserung herbeizuführen. Ich fühle mich dazu verpflichtet, die Menschen wachzurütteln und an die Thematik heranzuführen. Das Wasser ist und bleibt überlebenswichtig. Wenn unsere Ressource so derart schlecht behandelt wird, sägen wir an unserem eigenen »Lebensast«.

In der Vergangenheit wurden zum Glück schon gute Erkenntnisse gesammelt, die uns in der heutigen Zeit helfen können. Aus den alten Gewässerentwicklungsprojekten, die vielleicht vor rund 20 bis 30 Jahren durchgeführt worden sind, lassen sich jetzt wunderbare Entwicklungen beobachten. Die gewonnenen Erkenntnisse sind eine hervorragende Basis für zukünftige Maßnahmen.

In den letzten Jahren hat sich sehr viel in Deutschland getan. Ich kann es Ihnen nur empfehlen, einen kurzen Blick auf die Seite des Umweltbundesamt (https://www.umweltbundesamt.de/gewaesserrenaturierung-projektbeispiele) zu werfen. Die angeführte Website zeigt einige Musterprojekte, bei denen erfolgreich am Gewässer gearbeitet wurde. Ein schönes Beispiel aus diesen Reihen ist die Wümme, welche auf mehrere Kilometer wieder vollständig sich selbst überlassen wurde. In diesem Projekt fand auch eine lobenswerte Zusammenarbeit aller Behörden statt, sodass eine schnelle Bearbeitung gesichert wurde. Je mehr Menschen solche Projekte fördern, desto größer wird die Wahrscheinlichkeit, dass die Resultate für alle Parteien überwältigend werden. Für unsere Auen wurden schon rund 220 Auenrenaturierungsprojekte (von 1981 bis 2020) in Deutschland umgesetzt. Dabei waren sogar Verbundprojekte enthalten, bei denen die Gewässer und dazugehörigen Auen renaturiert wurden. Die Maßnahmen konnten nur wenige Hundert Meter bis hin zu Hundert Hektar Maßnahmenfläche betragen (BMU 2021). Jedes Bundesland geht mit festen Schritten den Zielen der WRRL entgegen.

Zu meiner großen Freude beobachte ich immer häufiger, dass sich die Menschen tiefgründige Gedanken darum machen, wie wir in den nächsten Jahren unsere Wasserressourcen schützen können. Beispielsweise wird viel in der Trinkwasseraufbereitung geforscht, um die Qualität des Wassers weiter zu steigern und den Menschen das Trinkwasser im wahrsten Sinne schmackhaft zu machen. Ziel vieler Unternehmen ist es geworden, den Mitarbeitenden ausschließlich Leitungswasser anzubieten und vollständig auf Flaschenwasser zu verzichten. Es ist heutzutage auch möglich, die pH-Werte und die mineralische Zusammensetzung mit kleinen Wasseraufbereitern zu beeinflussen und dem spezifischen Tagesrhythmus anzupassen. Diese kleinen Geräte können unkompliziert am Arbeitsplatz oder beispielsweise in der Küche installiert werden. Alle Mitarbeiter*innen können so mit erstklassigem Trinkwasser versorgt werden. Solche scheinbar kleinen Maßnahmen ermöglichen einen erheblichen Widerstand gegen die Verwendung von Plastikflaschen in der Gesellschaft. Dem Wasser aus der Flasche wäre somit der Boden unter den Füßen weggerissen. Dies würde wiederum mit einer erheblichen Einsparung an Plastikmüll einhergehen und somit unsere Umwelt nachhaltig schützen. Überspitzt formuliert lässt sich sagen, dass jedes Glas Wasser aus dem Wasserhahn die Natur in Ihrer Umgebung schützt. Ihr Körper freut sich ebenso, denn nur mit sauberem und wunderbarem Wasser lässt es sich gut leben. Klima bzw. Umweltschutz kann so einfach sein, sodass Sie jetzt das Buch weglegen können, um direkt zur Tat zu schreiten. Trinken Sie ein Glas Leitungswasser!

In weiten Teilen der Erde mobilisieren sich immer mehr Menschen, um auf die verschiedenen Wasserökosysteme aufmerksam zu machen. Dabei werden unterschiedliche Methoden angewandt, die gute Wirkungen zeigen. Eine sehr faszinierende Möglichkeit ist die der Visualisierung durch Bilder, denn diese können beeindrucken, begeistern und Emotionen wecken. Es fällt uns viel leichter, mit Bildern umzugehen, als ein Journal oder einen Artikel zu lesen. In der USA hat sich beispielsweise die »Freshwaters Illustrated« Website wunderbar etabliert. Dort werden verschiedenste Wasserbewohner präsentiert, die sonst gern ungesehen bleiben. Mein erster Besuch auf dieser Website hat mich umgehauen, da die Anzahl und die Qualität dieser Bilder erstaunlich war. Das Team dieser Website hat es sich auf die Fahne geschrieben, die heimischen Wasserorganismen der breiten Bevölkerung vorzustellen. Ein Bild spricht eben mehr als 1.000 Worte. Jedenfalls finde ich es sehr lobenswert, dass ein Wandel in der Welt stattfindet. Zum einen werden Menschen auf die Natur hingewiesen, und zum anderen gibt es Menschen, die immer mehr mit dieser verschmelzen. Auf der Website kann jeder etwas dazu beitragen, die Gewässer in Bildern zu veröffentlichen. Einige Fotografinnen und Fotografen verbringen Stunden im Gewässer, um das perfekte Bild einer Elritze oder eines Karpfens zu knipsen. Die immer fortschreitende Digitalisierung kann ein gutes Mittel sein, einen Verbund zwischen den Menschen zu schaffen, wodurch Naturthemen mehr Bedeutung finden. Letztlich geht es um unseren Lebensraum, der so langsam seinen natürlichen Ursprung verliert.

Kapitel 25

Es wird in Zukunft fließen

Zu welcher Erkenntnis sind Sie am Ende des Gedankenexperiments mit der unnatürlichen Wohnumgebung der Menschen gekommen (Kapitel 23)? Ihnen ist bestimmt auch klar geworden, dass der Mensch bei solch einem Lebensraum untergeht. Es ist unsere ganze Umgebung bzw. unser Umfeld (Menschen, Situationen, Wohngebiet, Land), was uns formt und prägt. Alles ist divers und nicht homogen, wir wachsen mit der Verschiedenheit unserer Umgebung auf und spezialisieren uns entsprechend. Meinen Sie nicht auch, dass Monotonie dem Menschen schadet?

Der kritische Rückblick auf die eigene Einschätzung des durchgeführten Gedankenexperiments kann für ein besseres Gewässerverständnis genutzt werden. Denke Sie jetzt, dass ein begradigter, zum Kanal modellierter Fluss ein attraktiver Lebensraum ist? Wohl eher nicht, denn hier ist die gleiche Situation komplementär zu den Menschen gegeben. Die Monotonie schafft wenig Platz für eine größere Artenvielfalt. Alles minimiert sich dementsprechend, aus diesem Grund sinkt die Anzahl an Individuen oder insgesamt die Artenanzahl. Das Ende vom Lied ist, wir haben ein totes Gewässer, das zudem noch eine geringe Selbstreinigung besitzt. Schlussendlich stellt ein ausgebautes Gewässer kein gutes Ökosystem dar.

Doch wie der Titel des Kapitels schon sagt, steckt in der Natur eine massive Kraft, die sofort wirkt, wenn dem Gewässer wieder Platz und Freiheit gegeben wird. Sie glauben nicht, wie schnell sich wieder Fische ansiedeln lassen, wenn der begradigte Fluss aus seinem Korsett befreit wird und parallel dazu Strukturen ins Gewässer eingebracht werden. Der Revitalisierungsprozess läuft relativ schnell und unkompliziert ab. Das Ökosystem erholt sich sehr gut, wenn der Natur freien Lauf gelassen wird. Der Knackpunkt liegt in der Flächenverfügbarkeit. Um die volle Funktionsfähigkeit eines Gewässers zu erlangen, ist es wichtig, dass dieses vorerst seinen eigenen Lauf findet und an seiner Umgebung arbeiten darf. Mit dem Begriff »Arbeiten« meine ich die Bearbeitung der Sohle, der Böschung und des Ufers insgesamt. Weiterhin darf die Auenfläche wieder reaktiviert werden, damit genügend Holz, Laub und andere organische Materialien ins Gewässer gelangen. Ich habe schon Auenflächen gesehen, welche vor 20 Jahren noch Kuhwiese waren und jetzt für Laien aussehen, als wären diese Flächen schon immer Auenwald gewesen. Es ist wichtig, alle Bereiche des Gewässers in einen natürlichen Zustand zu bekommen, nur so ist eine möglichst effektive Entwicklung erreichbar. Das Gewässer renaturiert sich dann von selbst, wenn ihm die Möglichkeit dazu gegeben wird. Die Entwicklungszeitspannen von zehn bis 30 Jahren klingen im ersten Moment extrem lang, aber aus ökologischer Sicht sind sie rasant. Eine Erholung findet nach kurzer Zeit statt. Dies gibt Kraft, weiter an unseren Gewässern zu arbeiten. Denn wir dürfen nicht vergessen, dass wir selbst dieses Wasser trinken möchten. Ihr getrunkenes Wasser floss bestimmt in Ihrem kleinen Dorfbach schon einmal entlang.

Alles ist miteinander verwebt und steht in direkter Interaktion zueinander, denken Sie bitte immer daran! Vielleicht ein Anreiz für die Männerwelt: Auch das Bier entstammt aus den Gewässern unserer Heimat. Wer zukünftig seine Getränke weiter genießen möchte, der darf sich mit dem Zustand unserer Gewässer auseinandersetzen.

Nicht nur unser Bier oder das wunderbare, reine Trinkwasser werden geschützt, vielmehr schützen wir Menschen uns selbst. Denn natürliche Flusssysteme puffern sehr gut Hochwässer ab. Die Kraft der Natur, welche sich schon deutlich durch die Hochwässer 2002 oder 2013 in Sachsen gezeigt hat, kann dadurch zum Teil abgeschwächt werden. Die Auenflächen benötigen diese Überflutungen, um letztlich richtig funktionieren zu können. Es ist zwingend notwendig, dass die Flüsse ausufern und Nasswiesen, kleine Tümpel und andere temporäre Wasserreservoirs geschaffen werden.

Sind diese Flächen einmal vorhanden, siedeln sich relativ zeitnah Tiere an. Amphibien lieben die temporär überfluteten Auenflächen, da die entstandenen Tümpel wunderbare Laichplätze sind. Ich kann mich noch gut an eine Exkursion in Magdeburg erinnern, bei der eine Gewässerbegehung durchgeführt wurde. Im Auenbereich der Elbe waren nur wenige Erlen, Silberweiden und ein paar einzelne Stieleichen zu sehen. Mitten auf der großen Freifläche hörte man ein lautes »Uhhmp, uhhmp«. Im ersten Moment war es für uns ein völlig untypisches Geräusch, welches für große Verwirrung sorgte. Zeitgleich machte sich ein großes Grinsen bei unserem Professor breit, dieser erkannte nämlich den Klang der Tiere und teilte uns sofort freudig mit, dass dies Rotbauchunken (*Bombina bombina*) seien. Er führte an, dass gerade solche kleinen Tümpel die Rettungsinseln dieser Art darstellen.

Über die Zukunft einer ganzen Art entscheidet nun ein kleiner Tümpel von nicht einmal 20 Quadratmetern, und das auf einer wirklich langen Flussstrecke. Als ich fassungslos vor dem großen Tümpel stand, wurden mir wieder die Augen geöffnet. Für mich war es der Beweis, dass wir selbst schon mit kleinen Maßnahmen eine Rettungsinsel für viele Arten schaffen können. Es muss nicht immer erst ein Millionenbetrag investiert werden, damit dem Gewässer und Auen etwas Gutes getan wird. In diesem Tümpel wimmelte es zudem von unzähligen Libellenlarven verschiedenster Arten, wodurch sich auch hier die Nutzbarkeit des Reservoirs zeigt. Es beweist außerdem die Vernetzung der Systeme untereinander. Die Wasserorganismen benötigen das Laub und »Totholz« aus den Auenflächen, und die an Land lebenden Individuen sind wiederum auf die temporären Überflutungen angewiesen. Beide sind in direkter Abhängigkeit miteinander verflochten. Es funktioniert nur geringfügig, wenn eine Komponente fehlt oder kaum ausgeprägt ist. Diese Konstellation darf uns Menschen bewusst werden, damit wir unsere Lebensweise anpassen und die Kraft der Natur walten lassen können.

Es ist jetzt an der Zeit, gemeinsam anzupacken und unseren Lebensraum wieder natürlich zu gestalten. Wir alle haben die Macht, etwas zu verändern. Es liegt in der gesellschaftlichen Verantwortung und Pflicht, unseren Kindern und Enkel*innen eine intakte Umwelt zu überlassen. Es ist nicht zu leugnen, dass wir Menschen auch an einer gesunden Natur interessiert sein sollten, da diese uns Heilung und Freude bringt. Vor langer Zeit trank man bedenkenlos aus den Bächen und Flüssen unserer Heimat. Vielleicht können das unsere Nachfahren wieder erfahren! Ist das nicht ein schönes Ziel?

Kapitel 26
Die Chance der Verbesserung

Im Herbst 2021 hatte ich während einer Maßnahmenbegehung eine sehr überraschende Begegnung mit einem 70-jährigen Mann. Dieser fuhr regelmäßig über 80 Kilometer mit seinem Fahrrad durch die Natur, um sie zu begutachten. Am liebsten beobachtete er Biber bei ihrer Arbeit. Ich war total beeindruckt, allein schon von dieser sportlichen Leistung in dem Alter. Aber auch, dass er liebend gerne Naturschönheiten, so nannte er es, fotografierte, um sich auch später noch daran erfreuen zu können. Während des Gesprächs sagte er etwas, das mich tief berührte. Er schaute mir in die Augen und sagte: »Wissen Sie, junger Mann, es ist der Mensch, der hier alles zerstört und kaputtmacht. Da brauchen wir nicht nach Entschuldigungen zu suchen.« Hart, aber wahr! Deswegen möchte ich Ihnen in diesem Kapitel ein paar Anhaltspunkte mit auf den Weg geben, mit denen es Ihnen möglich ist, die Gewässer zu schützen und nachhaltig positiv zu verändern. Wie sagte es der chinesische Philosoph Laozi: »Auch eine Reise von 1.000 Meilen beginnt mit einem Schritt.« So können Sie mit kleinen Änderungen Großes bewirken. Der wichtigste Punkt für eine Verbesserung unserer Gewässer ist die Selbstverantwortung jedes einzelnen Menschen. Deswegen fangen Sie bei sich an. Mit etwas Glück folgt Ihnen Ihr Umfeld ganz automatisch. Und wenn jede und jeder von uns etwas dazu beiträgt, können wir bereits in kurzer Zeit einen großen Wandel bewirken. Abschließend möchte ich Ihnen einen wichtigen Hinweis geben: Das Arbeiten im und am Gewässer und der unmittelbar umliegenden Bereiche ist gesetzlich im Wasserhaushaltsgesetzt (WHG) geregelt und bedarf einer Ankündigung an die entsprechenden Fachbehörden. Zudem sind das Bundesnaturschutzgesetz und die entsprechenden Landesgesetze zu beachten. Sollten Sie selber tätig werden wollen, sind zwingend diese Fachbehörden mit einzubeziehen.

Was Gemeinden, Kommunen und Städte tun können

Vorträge

Eine kostenlose Vortragsreihe in dem Verwaltungsgebiet spricht Bände. Thematisiert werden sollte die Thematik Wasser im Allgemeinen, aber auch ortsspezifische Informationen (Herkunft des Wassers, Wasserverbrauch der Gemeinde, Pro-Kopf-Verbrauch, Wasser- und Abwasserpreise, Fremdversorgung, Notfallversorgung durch das Technische Hilfswerk, Gegenüberstellung des Wasserdargebots und des Wasserverbrauchs innerhalb des Jahres) mit abschließender Diskussionsrunde. Das sensibilisiert und informiert die Bürgerinnen und Bürger gleichermaßen.

Infotafeln am Gewässer

Kleine und informative Tafeln oder Schilder am Gewässer, die Jung und Alt kompaktes Wissen zum Thema Wasser und Gewässer mit auf den Weg geben. Hier gilt: Weniger ist manchmal mehr. Achten Sie daher auf knappe Zusammenfassungen mit ausreichend Bildmaterial!

Müllsammelaktionen in der Natur

Rufen Sie die Bürgerinnen und Bürger dazu auf, einmal im Jahr gemeinsam Müll sammeln zu gehen. Legen Sie dazu einen Tag fest und veröffentlichen Sie diesen in allen Ihnen zur Verfügung stehenden Medien. Gemeinsames Müllsammeln macht mehr Spaß. Es empfiehlt sich auch, das gesammelte Gut gemeinsam zu wiegen und zu dokumentieren, damit ein jährlicher Vergleich möglich wird!

Gut koordinierte Straßenreinigung

Die sehr stark befahrenen Straßen sollten regelmäßig von Niederschlagsereignissen gesäubert werden. Außerdem ist es ratsam, die Säuberungsabstände kurz zu halten, damit die befahrenen Straßen sauber bleiben und die Brems- und Reifenabriebe nicht ins Gewässer gelangen.

Gewässer- und Auenentwicklungsmaßnahmen durchführen

Dies sollte mit einer großen Öffentlichkeitsarbeit geschehen. Es ist außerdem möglich, dafür auf geeignete Förderprogramme zurückzugreifen. Dem oder der Bürgen wird es gefallen, seine/ihre Umgebung mitgestalten zu können. Gemeinsam für einen natürlichen Lebensraum!

Vorausschauendes Flächenmanagement

Man kann Flächen am und im Gewässer kaufen, um zukünftige Maßnahmen umsetzen zu können oder um sie der Sukzession zu überlassen. In diesem Zusammenhang lohnt sich eine regelmäßige Gewässerkontrolle (alle zwei Jahre), bei der interessante Flächen dokumentiert werden können. Zudem werden Maßnahmenflächen sichtbar.

Vorausschauender Umgang mit Flächennutzungsplänen

Fließgewässer haben Entwicklungskorridore, Auenentwicklungsflächen und Biotopentwicklungsflächen, die beachtet werden dürfen. Diese sollten dringend freigehalten und nicht bebaut werden. Hier gilt es auch zu beachten, dass die Flächen versiegelungsfrei bleiben. Dafür lohnt es sich, das Wasseraufkommen der Fläche bei einem Niederschlag von über 50 Litern pro Quadratmeter zu berechnen. Sie werden staunen, wie viel Wasser da zusammenkommt!

Geführte Wanderungen an einem Gewässer im Verwaltungsgebiet

Um die Heimatgewässer besser kennenzulernen, bieten sich geführte Wanderungen für die Bürgerinnen und Bürger an. Diese sollten, wenn möglich, kostenfrei angeboten werden. Um es noch attraktiver zu gestalten, wäre eine einfache Essens- und Trinkversorgung eine Überlegung wert!

Kindergärten und Schulen mit einbeziehen

Thementage oder Projektwochen starten, in denen es um das Thema Wasser geht. Wo kommt es her? Wie gelangt es in den Wasserhahn? Wo fließt es nach dem Duschen hin? Physikalisches Hintergrundwissen, Experimente,

Exkursionen zur Kläranlage, all das bringt die Kinder näher an die Thematik »Wasser« heran und schafft schon frühzeitig Verständnis.

Ebenso kann man mit den Kindern Müll sammeln gehen und eine Art Wettbewerb daraus machen, wer am meisten sammelt. Es ist außerdem möglich, einen Wasserspartag durchzuführen, an dem die Schule versucht, so wenig Wasser wie möglich zu verbrauchen. Die Dokumentation lässt sich einfach durchführen, und die Kinder haben eine Herausforderung!

Wassersparende Büros und Verwaltungsgebäude

Seien Sie das Vorbild in Ihrer Gemeinde! Sparen Sie strategisch Wasser mit geeigneten Wasserarmaturen oder Wassersparkonzepte. Der Anfang wäre dann gemacht!

Tag des Wassers feiern

Am 22. März jeden Jahres ist der Tag des Wassers. Diesen kann man öffentlich zelebrieren und darauf aufmerksam machen. Warum sollte man das wichtigste Gut auf Erden nicht feiern? Unsere alten Vorfahren haben schließlich auch jeden Gewitterguss betanzt!

Öffentliche Trinkwasserspender

Wie wäre es, wenn es draußen Wasserspender zum Durstlöschen für alle gäbe? Trinkwasser öffentlich zur Verfügung zu stellen und entsprechende Informationstafeln aufzustellen, die die Herkunft des Wassers erläutern, wäre ein großer Gewinn. Ein guter Vorreiter, an dem man sich ein Beispiel nehmen kann, ist Paris.

Was Privatpersonen tun können

In Gewässerorganisationen eintreten

Engagieren Sie sich in Naturschutzverbänden oder Vereinen, die den Schutz der Natur im Fokus haben. Es lohnt sich immer, einem Netzwerk beizutreten und als Gemeinschaft etwas Gutes zu bewirken.

Wassersparende Armaturen zu Hause installieren

Auch Sie können viel Wasser sparen und sorgsam mit dem wichtigen Gut umgehen. Gute Hilfestellungen gibt auch das Umweltbundesamt (UBA 2014a). Ganz Verrückte unter uns könnten sogar Maximalwasserabgaben von Duschanlagen einstellen. Ich kenne eine Familie, bei der ein Duschgang mit warmen Wasser maximal fünf Minuten geht. Ist die Zeit abgelaufen, kommt kaltes Wasser raus. Nur eine Frage der Programmierung! Hart, aber effektiv!

Duschen anstatt Baden

Oder für die ganz Hartgesottenen reicht auch der Waschlappen mit drei Litern Waschwasser aus. Es gab auch Zeiten ohne Dusche! Unvorstellbar, aber wahr!

Regional und saisonal einkaufen

Schauen Sie mal bei Ihrem Bauer oder Ihrer Bäuerin des Vertrauens vorbei. Vielerorts bieten auch Hobbygärtner Obst und Gemüse an. Ihre Umgebung bietet zudem auch viel Gutes zum Essen. Das Einlesen in unsere heimischen Wildkräuter kann Wunder bewirken! Fragen Sie sich zudem, ob Sie Containerware benötigen. Kaffee und Kakao legen weite Strecken zurück. Der Malzkaffee um die Ecke schmeckt auch, man muss sich nur daran gewöhnen! Halten Sie durch!

Plastikfrei bzw. unverpackt einkaufen

Hierzu kann ich das Buch von Milena Glimbovski »Ohne Wenn und Abfall« wärmstens empfehlen. So wenig wie möglich Plastikartikel kaufen. Ich weiß, es ist schwer, aber es geht! Ihr Körper dankt es Ihnen!

Reduzierter Fleischkonsum

Versuchen Sie, weniger Fleisch zu essen und es dafür mehr zu genießen. Achten Sie außerdem auf die Herkunft des Produktes.

Sparsame Nutzung des Autos oder des Motorrads

Es bietet sich immer an, Fahrgemeinschaften zu bilden. Das spart Ressourcen und schont Ihren Geldbeutel. Bestenfalls können Sie öffentliche Verkehrsmittel wie Bus und Bahn nutzen. Das Fahrrad ist natürlich auch eine elegante und umweltschonende Variante. Ihre Füße und Beine eignen sich auch wunderbar zum Laufen. Unsere Vorfahren in der Steinzeit konnten Tagesmärsche von 30 Kilometern gut wegstecken. In Afrika gibt es immer noch Stämme, die jagen Ihre Beute. Da ist es nicht untypisch, über vier Stunden bei praller Hitze durchzurennen. Diese Kraft steckt auch in Ihnen! Glauben Sie an sich!

Pflegeprodukte auf Inhaltsstoffe überprüfen

Am besten ist es, Sie legen alle Produkte in eine Kiste und packen diese in den Keller. Alles, was Sie in einem Monat nicht brauchen, fliegt in die Tonne! Den Rest untersuchen Sie nach den Inhaltsstoffen. Sie werden schnell auch die übrigen Produkte entfernen. So war es zumindest auch bei meiner Familie! Ein ganz großes Thema ist Mikroplastik!

Minimalismus im Badezimmer einführen

Braucht man wirklich fünf verschiedene Duschgele, drei Haarshampoos, acht Cremes und vier Parfüms? Es gibt viele natürliche Alternativen, und sind wir mal ehrlich, beim Duschen nutzt man doch in der Regel nur ein Duschgel oder? Es gibt auch wunderbare Seifen aus Schafsmilch in den verschiedensten Geruchsrichtungen, auch Haarseifen sind eine tolle Alternative zum herkömmlichen Shampoo. Aber auch mit Roggenvollkornmehl oder Aloe Vera kann man sich wunderbar die Haare waschen. Birkenblätter gehen auch, wenn es etwas wilder werden soll! Für die ganz Harten unter uns: Einfach die Produkte weglassen und nur mit Wasser waschen, geht auch! Die Haut wird es Ihnen danken!

Auf Second Hand setzen

Man kann sehr gut gebrauchte Kleidung kaufen und seine alten Sachen reparieren lassen. Diese dann noch schonend waschen, und schon schont man den Geldbeutel (wohlbemerkt, wenn man auch noch nähen kann) und die Umwelt! Misten Sie Ihre Kleidung aus. Brauchen Sie wirklich 20 T-Shirts und zehn Hosen?

Spenden für einen guten Zweck

Für Gewässerentwicklungsprojekte in der Heimat spenden oder seine Unterstützung anbieten. Ein Beispiel wäre hier das Wildkatzenprojekt des BUND Sachsen, bei dem viele Hundert Freiwillige die Pflanzungen im Projektgebiet vorgenommen haben.

Thematische Vertiefung

Sollten Sie Anglerin bzw. Angler sein, lohnt es sich, sich intensiv (über die Fischereiausbildung hinaus) mit der Fischökologie und dem Flussökosystem auseinanderzusetzen, ehe Sie mit dem Angeln beginnen. Auch als Nichtangler*in sehr empfehlenswert!

Umweltbewusste Aquaristik betreiben

Als Aquarist bzw. Aquaristin haben Sie eine große Verantwortung. Informieren Sie sich, woher Ihre Fischer*innen stammen. Bitte belesen Sie sich intensiv darüber, welche Arten schonend und ökosystemfreundlich gezüchtet werden. Achtung! Wildfänge sollten immer vermieden werden! Und es werden keine Fische ausgesetzt!

Leitungswasser trinken

Das spart Geld und ist rückenschonender im Vergleich zum ständigen Tragen von Wasserkästen. Sollten Sie einen eigenen Quell besitzen, dann Wasser regelmäßig testen lassen (Laboruntersuchung).

Regenwasser auffangen und zum Gießen verwenden

Wer gut sammelt, kann seine Tomaten oder Salate auch mit Regenwasser gießen. Seien Sie dennoch sparsam! Erfreuen Sie sich an dem Geschenk der Natur – dem Regenwasser.

Nutzung Wasch- und Spülmaschinen

Allgemein empfiehlt es sich, die Kleidung selten zu waschen und mehr auslüften lassen. Zu heiße Waschtemperaturen sollten ebenfalls vermieden werden. Für ein sauberes Waschergebnis auch bei niedrigen Temperaturen eignet sich ein Waschball. Dann ist auch gar kein Waschmittel mehr vonnöten. Das schont den Geldbeutel und die Natur gleichermaßen. Wer auf Weichspüler nicht verzichten kann, dem empfehle ich wenige Esslöffel Essig mit hinzuzugeben, der Geruch verfliegt beim Waschen, und die Wäsche wird wunderbar weich.

Bei Spülmaschinen können Sie natürliche Reinigungsmittel verwenden, und beim Spülen von Hand waschen wir beispielsweise nur mit einem rauen Bambuslappen ab. Durch die raue Oberfläche kann sogar Fett problemlos abgewaschen werden. Es ist kein Spülmittel mehr von Nöten! Seien Sie mutig und probierfreudig! Außerdem bietet es sich beim Spülen von Hand an, Wasser ins Spülbecken einzulassen, um dort das Geschirr zu waschen. Das spart deutlich Wasser, als jedes Stück einzeln unter den Hahn zu halten. Zudem sollte man sich eine Höchstmenge an Waschwasser überlegen. Hierbei könnten fünf Liter eine gute Grenze darstellen.

Kleidung aus natürlichen Stoffen

Naturstoffe sind die bessere Wahl! Besonders wenn es um Baby- und Kinderkleidung geht. Vermeiden Sie synthetische Stoffe wenn möglich komplett, und tragen Sie Kleidung aus Baumwolle und Wolle.

Abwasser sauber halten

Verwenden Sie chemische Reinigungs- und Waschmittel sehr sparsam oder steigen Sie direkt auf natürliche Alternativen um. Auch mit Essig, Natron und Zitronen bekommt man vieles sauber.

Die Spülstopptaste der Toilette nutzen

Die wahrscheinlich einfachste Möglichkeit, um Wasser zu sparen. Sobald alles weggespült ist, einfach die Taste drücken und Wasser sparen.

Fachliteratur zum Thema lesen oder Fachvorträge besuchen

Es schadet nie, sich in eine Thematik einzulesen und sich weiterzubilden. Sie haben jetzt ja schon einen guten Anfang gemacht! Weiter so!

Was Grundstückseigentümer*innen tun können

Land zur Verfügung stellen

Geben Sie Flurstücke am Gewässer an Gemeinden oder Gewässerunterhalter*innen ab. Diese sind immer auf der Suche nach Flächen zur Umsetzung ihrer Maßnahmen. Außerdem suchen auch Naturschutzverbände und Vereine oft Flächen für Projekte. Also seien Sie mutig!

Gewässerrandstreifen frei und unbebaut lassen

Entfernen Sie wenn möglich Bebauungen, die im Überflutungsbereich liegen. Der Streifen sollte zwischen fünf und 20 Meter breit sein und der Gewässerentwicklung dienen. Gern darf der Streifen auch viel größer sein, nach oben gibt es keine Grenzen! Grasmahd, Müll, Gartenabfälle, Brennholz, Komposthaufen und vieles mehr gehören nicht ans Gewässer und sollten entfernt werden.

Bewaldete Flächen am Gewässer der Sukzession überlassen

Versuchen Sie, bewaldete Flächen weniger zu beräumen. Das Totholz kann ruhig in der Aue verbleiben, da es einen wunderbaren Lebensraum für viele Lebewesen darstellt. Neophyten und andere für den Gewässerrandstreifen untypische Gewächse sollten allerdings entfernt werden.

Gewässerrandstreifen bepflanzen

Es ist von großem Vorteil für die Natur, wenn die Flächen am Gewässer mit heimischen Auenpflanzen bepflanzt werden. Dies können Erlen, Schwarzpappeln, Silberweiden oder auch Korbweiden sein. Sollte ein Altbestand an Bäumen in der Nähe vorhanden sein, dann reicht schon der Aufriss der Wiesenoberfläche aus, um den Baumsamen eine Chance zur Keimung zu ermöglichen (das Timing der Maßnahme ist hier wichtig!). Hilfestellungen und Pflanzhinweise können sich von der jeweiligen Fachbehörde geholt werden.

Auen entwickeln lassen

»Das Land am Wasser« (Germanische Bedeutung für »Aue«) braucht keine Bewirtschaftung, sondern gedeiht am besten, wenn man es in Ruhe lässt.

Flächenversiegelungen vermeiden

Je mehr Niederschlagswasser versickern kann, desto besser für das Grundwasser. Ein weiterer Vorteil: Sie können Geld sparen, denn dadurch zahlen Sie weniger Abwassergebühren.

Keine Wasserentnahmen am Fließgewässer

Besonders im Sommer brauchen die Flüsse und Bäche jeden Tropfen Wasser, den sie kriegen können. Dies gilt auch für die Brunnennutzung im Auenbereich eines Gewässers. Denken Sie daran: Alles ist miteinander verbunden!

Aktion »Befreiung Fließgewässer«

Entfernen Sie den Uferverbau und lassen Sie im wahrsten Sinne das Fließgewässer frei! Ohne eine technische Verbauung kann es sich erst natürlich entwickeln.

Eigendynamik des Fließgewässers zulassen

Lassen Sie Uferabbrüche bestehen und tolerieren Sie natürliche Umverlegungen des Fließgewässers. Auch umgefallene Bäume sollten liegen bleiben. Feuerholz gibt es auch woanders!

Wiese wachsen lassen

Je kürzer der Rasen im Sommer geschnitten wird, desto schneller verbrennt er. Und bevor Sie die Sprinkleranlage aufdrehen müssen, lassen Sie den Rasen doch ein paar Zentimeter weiterwachsen. Damit sparen Sie sich nicht nur das Rasenmähen, sondern können auch noch dem einen oder anderen Insekt eine Freude machen und es beim Bestäuben der Wiesenblumen beobachten.

Auf Düngung, wenn möglich, verzichten

Ihre Fläche gedeiht auch so! Zur Not können Sie auch die Qualität des Bodens im Labor verifizieren lassen. Lieber vorbeugend prüfen als im guten Glauben düngen!

Vorgegebene Praxisregeln der Behörden beachten und einhalten

Lassen Sie sich gern regelmäßig beraten. Es gibt Ihnen auch die Chance, brennende Fragen stellen zu können. Vor-Ort-Termine wirken am besten!

Durchdachte Auenflächennutzung

Bedenken Sie die Nutzung Ihrer Auenflächen: Ist dies wirklich noch rentabel, lohnt sich das überhaupt oder kann die Fläche dem Gewässer zurückgegeben werden? Eventuell Tauschflächen von dem oder der Gewässerunterhalter*in geben lassen!

Regelmäßige Flächenkontrollen

Sie werden erstaunt sein, wer da so alles wohnt. Machen Sie sich schlau und verbinden Sie sich mit Ihrem Grundstück auf wissenschaftlicher Ebene. Erfreuen Sie sich an der natürlichen Entwicklung der Flächen und erkennen Sie, welchen bedeutsamen Beitrag Sie für die Natur leisten.

Was Familien tun können

Aufklären

Erklären Sie Ihren Kindern, warum Wasser so wertvoll ist, und suchen Sie gemeinsam nach Möglichkeiten zur Wassereinsparung. Schauen Sie sich gemeinsam an, wie Sie aktuell mit Wasser umgehen.

Vorbildhaftes Verhalten an den Tag legen

Seien Sie ein Vorbild in Sachen Wassersparen und wertschätzen Sie diese Ressource ganz offen. Das, was Sie den Kindern vorleben, übernehmen diese ganz automatisch.

Müll sammeln

Gehen Sie als Familie gemeinsam in der Natur Müll sammeln. Das können Sie direkt mit einem ausgiebigen Spaziergang verbinden. Für mehr Motivation sorgt ein kleiner Wettbewerb – wer sammelt den meisten Müll? Wir haben bei unserem Sohn von Anfang an darauf geachtet, dass er erkennt, was nicht einfach so auf dem Boden liegen darf. Mit zwei Jahren ist er dann freudestrahlend mit unserem Müllgreifer umhergelaufen und hat voller Eifer den herumliegenden Müll aufgesammelt. So ist es mittlerweile total normal für ihn, dass Müll aufgehoben und entsorgt wird oder er einen Erwachsenen darauf hinweist, dass dort Müll liegt.

Heimatgewässer kennenlernen und beobachten

Damit auch Kinder von klein auf Kontakt zu Gewässern haben, besonders zu denen in der eigenen Umgebung, ist es wichtig, viel Zeit dort zu verbringen. Vielleicht gibt es ja auch bei Ihnen kleine, flache Bäche, an denen man gemeinsam Picknicken, Lesen, Spielen, Frösche beobachten oder kleine Staudämme bauen kann. Wandern Sie gern einmal zur Quelle Ihrer kleinen »Heimatbäche«. Erforschen Sie die Wasserinsekten und Schnecken. Es erwarten Sie viele Überraschungen und Geheimnisse! Nur wenn wir die Gewässer und deren natürliche Schönheit lieben gelernt haben, sind wir bereit und motiviert, diese zu schützen und zu verbessern.

Kapitel 27

Jetzt beginnt die Veränderung

Nun habe ich Ihnen eine Vielzahl an Möglichkeiten dargeboten, die Sie in Zukunft – und damit meine ich JETZT – angehen können. Der erste Schritt der Veränderung liegt in der Erkenntnis, Verantwortung zu übernehmen. Wir können diese nicht auf andere Personen übertragen. Es ist unsere private Aufgabe, eine Verbesserung zu bewirken, denn wir alle bestehen aus Wasser und sollten deshalb unsere wichtigste Ressource schützen. Aus diesem Grund gilt es, keine Zeit zu verlieren, denn die persönlichen Maßnahmen sind schließlich schnell umzusetzen. Vor einigen Jahrtausenden konnten unsere Vorfahren ohne Weiteres aus vielen Bächen und Flüssen unserer jetzigen Heimat trinken. Zwar waren diese auch abgehärtet, dennoch ist es heutzutage fast flächendeckend nicht mehr möglich, unbehandeltes Flusswasser in Deutschland zu trinken.

An dieser Stelle fällt mir noch eine kleine Geschichte eines guten Freundes ein. Dieser war vor einigen Jahren begeistert für Wildnistouren, bei denen sich tagelang in der Natur aufgehalten wurde. Für solche Trips ist ein bestimmtes Wasserreservoir notwendig. Doch um Gewicht zu sparen, wollte er Wasser aus den umliegenden Flüssen trinken. Zur Sicherheit kam noch ein Aktivkohlefilter zum Einsatz. Die erste Reise endete schließlich im Klinikum in Chemnitz, da er den Versuch gestartet hatte, Wasser aus der Chemnitz zu trinken. Noch heute spricht er vom puren Glück, dass er diesen »Trunk« überlebt hat.

Am besten fangen wir sofort mit den eigenen Maßnahmen an, es wird Ihnen einen positiven Wandel im Leben bringen, das verspreche ich hoch und heilig. Schon nach kurzer Zeit werden Sie die wahre Schönheit der Natur erkennen. Geben Sie sich entspannt dieser Aufgabe hin und horchen Sie den Flüssen zu, sie erzählen die besten und schönsten Geschichten!

Danksagung

Die Verfassung dieses Buches hat mir eine wahre Freude bereitet. Zum Glück war ich bei dem Buchprojekt nicht allein. Aus diesem Grund bedanke ich mich aus tiefstem Herzen bei meiner Ehefrau Elisabeth Anna Kuhnitzsch, die seit Anbeginn unserer Beziehung immer ein offenes Ohr für die Themen meines Fachbereichs hatte. Während des Schreibens war sie meine Lektorin, Beraterin, Kritikerin, Mentorin, Seelenklempnerin und Unterstützerin in dunklen Schreibzeiten. Wir haben zu zweit an diesem Buch gearbeitet und endlose Stunden investiert. Nicht selten saßen wir noch bis Mitternacht im Büro und haben über die Inhalte des Buches philosophiert. Ich bedanke mich weiterhin bei meinen bezaubernden Kindern, die an manchen Abenden ohne ihren Papa auskommen mussten.

Ein weiterer Dank geht an meine sehr engen Arbeitskollegen aus allen Fachbereichen, mit denen ich zu tun hatte/habe. Nur durch die gezielten Gespräche und Aufgaben bin ich zu dem Menschen geworden, der so ein Buch verfassen konnte. Ein weiterer großer Dank geht an meinen Großvater Gerhardt Gesell. Dieser hat mich in den Bann der Gewässer gezogen und mir diese Welt erst so richtig offenbart. Er trug stark dazu bei, dass ich unsere heimischen Fische lieben gelernt habe. Bedanken möchte ich mich auch bei meinen Eltern Grit und Thomas Kuhnitzsch und meinem Bruder Christian Kuhnitzsch, die mein verrücktes Teichhobby gefördert haben und somit zur Entstehung dieses Buches beitragen konnten.

Ein großer abschließender Dank geht an Sie, denn Ihr Interesse hat Sie zu mir geführt. Ich bin mir sehr sicher, dass Sie die Gewässer nun mit anderen Augen sehen und auch das Bedürfnis entwickelt haben, etwas verändern zu wollen. Für Ihren Willen und Ihre zukünftige Disziplin danke ich Ihnen von ganzem Herzen. Wichtig ist, dass Sie die Einzigartigkeit Ihrer natürlichen Umwelt erkennen und tief in Ihr Herz schließen. Erst dann ist der Mensch dazu gewillt, dieses heilige Gut zu schützen.

Vielen Dank!

Literatur

Aberg, D. / Chaplin, D. / Freeman, C. et al. (2022): The environmental release and ecosystem risks of illicit drugs during Glastonbury Festival. Environmental Research, [https://doi.org/10.1016/j.envres.2021.112061], Stand: 17.09.2022, letzter Zugriff: 09.10.2022.

ADAC (2022): Dem Mikroplastik auf der Spur: Weniger Reifenabrieb ist möglich [https://www.adac.de/rund-ums-fahrzeug/ausstattung-technik-zubehoer/reifen/reifenkauf/reifenabrieb-mikroplastik/#:~:text=Im%20Durchschnitt%20liegt%20der%20Abrieb,120%20Gramm%20pro%201000%20Kilometer], Stand: 08.04.2022, letzter Zugriff: 06.12.2024.

Adler, P. / Steger-Hartmann, T. / Kalbfus, W. (2001): Vorkommen natürlicher und synthetischer östrogener Steroide in Wässern des süd- und mitteldeutschen Raumes. [https://www.researchgate.net/publication/230493135_Vorkommen_naturlicher_und_synthetischer_ostrogener_Steroide_in_Wassern_des_sud-_und_mitteldeutschen_Raumes], Acta hydrochimica et hydrobiologica Vol. 29, Tennhardt, S. 227–241.

Adrian, M. I. / Wilden, W. / Delibes, M. (1985): Otter distribution and agriculture in south-western Spain. 17th Congress of the International Union of Game Biologists, Brussels, S. 519–526.

Albert, J. S. / Destouni, G. / Duke-Sylvester, S. M. et al. (2021): Scientists' warning to humanity on the freshwater biodiversity crisis [https://doi.org/10.1007/s13280-020-01318-8]. Ambio, 50(1), S. 85–94.

Aldridge, D. C. (1999): Development of European bitterling in the gills of freshwater mussels, in: Journal of Fish Biology 54, S. 138–151.

Anderson, N. (2017): Die Äsche [https://www.petri-heil.ch/index.php?cmspath=de/die-aesche–798], Stand: 09.10.2017, letzter Zugriff: 24.01.2024.

Bai, Z. / Liu, F. / Li, J. / Yue, G. H. (2011): Identification of Triploid Individuals and Clonal Lines in *Carassius Auratus* Complex Using Microsatellites. International. Journal. Biology. Science., 7(3), [https://www.ijbs.com/v07p0279.htm], S. 279–285.

Baldwin, D. S. / Whitworth, K. L. / Hockley, C. L. (2013): Uptake of dissolved organic carbon by biofilms provides insights into the potential impact of loss of large woody debris on the functioning of lowland rivers, [https://onlinelibrary.wiley.com/doi/full/10.1111/fwb.12296].

Banscher, E. (1976): Gesetzmäßigkeiten der Kolmationsentwicklung – Wasserwirtschaft – Wassertechnik [chrome-xtension://efaidnbmnnnibpcajpcglclefindmkaj/https://www.lfu.bayern.de/wasser/gewaesserstrukturkartierung/fliessgewaesser/doc/kolmationsstudie.pdf], S. 320–323.

Bartl, G. / Troschel H. J. (1997): Historische Verbreitung, Bestandsentwicklung und aktuelle Situation von *Alosa alosa* und *Alosa fallax* im Rheingebiet, in: Zeitschrift für Fischkunde 4(1/2), S. 119–162.

Barton, D. R. / Taylor, W. D. / Biette, R. M. (1985): Dimensions of Riparian Buffer Strips Required to Maintain Trout Habitat in Southern Ontario Streams, in: North American Journal of Fisheries Management, 5, S. 364–378.

Baumann, E. (2009): Das Bachneunauge (*Lampetra planeri*). Serie über bedrohte Fischarten in Bayern, in: Bayerns Fischerei und Gewässer 3, S. 9–10.

Baumann, M. / Stetzka, K. M. (1999): Die Wassermoosvegetation in anthropogen verschieden beeinflussten Bächen des Erzgebirges, in: Limprichtia 12, S. 164.

Beeck, P. / Ingendahl, D. / Klinger, H. (2008): Der Maifisch soll zurückkehren. Ein EU LIFE-Projekt unter der Trägerschaft des LANUV, in: Natur in NRW 33(3) [chrome-extension://efaidnbmnnnibpcajpcglclefindmkaj/https://www.lanuv.nrw.de/fileadmin/lanuvpubl/5_natur_in_nrw/50007_Natur_in_NRW_3_2008.pdf], S. 17–20.

Bejgarn, S. / MacLeod, M. / Bogdal, C. / Breitholtz, M. (2015): Toxicity of leachate from weathering plastics: An exploratory screening study with *Nitocra spinipes* [https://pubmed.ncbi.nlm.nih.gov/25828916/] Chemosphere 132, S. 114–119.

Bellmann, H. (2007): Der Kosmos Libellenführer, Kosmos Verlag, S. 1–279.

Belz, J. U. / Busch, N. / Engel, H. / Gasber, G. (1999): Vergleichende Darstellung der Ausbaumaßnahmen an Oberrhein, Mosel und Saar und ihre Auswirkungen auf Hochwasser, in: Hydrologie und Wasserbewirtschaftung 43(6), S. 283–292.

Benke, A. C. / Henry, R. L. / Gillespie, D. M. / Hunter, R. J. (1985): Importance of snag habitat for animal production in southeastern streams, in: Fisheries 10(5), S. 8–13.

Benke, A. C. / Wallace, J. B. (2003): Influence of wood on invertebrate communities in streams and rivers, in: The ecology and management of wood in world rivers. American Fisheries Society. Bethesda, Maryland (Symposium 37), S. 149–177.

Beschta, R. L. / Bilby, R. E. / Brown, G. W. et al. (1987): Stream temperature and aquatic habitat: fisheries and forestry interactions, in: Streamside Management: Forestry and Fisheries Interactions. Institute of Forest Resources, Contribution No. 57. University of Washington, Seattle, S. 191–232.

Bezzel, E. (1993): Kompendium der Vögel Mitteleuropas: Passeriformes Singvögel, Aula-Verlag, S. 1–766.

BfUL (2023): Hinweise und Empfehlungen zum Umgang mit arsen- und schwermetallbelasteten landwirtschaftlich und gärtnerisch genutzten Böden [https://publikationen.sachsen.de/bdb/artikel/19072/documents/34015], S. 2–10.

Bighiu, M. A. / Gottschalk, S. / Arrhenius, Å. / Goedkoop, W. (2020): Pesticide Mixtures Cause Short-Term, Reversible Effects on the Function of Autotrophic Periphyton Assemblages, in: Environmental Toxicology and Chemistry, 39(7), S. 1367–1374.

Bley, K. A. (1987): Moosfloristische und -ökologische Untersuchungen in Fließgewässern des Harzes, in: Herzogia 7, S. 623–647.

Blohm, H.-P. / Gaumert, D. / Kämmereit, M. (1994): Leitfaden für die Wieder- und Neuansiedlung von Fischarten. Binnenfischerei in Niedersachsen, Heft 3, Hildesheim, [file:///D:/Downloads/LF_Wiederansiedlung_AllgTeil.pdf], S. 3–80.

BMU / BfN (2021): Auenzustandsbericht 2021. Flussauen in Deutschland [https://www.bfn.de/sites/default/files/2021-04/AZB_2021_bf.pdf], S. 1–30.

BMUV (2023): Fast Fashion: Der wahre Preis der Mode [https://www.bmuv.de/jugend/wissen/details/fast-fashion-der-wahre-preis-der-mode#:~:text=Der%20gr%C3%B6%C3%9Fte%20Teil%20der%20Kleidung,von%20Bangladesch%20und%20der%20T%C3%BCrkei], Stand: 15.03.2023, letzter Zugriff: 08.02.2024.

Bohl, E. (1995): Habitatansprüche und Gefährdungspotential von Neunaugen, in: Fischökologie 8, S. 81–92.

Bohleber, P. / Schwikowski, M. / Stocker-Waldhuber, M. et al. (2020): Neue Gletscherbeweise für eisfreie Gipfel zu Lebzeiten des Tiroler Mannes aus dem Eis. Sci Rep. 10, 20513 (2020) [https://doi.org/10.1038/s41598-020-77518-9], S. 1–8.

Bopp, C. (2020): Feinstaub vom Bremsen ist ebenso gefährlich für die Gesundheit wie Dieselabgase, [https://www.aargauerzeitung.ch/leben/feinstaub-vom-bremsen-ist-ebenso-gefahrlich-fur-die-gesundheit-wie-dieselabgase-ld.1187248], Stand: 21.01.2020, letzter Zugriff: 09.02.2024.

Borchardt, D. (2015): Biodiversität und Wasser, UFZ-Thema des Monats September [https://www.ufz.de/index.php?de=36055], Stand: 30.10.2015, letzter Zugriff: 17.04.2024.

Bosch, J. (2023): Nachhaltige Modehersteller. Bei Reparaturen endet der hohe Anspruch [https://www.stuttgarter-nachrichten.de/inhalt.nachhaltige-modehersteller-bei-reparaturen-endet-der-hohe-anspruch.1e83b2db-b406-430c-8ce1-0302d3f786a6.html], Stand: 22.03.2023, letzter Zugriff: 08.02.2023.

Boucher, J. / Friot, D. (2017): Primary microplastics in the oceans: A global evaluation of sources. IUCN, Gland, Switzerland, S. 1–40.

Boulêtreau, S. / Cucherousset, J. / Villéger, S. et al. (2011): Colossal aggregations of giant alien freshwater fish as a potential biogeochemical hotspot [https://journals.plos.org/plosone/article?id=10.1371/journal.pone.0025732], Stand: 05.10.2011, letzter Zugriff: 11.04.2024.

Bowler, D. E. / Mant, R. / Orr, H. et al. (2012): What are the effects of wooded riparian zones on stream temperature, in: Environmental Evidence, 1(1), S. 3.

Boyle J. D. / Scott J. A. (1984): The role of benthic films in the oxygen balance in an east Devon River, in: Water Research 18, S. 1089–1099.

Boyle, J. R. / Warila, J. E. / Beschta, R. L. et al. (1997): Cumulative Effects of Forestry Practices: An Example Framework for Evaluation from Oregon (U.S.A.), in: Biomass and Bioenergy 13(4–5), S. 223–245.

Brandner, J. A. (2013): Ecology of the invasive neogobiids *Neogobius melanostomus* and *Ponticola kessleri*, in the upper Danube River, Technische Universität München, Lehrstuhl für Aquatische Systembiologie.

Breathnach, S. / Fairley, J. S. (1993): The diet of otters *Lutra lutra* (L.) in the Clare river system, in: Biology and Environment 93B, S. 8–151.

Brech, S. M. (2017): Die hormonelle Gefahr, die in Plastikflaschen lauert [https://www.welt.de/gesundheit/article162440105/Die-hormonelle-Gefahr-die-in-Plastikflaschen-lauert.html#:~:text=

Auch%20Plastik%2DMineralwasserflaschen%20enthalten%20kein,9%2DBisphenol%20(BHPF)], Stand: 28.02.2017, letzter Zugriff 08.02.2024.

Brockhaus, T. / Fischer, U. (2005): Die Libellenfauna Sachsens, Natur & Text, S. 1–427.

Brunke, M. / Gonser, T. (1997): The ecological significance of exchange processes between rivers and groundwater, in: Freshwater Biology 37, S. 1–33.

Brunke, M. / Gonser, T. (1999): Hyporheic invertebrates. The clinal nature of interstitial communities structured by hydrological exchange and environmental gradients, in: Journal of the North American Benthological Society 18, S. 344–362.

Brunke, M. / Grafahrend-Belau, E. (2005): Die Besiedlung von Totholz und anderen Sohlsubstraten der unteren Mulde und mittleren Elbe durch aquatisch lebende Wirbellose, in: Naturschutz im Land Sachsen-Anhalt 42(2), S. 13–24.

Bundesamt für Naturschutz (2015): Gewässer und Auen. Nutzen für die Gesellschaft [https://www.bfn.de/sites/default/files/2021-07/Brosch%C3%BCre_Gesell_Nutzen_Gewaes_Auen.pdf], letzter Zugriff: 04.07.2022, S. 1–30.

Bundesamt für Naturschutz (2021): Gesamtlänge Fließgewässer Einzugsgebiet [https://www.bfn.de/karten-unddaten/gesamtlaenge-der-fliessgewaesser-mit-einem-einzugsgebiet-groesser-10], letzter Zugriff: 04.07.2022.

Bundesamt für Naturschutz (2022): Eckpunkte für einen vorsorgenden Schutz vor Hochwasser und Sturzfluten. Positionspapier. Bonn, S. 1–40.

Capaldo, A. / Gay, F. / Lepretti, M. et al. (2018): Effects of environmental cocaine concentrations on the skeletal muscle of the European eel (*Anguilla anguilla*), in: Science of The Total Environment 640–641, S. 862–873.

Carss, D. N. (1995): Foraging behaviour and feeding ecology of the otter *Lutra lutra*: a selective review, in: Hystrix: Italian Journal of Mammalogy 7(1–2), S. 94–179.

Carss, D. N. / Nelson, K. C. / Bacon, P. J. / Kruuk, H. (1998): Otter (*Lutra lutra* L.) prey selection in relation to fish abundance and community structure in two different freshwater habitats. In: N. Dunstone and M. Gorman (eds), Behaviour and ecology of riparian mammals, S. 191–214. Symposium of the Zoological Society of London 71. Cambridge University Press.

Chambers, R. M. / Meyerson, L. A. / Saltonstall, K. (1999): Expansion of *Phragmites australis* into tidal wetlands of North America, in: Aquatic Botany 64, S. 261–273.

Charlebois, P. M. / Marsden J. E. / Goettel R. G. et al. (1997): The round goby. *Neogobius melanostomus* (Pallas), a review of European and North American literature. Illinois-Indiana Sea Grant Program and Illinois Natural History Survey, in: HS Special Publication 20, S. 1–81.

Collins, A. L. / Hughes, G. / Zhang, Y. / Whitehead, J. (2009): Mitigating diffuse water pollution from agriculture: Riparian buffer strip performance with width. CAB Reviews: Perspectives in Agriculture, Veterinary Science, in: Nutrition and Natural Resources 4(39), S. 15.

Crawford, S. E. / Brinkmann, M. / Ouellet, J. D. et al. (2022): Remobilization of pollutants during extreme flood events poses severe risks to human and environmental health, in: Journal of Hazardous Materials 421, S. 126691.

Crawford, S. E. / Cofalla C. B. N. / Aumeier, B. et al. (2017): Project house water: a novel interdisciplinary framework to assess the environmental and socioeconomic consequences of flood-related impacts, in: Environmental Sciences Europe 29(23), S. 2–10.

Crisp, D. (1963): A preliminary survey of brown trout (*Salmo trutta* L.) and bullheads (*Cottus gobio* L.) in high-altitude becks, in: The Salmon and Trout Magazine 167, S. 45–59.

Dahl, H. J. / Jürging, P. / Patt, H. (2005): Fließgewässerentwicklung, Historie, Ziele, in: Fließgewässer und Auenentwicklung, Berlin: Springer, S. 185–239.

Danielopol, D. L. (1983): Der Einfluß organischer Verschmutzung auf das Grundwasserökosystem der Donau im Raum Wien, Forschungsberichte 5/83, Bundesministerium für Gesundheit und Umweltschutz, Wien.

Danielopol, D. L. / Griebler, C. / Gunatilaka, A. / Notenboom, J. (2003): Aktueller Zustand und Zukunftsaussichten für Grundwasserökosysteme, in: Environmental Conservation 30(2), S. 104–130. doi:10.1017/S0376892903000109.

Dawson, F. H. / Kern-Hansen, U. (1978): aquatic weed management in natural streams: the effect of shade by the marginal vegetation, in: Verhandlungen des Internationalen Verein Limnologie 20, S. 1451–1456.

Deininger, D. / Kardos, J. / Stephan, U. et al. (2009): Umweltschäden durch Heizöl nach Hochwasserereignissen. In: Environmental Sciences Europe 21, S. 443–453

Delibes, M. / Adrian, I. (1987): Effects of crayfish introduction on otter *Lutra lutra* food in the Donana National Park (S. W. Spain), in: Biological Conserveration 42, S. 9–153.

Dierschke, V. (2022): Gartenvögel, Kosmos Verlag, S. 79.

Dirksmeyer, J. / Meyer, E. I. / Brunotte, E. (2011): Haben Lachse und Meerforellen in Deutschland wieder eine Chance? Bewertung der Sedimentzusammensetzung und Sauerstoffversorgung im Bereich ihrer Laichplätze, in: Zeitschrift für Geomorphologie 55, S. 77–86.

Dorioz, J. M. / Wang, D. / Poulenard, J. / Trevisan, D. (2006): The effect of grass buffer strips on phosphorus dynamics, a critical review and synthesis as a basis for application in agricultural landscapes in France, in: Agriculture, Ecosystems & Environment 117(1), S. 4–21.

Dosskey, M. G. / Vidon, P. / Gurwick, N. P. et al. (2010): The role of riparian vegetation in protecting and improving chemical water quality in streams 1, in: Journal of the American Water Resources Association 46(2), S. 261–277.

Drehwald, U. / Preising, E. (1991): Die Pflanzengesellschaften Niedersachsens Bestandesentwicklung, Gefährdung und Schutzprobleme Moosgesellschaften, in: Naturschutz Landschaftspflege Niedersachsen 20(9), S. 202.

DVWK, Deutscher Verband für Wasserwirtschaft und Kulturbau e.V. (Hrsg.) (1988): Bedeutung biologischer Vorgänge für die Beschaffenheit des Grundwassers, in: DVWK-Schriften 80.

Ellenberg, H. (1986): Vegetation Mitteleuropas mit den Alpen, Eugen Ulmer Verlag, S. 416–483.

Erlewein, M. (2022): Papierherstellung benötigt immer weniger Wasser [https://www.technik-in-bayern.de/mehr-technik/standard-titelwasserversorgung/papierherstellung-benoetigt-immer-weniger-wasser], Stand: März/April 2022, letzter Zugriff: 07.02.2024.

Erlinge, S. (1967): Home range of otter *Lutra lutra* L. in southern Sweden, in: Oikos 18, S. 186–209.

Erlinge, S. (1968): Territoriality of the otter *Lutra lutra*, in: Oikos 19, S. 81–98.

Erlinge, S. (1969): Food habits of the otter *Lutra lutra* and the mink *Mustela vison* in a trout water in southern Sweden, in: Oikos 20, S. 1–7.

Erlinge, S. (1972): The situation of the otter population in Sweden, in: Viltrevy 8, S. 379–397.

Erlinge, S. / Jensen, B. (1981): The diet of otters *Lutra lutra* L. in Denmark, in: Natura Jutland 19, S. 161–165.

ESKP (2018): Giftigkeit und Verwitterung, Wie verwittert Plastik überhaupt im Meer? [https://themenspezial.eskp.de/plastik-in-gewaessern/giftigkeit-und-verwitterung-im-meer/verwitterung-93727/#:~:text=Die%20UV%2DStrahlung%20der%20Sonne,spaltet%20dadurch%20die%20chemischen%20Bindungen], Stand: 04.09.2018, letzter Zugriff: 07.02.2024.

Fabricius, G. (1569): Rerum Miscicarum libri. Lipriae, S. 220–222.

Fairfood4u (2016): Das Geheimnis der Flüsse in China, Indien [https://fairfood4u.de/das-geheimnis-der-fluesse-in-china-indien/], Stand: 28.07.2016, letzter Zugriff: 08.02.2024.

Feld, C. K. / Pusch, M. (2000): Die Bedeutung von Totholzstrukturen für die Makroinvertebraten-Taxozönose in einem Flachlandfluß des Norddeutschen Tieflandes, in: Verh. Westd. Entom. Tag 1998, S. 165–172.

Fergal M. E. (2024): Wiederbelebung des Flusses Sélune nach der Entfernung des Staudamms, Water News Europe [https://www.waternewseurope.com/selune-river-revival-after-dam-removal/], Stand: 09.01.2024, letzter Zugriff: 17.01.2024.

Fernández-Naveira, A. / Rioboo, C. / Cid. A. / Herrero, C. (2016): Atrazine induced changes in elemental and biochemical composition and nitrate reductase activity in Chlamydomonas reinhardtii, in: European Journal of Phycology 51(3), S. 338–345.

Flemming, H.-C. / Wingender, J. (2000): Extracelluläre polymere Substanzen (EPS), der Baustoff für Biofilme, in: vom Wasser 94, S. 245–266.

Frahm, J. P. (1998): Moose als Bioindikatoren, Quelle und Meyer Verlag, S. 187.

Fredrich, F. H. / H. Arzbach (2002): Wanderungen und Uferstrukturnutzung der Quappe *Lota lota* in der Elbe, Deutschland, in: Zeitschrift für Fischkunde, Suppl. 1, Ökologie der Elbefische, S. 159–178.

French, T. D. / Chambers, P. A. (1996): Habitat partitioning in riverine macrophyte communities, in: Freshwater Biology 36, S. 509–520.

Füllner, G. / Bild, A. / George, V. / Kolbe, U. / Signer, J. / Völker, F. (2021): Fischartenschutz bei Wasserbau und Unterhaltungsmaßnahmen [Broschüre], S. 22.

Füllner, G. / Pfeifer, M. / Geisler, J. (2003): Der Elblachs – Ergebnisse der Wiedereinbürgerung in Sachsen [Broschüre], S. 21–23.

Füllner, G. / Pfeifer, M. / Völker, F. / Zarske A. (2016): Atlas der Fische Sachsens (Rundmäuler, Fische, Krebse), Geschichte – Verbreitung – Gefährdung – Schutz, SDV Direct World GmbH Dresden, S. 106–150.

Gebhardt, H. / Ness, A. (2005): Die heimischen Süßwasserfische sowie Arten der Nord- und Ostsee, BLV Verlagsgesellschaft mbH, S. 1–75.

Gibert, J. / Danielopol, D. / Stanford, J. A. (1994): Groundwater Ecology, Academic Press Inc. U.S., S. 571.

Glatzel, T. (1994): Bioindikation im Grundwasser, in: Gunkel (Hrsg.): Bioindikation in aquatischen Ökosystemen, S. 255–261.

Gormally, M. J. / Fairley, J. S. (1982): Food of otters *Lutra lutra* in a freshwater lough and an adjacent brackish lough in the west of Ireland, in: Journal of Zoology, London 197, S. 31–313.

Gray, J. R. A. / Edington, J. M. (1969): Effect of woodland clearance on stream temperature, in: Journal of the Fisheries Research Board of Canada 26, S. 399–403.

Greig, S. M. / Sear, D. A. / Carling, P. (2007): A field-based assessment of oxygen supply to incubating Atlantic salmon (*Salmo salar*) embryos, in: Hydrological Process 21, S. 3087–3100.

Griebe, B. (2022): Wichtiger Erfolg bei der Nachzucht der Flussperlmuschel in Sachsen [https://tu-dresden.de/tu-dresden/newsportal/news/wichtiger-erfolg-bei-der-nachzucht-der-flussperlmuschel-in-sachsen], Stand: 22.05.2022, letzter Zugriff: 19.01.2024.

Griebler, C. / Avramov, M. Z. (2014): Grundwasser-Ökosystemdienstleistungen: ein Rückblick, in: Freshwater Science 34, S. 355–367.

Griebler, C. / Mösslacher, F. (2003): Grundwasserökologie, UTB-Facultas Verlag, S. 1–501.

Grill, G. / Lehner, B. / Thieme, M. et al. (2019): Kartierung der frei fließenden Flüsse der Welt, in: nature 569(7755), S. 215–221.

Gross, E. M. / Johnson, R. L. / Hairston, N. G. (2001): Experimental evidence for changes in submersed macrophyte species composition caused by the herbivore *Acentria ephemerella* (Lepidoptera), in: *Oecologia* 127, S. 105–114.

Grossmann, H. (1972): Flösserei und Holzhandel aus den Schweizer Bergen bis zum Ende des 19. Jahrhunderts, in: Mitteilungen der Antiquarischen Gesellschaft Zürich 46(1), S. 92.

Gruner, H. E. (1965): Krebstiere oder Crustacea. *V. Isopoda*, in: Dahl, F. (Hrsg.): Die Tierwelt Deutschlands und der angrenzenden Meeresteile nach ihren Merkmalen und ihrer Lebensweise 51, S. 149.

Gude, K. (2008): Untersuchungen zur Minimierung von Risiken für die Lebensmittelsicherheit bei Nutzung dioxinbelasteter Grünlandflächen für die Rind- und Schaffleischproduktion, Dissertation, Tierärztliche Hochschule Hannover, S. 1–60.

Gui, J. F. (1996): A unique study system: gynogenetic fish *Carassius auratus gibelio*, in: Science Foundation of China 4, S. 44–46.

Hahn, A. (2002): Distribution of the aquatic meiofauna of the Marbling Brook catchment with reference to landuse and hydrogeological features, in: Archiv für Hydrobiologie-Supplements 139(2), S. 237–263.

Hahn, H. J. (2004a): Tierische Vielfalt im Grundwasser: Welche Faktoren beeinflussen die Besiedlung, in: Regierung von Schwaben (Hrsg.): Biologische Gewässeruntersuchung und Bewertung-Symposion zur Feier des 70. Geburtstages von Dr. Erik Mauch am 6. Oktober 2004 in Augsburg, S. 36–46.

Hahn, H. J. / Friedrich, E. (1999): Brauchen wir ein faunistisch begründetes Grundwassermonitoring, und was kann es leisten, in: Zeitschrift der Fachsektion Hydrogeologie 4, S. 147–154.

Haidvogl, G. (2011): Auen, Historisches Lexikon des Fürstentums Liechtenstein online (eHLFL) [https://historisches-lexikon.li/Auen], Stand: 31.12.2011, letzter Zugriff: 01.02.2024.

Handsch von Limus, G. (o. J.): Die Elbfischerei in Böhmen und Meißen. Nachdruck, in: Schubert (1933): Sammlung gemeinnütziger Vorträge, Herausgegeben vom Deutschen Verein zur Verbreitung gemeinnütziger Kenntnisse in Prag.

Harms, O. / Dister, E. / Gerstner, L. et al. (2018): Potenziale zur naturnahen Auenentwicklung, Bundesweiter Überblick und methodische Empfehlungen für die Herleitung von Entwicklungszielen, Bundesamt für Naturschutz-Skripten 489, S. 1–60.

Harsanyi, A. / Aschenbrenner, P. (1992): Die Rutte *Lota lota* (Linnaeus, 1758), Biologie und Aufzucht, in: Fischer und Teichwirt 10, S. 372–376.

Hasegawa, K. / Maekawa, K. (2009): Role of visual barriers on mitigation of interspecific interference competition between native and non-native salmonid species, in: Canadian Journal of Zoology 87(9), S. 781–786.

Heggenes, J. / Bremset, G. / Brabrand, A. (2013): Visiting the hyporheic zone: young Atlantic salmon move through the substratum, in: Freshwater Biology 58, S. 1720–1728.

Heggenes, J. / Krog, O. M. W. / Lindas, O. R. et al. (1993): Homeostatic behavioural responses in a changing environment: brown trout (*Salmo trutta*) become nocturnal during winter, in: Journal of Animal Ecology 62, S. 295–308.

Hering, D. (2017): Multiple Belastung von Fließgewässern. Arbeiten des Deutschen Fischereiverbandes, S. 113–132.

Hertel, E. (1974): Epilitische Moose und Moosgesellschaften im nordöstlichen Bayern, in: Beihefte zu den Berichtbänden Naturwissenschaftliche Gesellschaft Bayreuth 1, S. 489.

Hester, E. T. / Gooseff, M. N. (2011): Hyporheic restoration in streams and rivers, in Geophysical Monograph Series 194, S. 167–187.

HMUELV (2008): Wasseramsel *Cinclus cinclus* »Wussten Sie, dass die Wasseramsel der einzige bei uns vorkommende Singvogel ist, der schwimmen und tauchen kann?«, S. 1–5.

Hochleithner, M. (2002): Die Quappe (*Lota lota* LINNAEUS, 1758), in: Biologie und Aquakultur – Die Quappe – Fisch des Jahres 2002, Verband Deutscher Sportfischer (Hrsg.), S. 1–11.

Hoffmann, S. (2024): Rätselraten beim Kleingedruckten, versteckte Inhaltsstoffe in Kosmetik und deren Gefahren [https://www.geo.de/wissen/gesundheit/16724-rtkl-raetselraten-beim-kleingedruckten-versteckte-inhaltsstoffe-kosmetik-und], Stand: 06.02.2024, letzter Zugriff: 06.02.2024.

Horký, P. / Grabic, R. / Grabicová, K. et al. (2021): Methamphetamine pollution elicits addiction in wild fish, in: Journal of Experimental Biology 224(13).

Huber, A. / Bach, M. / Frede, H. (2000): Pollution of surface waters with pesticides in Germany: modeling nonpoint source inputs, in: Agriculture, Ecosystems & Environment 80(3), S. 191–204.

Hummel, D. / Löffler, D. / Fink, G. / Ternes, T. (2006): Simultaneous determination of psychoactive drugs and their metabolites in aqueous matrices by liquid chromatography mass spectrometry, in: Environmental Science Technology 40, S. 7321–7328.

Husmann, S. (1978): Die Bedeutung der Grundwasserfauna für biologische Reinigungsvorgänge im Interstitial von Lockergesteinen, in: Gas u. Wasserfach/Wasser, Abwasser 119, S. 293–302.

Hyman, S. E. / Malenka, R. C. / Nestler, E. J. (2006): Neural mechanisms of addiction: the role of reward-related learning and memory, in: Annual Review of Neuroscience 29, S. 565–598.

Illyová, M. / Beracko, P. / Krno, I. (2011): Influence of land use on hyporheos in catchment streams of the Velka Fatra Mts, in: Biologia 66, S. 320–327.

Ings, N. L. / Hildrew, A. G. / Grey, J. (2010): Gardening by the Psychomyiid Caddisfly *Tinodes Waeneri*: Evidence from Stable Isotopes, in: Oecologia 16(1), S. 127–39.

Jähnig, S. / Haase, P. / Hering, D. et al. (2010): KLIWA – Einfluss des Klimawandels auf die Fließgewässerqualität – Literaturauswertung und erste Vulnerabilitätseinschätzung [chrome-extension://efaidnbmnnnibpcajpcglclefindmkaj/https://www.kliwa.de/_download/Literaturstudie_Gewaesserqualitaet.pdf], Stand: 01.06.2010, letzter Zugriff: 15.04.2024.

Jenkins, D. (1980): Ecology of otters in northern Scotland. I. Otter (*Lutra lutra*) breeding and dispersion in mid-Deeside, Aberdeenshire, in: Journal of Animal Ecology49, S. 713–35.

Jenkins, D. / Harper, R. (1980): Ecology of otters in northern Scotland. II. Analysis of otter (*L. lutra*) and mink (M. vison) faeces from Deeside, N.E. Scotland, in: Journal of Animal Ecology 49, S. 737–745.

Johnson, S. L. / Jones, J. A. (2000): Stream temperature response to forest harvest and debris flow in western Cascades, Oregon, in: Canadian Journal of Fisheries and Aquatic Sciences 57(2), S. 30–39.

Jürging, P. (2004): Bedeutung der Schwarzerle in der Wasserwirtschaft [https://www.lwf.bayern.de/mam/cms04/waldbau-bergwald/dateien/w42_bedeutung_der_schwarzerle_in_der_wasserwirtschaft.pdf], Stand: 2004, letzter Zugriff: 15.04.2024.

Jungwirth, M / Haidvogl, G. / Moog, O. et al. (2003): Angewandte Fischökologie an Fließgewässern, Facultas Universitätsverlag, S. 547.

Kail, J. / Palt, M. / Lorenz, A. / Hering, D. (2021): Woody buffer effects on water temperature: The role of spatial configuration and daily temperature fluctuations, in: Hydrological Processes 35(1).

Kannegiesser, L. (2015): Großgewässervorstellung: An der Zwickauer Mulde, in: Fischer & Angler in Sachsen 22, S. 202.

Kappes H. / Haase P. (2011): Slow, but steady: dispersal of freshwater molluscs, in: Aquatic Science 74(1), S. 1–14

Kemenes, I. / Demeter, A. (1995): A predictive model of the effect of environmental factors on the occurrence of otters (*Lutra lutra L.*) in Hungary, in: Hystrix 7, S. 209–218.

Klemetsen, A. / Amundsen, P. A. / Dempson, J. B. et al. (2003): Atlantic salmon *Salmo salar* L., brown trout *Salmo trutta* L. and Arctic charr *Salvelinus alpinus* L.: a review of aspects of their life histories, in: Ecology of Freshwater Fish 12, S. 1–59.

Köllner, C. (2022): So lassen sich Brems- und Reifenabrieb reduzieren [https://www.springerprofessional.de/fahrwerk/partikel—feinstaub/so-lassen-sich-brems–und-reifenabrieb-reduzieren/18816284], Stand: 20.01.2022, letzter Zugriff: 09.02.2024.

Kooi, M. / Besseling, E. / Kroeze, C. et al. (2016): Modeling the fate and transport of plastic debris in freshwaters: Review and guidance, in: Freshwater microplastics 58, S. 125–152.

Krutz, L. J. / Senseman, S. A. / Zablotowicz, R. M. / Matocha, M. A. (2005): Reducing herbicide runoff from agricultural fields with vegetative filter strips: a review, in: Weed Science 53(3), S. 353–367.

Kruuk, H. / Conroy, J. W. H. / Glimmerveen, U. / Ouwerkerk, E. J. (1986): The use of spraints to survey populations of otters (*Lutra lutra*), in: Biological Conservation 35, S. 187–194.

Kruuk, H. / Moorhouse, A. (1990): Seasonal and spatial differences in food selection by otters (*Lutra lutra*) in Shetland, in: Journal of Zoology 221, S. 621–637.

Kuhl, H. / Du, K. / Schartl, M. et al. (2022): Equilibrated evolution of the mixed auto-/allopolyploid haplotype-resolved genome of the invasive hexaploid Prussian carp, in: Nature Communications 13, S. 4092.

Kuhn, N. (2006): Fließgewässer und ihre Auen. Von der Siedlungsgeschichte zum vorbeugenden Hochwasser- und Biotopschutz in der Schweiz, in: Gaia 15(2), S. 102–109.

Lacas, J. G. / Voltz, M. / Gouy, V. et al. (2005): Using grassed strips to limit pesticide transfer to surface water: a review, in: Agronomy for Sustainable Development 25(2), S. 253–266.

Lamb, M. A. / Lowe, R. L. (1987): Effects of current velocity on the physical structuring of diatom (*Bacillariophyceae*) communities, in: The Ohio Journal of Science 87, S. 72–78.

Langen, R. B. (2020): Was soll aus Deutschlands Flussauen werden? Interview mit Experten des Bundesamtes für Naturschutz [https://www.riffreporter.de/de/umwelt/auenentwicklung-deutschland], Stand: 27.02.2020, letzter Zugriff: 31.01.2024.

LAVES (2011): Vollzugshinweise zum Schutz von Fischarten in Niedersachsen. Fischarten des Anhangs II der FFH-Richtlinie und weitere Fischarten mit Priorität für Erhaltungs- und Entwicklungsmaßnahmen – Bachneunauge (*Lampetra planeri*), Niedersächsische Strategie zum Arten- und Biotopschutz, S. 1–12.

LAWA (2021): LAWA-AO Rahmenkonzeption Monitoring Teil B Bewertungsgrundlagen und Methodenbeschreibungen, Arbeitspapier I Gewässertypen und Referenzbedingungen, Stand: 06.08.2021, S. 5.

Lazowski, W. (1984): Über die Auwälder an Donau, March und Thaya, in: ÖKO-L 6, S. 27–32.

Lee, S. S. / Paspalof, A. M. / Snow, D. D. et al. (2016): Occurrence and Potential Biological Effects of Amphetamine on Stream Communities, Environmental Science & Technology 50(17), S. 9727–9735.

Lefherz, U. (2023): Chemische Rückstände im Wasser. So filtern Kläranlagen Medikamente heraus [unter:https://www.tagesschau.de/wissen/technologie/saubere-klaeranlagen-100.html], Stand: 22.08.2023, letzter Zugriff: 06.02.2024.

Leipziger Zeitung (2014): AHA: Auen brauchen sach- und fachkundigen bzw. wissenschaftlich fundierten Schutz, von Arbeitskreis Hallesche Auenwälder [https://www.l-iz.de/melder/wortmelder/2014/04/Auen-brauchen-fundierten-Schutz-54721], Stand: 09.04.2014, letzter Zugriff: 31.01.2024.

Lehmann, S. (2017): Grundel macht sich in der Elbe breit. Ein aus Südosteuropa eingewanderter Fisch sorgt unter Anglern für Aufregung. Zu Recht? [https://www.saechsische.de/grundel-macht-sich-in-der-elbe-breit-3734779.html?utm_source=szonline], Stand: 26.07.2017, letzter Zugriff: 07.02.2024.

Lelek, A. / Buhse, G. (1992): Fische des Rheins – früher und heute, Springer Verlag, S. 214.

LfU (2017): UmweltWissen – Wasser Mikroplastik in Gewässern, S. 1–12.

LfU (2024): Neozoen – gebietsfremde Tiere [https://www.lfu.bayern.de/natur/neobiota/neozoen/index.htm], Stand: 2024, letzter Zugriff: 07.02.2024.

LfU, Bayrisches Landesamt für Umwelt (2007): Auswirkungen der Gewässererwärmung auf die Physiologie und Ökologie der Süßwasserfische Bayerns, S. 1–124.

LfU, Bayrisches Landesamt für Umwelt (2009): Totholz bringt Leben in Flüsse und Bäche, S. 9–23.

LfU, Landesamt für Umwelt Brandenburg (2023): Gewässertemperatur, S. 1–2.

LfULG, Landesamt für Umwelt, Landwirtschaft und Geologie (2003): Der Elblachs ist zurück – Stand der Wiedereinbürgerung Herbst 2003, Broschüre, S. 6–8.

LfULG, Landesamt für Umwelt, Landwirtschaft und Geologie (2007): Erstellung von historischen und modellbasierten Leitbildern der Fischfauna für die sächsischen Fließgewässer und deren Einteilung in Fischregionen, Broschüre, S. 4–40.

LfULG, Landesamt für Umwelt, Landwirtschaft und Geologie (2008a): Perle der Natur. Schutz der Flussperlmuschel in Sachsen, Broschüre, S. 1–18.

LfULG, Landesamt für Umwelt, Landwirtschaft und Geologie (2008b): Auenmessprogramm des Freistaates Sachsen. Untersuchung der Auenböden der Elbe und des Muldensystems auf Arsen und Schwermetalle, Broschüre, S. 4–48.

LfULG, Landesamt für Umwelt, Landwirtschaft und Geologie (2015): Fischartenschutz bei Wasserbau und Unterhaltungsmaßnahmen, Broschüre, S. 1–44.

LfULG, Landesamt für Umwelt, Landwirtschaft und Geologie (2017): Für saubere Gewässer in Sachsen. Eine gemeinsame Sache, Broschüre, S. 22.

LfULG, Landesamt für Umwelt, Landwirtschaft und Geologie (2022): Ökologische Funktionen und Wirkungen von Gewässerrandstreifen. Eine Literaturstudie im Auftrag des LfULG in Sachsen, Broschüre, S. 30–35.

Liess, M. / Liebmann, L. / Vormeier, P. et al. (2021): Pesticides are the dominant stressors for vulnerable insects in lowland streams, in: Water Research 201, S. 117262.

Liu, J. / Liang, J. / Ding, J. et al. (2021): Microfiber pollution. An ongoing major environmental issue related to the sustainable development of textile and clothing industry, in: Environment, Development and Sustainability 23, S. 11240–11256.

Liu, X. / Zhang, X. / Zhang, M. (2008): Major factors influencing the efficacy of vegetated buffers on sediment trapping: A review and analysis, in: Journal of Environmental Quality 37(5), S. 1667–1674.

Lock, M. A. (1993): Attached microbial communities in rivers, in: Ford TE (ed) Aquatic Microbiology: an ecological approach. Blackwell Scientific Publications, S. 113–138.

Loicq, P. / Moatar, F. / Jullian, Y. et al. (2018): Improving representation of riparian vegetation shading in a regional stream temperature model using LiDAR data, in: Science of the Total Environment 624, S. 480–490.

Lovgren, S. (2021): enormous pigeon-eating catfish wreaking havoc on europe's ecosystems [https://www.nationalgeographic.com/animals/article/enormous-pigeon-eating-catfish-wreaking-havoc-in-europe], Stand: 2021, letzter Zugriff: 17.01.2024.

LTV (2024): Talsperre Klingenberg [https://www.wasserwirtschaft.sachsen.de/TS_Klingenberg.html#:~:text=Sie%20versorgt%20im%20Verbund%20mit,Cosch%C3%BCtz%20in%20Dresden%20aufbereitet%20wird], Stand: 2024, letzter Zugriff: 15.04.2024.

LUBW, Landesanstalt für Umwelt, Messungen und Naturschutz Baden-Württemberg (2006): Grundwasser-Überwachungsprogramm. Erhebung und Beschreibung der Grundwasserfauna in Baden-Württemberg, in: Reihe Grundwasserschutz Bd. 32, S. 6–61.

Luttenton, M. L. / Vansteenburg, J. B. / Rada, R. G. (1986): Phycoperiphyton in selected reaches of the Upper Mississippi River: community composition, architecture, and productivity, in: Hydrobiologia 136, S. 31–46.

Lynch, J. A. / Rishel, G. A. / Corbett, E. S. (1984): Thermal alteration of streams draining clearcut watersheds: quantification and biological implications, in: Hydrobiologia 111, S. 161–169.

Macdonald, S. M. / Mason, C. F. (1982b): The otter in central Portugal, in: Biological conservation 22, S. 207–215.

Macdonald, S. M. / Mason, C. F. (1983): Some factors influencing the distribution of otters (*Lutra lutra*), in: Mammal Review 13, S. 1–10.

Macdonald, S. M. / Mason, C. F. / Coghill, I. S. (1978): The otter and its conservation in the River Teme catchment, in: Journal of Applied Ecology 15, S. 373–384.

Machado, A. / Kloas, W. / Zarfl, C. et al. (2018): Microplastics as an emerging threat to terrestrial ecosystems, in: Global Change Biology 24, S. 1405–1416.

Mäck, A. (2014): Understanding methane emissions from impounded rivers. A process-based apprtoach to quatify methan emission rates in space and time. Dissertation Universität Koblenz-Landau, Fachbereich 7, S. 63.

Malachova, K. / Kukutschova, J. / Rybkova, Z. et al. (2016): Toxicity and mutagenicity of low-metallic automotive brake pad materials, in: Ecotoxicology and Environmental Safety 131, S. 37–44.

Malard, F. / Tockner, K. / Dole-Olivier, M. J. / Ward, J. V. (2002): A landscape perspective of surface-subsurface hydrological exchange in river corridors, in: Freshwater Biology 47, S. 621–640.

Marcinek, J. (2011): Wasserkreislauf und Wasserbilanz – globale Übersicht, in: Warnsignal Klima: Genug Wasser für alle 3, S. 40–41.

Marwood, C. / Mcatee, B. / Kreider, M. et al. (2011): Acute aquatic toxicity of tire and road wear particles to alga, daphnid, and fish, in: Ecotoxicology 20, S. 2079–2089.

Mason, C. F. / Macdonald, S. M. (1986): Otters: ecology and conservation, Cambridge University Press, S. 167–177.

McFadden, Y. M. T. / Fairley, J. S. (1984): Food of otters *Lutra lutra* (L.) in an Irish limestone river system with special reference to the crayfish *Austropotamobius pallipes* (Lereboullet), in: Journal of the Life Sciences 5, S. 65–76.

Meier, C. (2003): Der Fadenmolch, in: Wasser Energie Luft 103, 2011, Heft 3, CH-5401, S. 233.

Mermod M. / Zumbach S. / Aebischer A. et al. (2010a): Praxismerkblatt Artenschutz. Kreuzkröte (*Bufo calamita*) ed. Koordinationsstelle für Amphibien- und Reptilienschutz in der Schweiz, Broschüre, S. 1–24.

Mermod, M. / Zumbach, S. / Pellet J. / Schmidt B. (2010c): Praxismerkblatt Artenschutz. Kammmolch (*Triturus cristatus* & *Triturus carnifex*). Teichmolch (*Lissotriton vulgaris*), ed. Koordinationsstelle für Amphibien- und Reptilienschutz in der Schweiz, Broschüre, S. 1–24.

Mösslacher, F. / Hahn, H. J. (2003): Die Fauna, in: Griebler, C. / Mösslacher, F. (Hrsg.): Grundwasser Ökologie, Facultas Verlag, S. 1–450.

Mohr, S. / Berghahn, R. / Feibicke, M. et al. (2007): Effects of the herbicide metazachlor on macrophytes and ecosystem function in freshwater pond and stream mesocosms, in: Aquatic Toxicology 82(2), S. 73–84.

Moos, R. (2023): Öltanks müssen vor Hochwasser geschützt werden [https://www.swr.de/swraktuell/baden-wuerttemberg/heilbronn/heizoel-tank-keller-hochwasser-sicher-schuetzen-extremwetter-gewitter-100.html#:~:text=Schon%20ein%20Tropfen%20Heiz%C3%B6l%20kann,durch%20Heiz%C3%B6l%20gr%C3%B6%C3%9Fere%20Sch%C3%A4den%20entstehen], Stand: 22.6.2023, letzter Zugriff: 30.01.2024.

Moosmann, L. / Schmid, M. / Wüest, A. (2005): Einfluss der Beschattung auf das Temperaturregime der Orbe, in: Publikation der EAWAG Eidgenössische Anstalt für Wasserversorgung, Abwasserreinigung und Gewässerschutz 6047 Kastanienbaum, S. 7–26.

Moritz, U. / Winding, N. (1994): Die Vogelfauna der Salzburger Salzachauen, in: Salzburger Vogelkundliche Berichte 6, S. 2–62.

Müller, R. (1997): Vorlesungsskript Fischkunde der Schweiz, 1997/8.

Münze, R. / Hannemann, C. / Orlinskiy, P. et al. (2017): Pesticides from wastewater treatment plant effluents affect invertebrate communities, in: The Science of the total environment 599–600, S. 387399.

Mutz, M. / Kalbus, E. / Meinecke, S. (2007): Effect of instream wood on vertical water flux in lowenergy sand bed flume experiments, in: Water Resources Research 43.

Mutz, M. / Rhode, A. (2003): Processes of surface-subsurface water exchange in a low energy sand-bed stream, in: International Review of Hydrobiology 88(3–4), S. 290–303.

Mutz, M. / Schlief, J. / Orendt, C. (2001): Morphologische Referenzzustände für Bäche im Land Brandenburg, in: Studien- und Tagungsberichte 33, S. 4–72.

Muus, B. J. / Dahlström, P. (1968): Guide des poissons d'eau douce et peche, GEC GADs Verlag, S. 242.

NABU (2013): Steckbrief Biberfreundliche Gewässergestaltung, NABU Landesverband Thüringen, S. 1–8.

NABU (2024): Papierherstellung belastet Umwelt und Natur. Enorme Mengen an Holz, Wasser, Energie und Chemikalien benötigt [https://www.nabu.de/umwelt-und-ressourcen/ressourcenschonung/papier/30384.html], Stand: 2024, letzter Zugriff: 07.02.2024.

Naiman, R. J. / Decamps, H. (1990): Towards an ecotone perspective, in: Naiman R. J. / Decamps H. (eds.) Ecology and management of aquatic-terrestrial ecotones, in: Man and the Biosphere Series 4, S. 1–5.

Nash, J. P. / Kime, D. E. / Van der Ven, L. T. M. et al. (2004): Long-Term Exposure to Environmental Concentrations of the Pharmaceutical Ethynylestradiol Causes Reproductive Failure in Fish, in: Environmental Health Perspectives 112, S. 1725–1733.

Niederhöfer H. J. / Falkner G. / Hanneforth R. (2009): Husmanns Brunnenschnecke *Bythiospeum husmanni,* in: Weichtier des Jahres2009, S. 1–2.

Niepagenkemper, O. / Meyer, E. I. (2002): Messungen der Sauerstoffkonzentration in Flusssedimenten zur Beurteilung von potentiellen Laichplätzen von Lachs und Meerforelle, in: Veröffentlichungen des Landesfischereiverbandes Westfalen und Lippe e.V. (Hrsg.). Bitter und Loose, Greven 2, S. 87.

Nikulina, E. A. / Schmölcke, U. (2018): Historische Verbreitung von Europäischem Stör (*Acipenser sturio*) und Atlantischem Stör (*Acipenser oxyrinchus*) in West- und Mitteleuropa, in ResearchGate, S. 37–40.

Nislow, K. H. (2005): Forest change and stream fish habitat: lessons from »Olde« and New England, in: Journal of Fish Biology 67(B), S. 186–204.

NLWKN (2022): Niedersächsische Strategie zum Arten- und Biotopschutz Niedersächsischer Landesbetrieb für Wasserwirtschaft, Küsten- und Naturschutz – NLWKN 1 Vollzugshinweise zum Schutz der FFH-Lebensraumtypen sowie weiterer Biotoptypen mit landesweiter Bedeutung in Niedersachsen, Feuchte Hochstaudenfluren (6430), S. 1–30.

Örn, S. / Yamani, S. / Norrgren, L. (2006): Comparison of Vitellogenin Induction, Sex Ratio, and Gonad Morphology Between Zebrafish and Japanese Medaka After Exposure to 17α-Ethinylestradiol and 17b-Trenbolone, in: Archives of Environmental Contamination and Toxicology 51, S. 237–243.

Ort, C. / Van Nuijs, A. L. N. / Berset, J. D. et al. (2014): Spatial differences and temporal changes in illicit drug use in Europe quantified by wastewater analysis, in: Addiction 109, S. 1338–1352.

Ott, G. / Wurster, U. / Zipperle, J. (2015): Mikro-Kunststoffe. Grundlagen und Sachstand. LUBW Landesanstalt für Umwelt, Messungen und Naturschutz Baden-Württemberg, S. 7–25.

Ottino, P. / Giller, P. (2004): Distribution, density, diet and habitat use of the otter in relation to land use in the Araglin Valley, Southern Ireland, in: Biology & Environment Proceedings of the Royal Irish Academy 104b(1), S. 1–17.

Pauer, J. J. / Auer, M. T. (2000): Nitrification in the water column and sediment of a hypereutrophic lake and adjoining river system, in: Water Research 34, S. 1247–1254.

PCU (2019): Erläuterungsbericht und gewässerökologische Studie zur Abwassereinleitung und Frischwasserentnahme zum Wasserrechtsverfahren, PM5 neu der Papierfabrik Palm in Aalen, Stand: März 2019, S. 10–101.

Peeken, I. / Primpke, S. / Beyer, B. et al. (2018): Arctic sea ice is an important temporal sink and means of transport for microplastic, in: Nature Communications 9, S. 1505.

Peters, W. (2023): Reifenabrieb hat den größten Anteil am Mikroplastikeintrag in die Umwelt [https://bmbf-plastik.de/de/publikation/reifenabrieb-hat-den-groessten-anteil-am-mikroplastikeintrag-die-umwelt#:~:text=Teilen-,Reifenabrieb%20hat%20den%20gr%C3%B6%C3%9Ften%20Anteil%20am%20Mikroplastikeintrag%20in%20die%20Umwelt,Stra%C3%9Fenbelag%20entstehen%2C%20in%20die%20Umwelt], Stand: 07.11.2023, letzter Zugriff: 09.02.2024.

Pfeifer, M. / Völker, F. / Gause, S. (2016): Neue Fischart in Sachsen. Nachweis der Schwarzmundgrundel (*Neogobius melanostomus*, Pallas 1814), in: Fischer & Angler in Sachsen 4, S. 166.

Poschwitz, H. (2008): Heimische Krebse, seltene Bewohner der Fließgewässer des Untermaingebietes, Broschüre, S. 1–30.

Prigioni, C. / Pandolfi, M. / Grimod, I. et al. (1991): The otter in five Italian rivers. First report, in: C. Reuther and R. Rochert (eds), Proceedings of the Vth International Otter Colloquium, S. 143–145.

Pugsley, C. W. / Hynes, H. B. N. (1986): The three dimensional distribution of winter stonefly nymphs, Allocapnia pygmaea, within the substrate of a southern Ontario river, Canadian Journal of Fisheries and Aquatic Sciences 43, S. 1812–1817.

Pusch, M. / Feld, C. / Hoffmann, A. (1999): Schwemmgut. Kostenträchtiger Müll oder wertvolles Element von Flußökosystemen, in: Wasserwirtschaft 89(6), S. 280–284.

Ramesh, R. / Kalin, L. / Hantush, M. / Chaudhary, A. (2021): A secondary assessment of sediment trapping effectiveness by vegetated buffers, in: Ecological Engineering 159, S. 106094.

Reichenberger, S. / Bach, M. / Skitschak, A. / Frede, H. G. (2007): Mitigation strategies to reduce pesticide inputs into ground-and surface water and their effectiveness. A review, in: Science of the Total Environment 384(1–3), S. 1–35.

Reid, A. J. / Carlson, A. K. / Creed, I. F. et al. (2019): Neue Bedrohungen und anhaltende Herausforderungen für den Schutz der Süßwasserbiodiversität. Biological Reviews 94(3), S. 849–873.

Richards, C. / Bacon, K. L. (1994): Influence of fine sediment on macroinvertebrate colonization of surface and hyporheic stream substrates, in: Great Basin Naturalist 54, S. 106–113.

Ringler, N. H. / Hall, J. D. (1975): Effects of logging on water temperature and dissolved oxygen in spawning beds, in: Transactions of the American Fisheries Society 104, S. 111–121.

RKI (2019): Grundwissen AntibiotikaResistenz [https://www.rki.de/DE/Content/Infekt/Antibiotikaresistenz/Grundwissen/Grundwissen_inhalt.html#:~:text=Jeder%20Einsatz%20von%20Antibiotika%20f%C3%B6rdert,aber%20auch%20in%20der%20Landwirtschaft], Stand: 09.05.2019, letzter Zugriff: 06.02.2024.

Robin, GmbH (2024): Europäische Aal [https://www.tierenzyklopaedie.de/europaeische-aal/], Stand: 2024, letzter Zugriff: 08.02.2024.

Sabater, S. / Guasch, H. / Roman, A. / Muñoz I. (2002): The effect of biological factors on the efficiency of river biofilms in improving water quality, in: Hydrobiologia 469, S. 149–156.

Sablonier, R. (1990): Innerschweizer Gesellschaft im 14. Jahrhundert Sozialstruktur und Wirtschaft, in: Innerschweiz und frühe Eidgenossenschaft. Band 2, Walter-Verlag, S. 11–233.

Safe, Sh. (2000): Endocrine disruptors and human health – is there a problem? An update, in: Environ Health Perspect 108, S. 487–493.

Safe, Sh. (2005): Clinical correlates of environmental endocrinedisruptors. Trends in Endocrinology & Metabolism 16, S. 139–144.

Sawyer, A. H. / Cardenas, M. B. (2009): Hyporheic flow and residence time distributions in heterogeneous cross-bedded sediment, in: Water Resources Research 45(8).

Sawyer, A. H. / Cardenas, M. B. / Buttles, J. (2011): Hyporheic exchange due to channel-spanning logs, in: Water Resources Research.

Schälchli, U. (1993): Die Kolmation von Fliessgewässersohlen: Prozesse und Berechnungsgrundlagen, in: VAW Mitteilungen 124, S. 273.

Scharbert, A. (2015): Wiederansiedlung des Maifischs im Rhein zeigt erste Erfolge. Zahlreiche Rückkehrer aus dem Meer registriert, in: Natur in NRW 40(1), S. 27–28.

Scharbert, A. / Beeck, P. (2011): Die Wiederansiedlung des Maifischs (*Alosa alosa*) im Rhein-System, in: LANUV-Fachbericht 28. Landesamt für Natur, Umwelt und Verbraucherschutz NRW (Hrsg.), S. 24.

Schmalfuss, H. (2003): Eintagsfliegen. Stuttgarter Beiträge zur Naturkunde Serie C, in: Wissen für alle, Heft 53, S. 8–30.

Schmidt, C. (1993): Die Wassermoosvegetation im Bergland Westfalens, in: Abhandlungen aus dem Westfälischen Museum für Naturkunde, S. 51–55.

Schminke, H. K. (1997): Heinzelmännchen im Grundwasser, in: Biologie in unserer Zeit 27, S. 182–188.

Schminke, H. K. / Glatzel, T. (1988): Besonderheiten und ökologische Rolle der Grundwassertiere, Zeitschrift der Deutschen Geologischen Gesellschaft 139, S. 382–392.

Schneider, R. (2003): Das Hochwasser im August 2002. Erfahrungen der kreisfreien Stadt Dessau. Berufsfeuerwehr Dessau, Dessau.

Scholz, M. / Mehl, D. / Schulz-Zunkel, C. et al. (2012): Ökosystemfunktionen von Flussauen. Analyse und Bewertung von Hochwasserretention, Nährstoffrückhalt, Kohlenstoffvorrat, Treibhausgasemissionen und Habitatfunktion, in: Naturschutz und Biologische Vielfalt 124, S. 1–257.

Schorsch, A. (2012): Wie alt ist unser Wasser? [https://www.n-tv.de/wissen/frageantwort/Wie-alt-ist-unser-Wasser-article5696706.html#:~:text=Wie%20alt%20genau%2C%20l%C3%A4sst%20sich,k%C3%B6nnten%20auch%2010%20Milliarden%20sein], Stand: 20.03.2012, letzter Zugriff: 19.04.2024.

Schröder, W. (2009): FFH-Kennarten Groppe, Bach- und Flussneunaugen. Wesentliche Parameter für FFH-Prüfungen. Erhaltung und Förderung der biologischen Vielfalt in und an den Gewässern, in: Berichte des Landesamtes für Umweltschutz Sachsen-Anhalt 2, S. 61–66.

Schuch, R. / Winter, J. / Gensicke, R. / Merkel, K. (2000): Nachbehandlung eines chemisch-physikalisch gereinigten Abwassers der Automobilindustrie in Biofilmreaktoren, in: Wasser, Luft und Boden, S. 28–30.

Schuhen, Wasser 3.0 gGmbH (2024): Wie funktioniert die Abwasserreinigung in einer kommunalen Kläranlage? [https://wasserdreinull.de/wissen/wasser-und-abwasser/funktionsweise-klaeranlage/], Stand: 2024, letzter Zugriff: 08.02.2024.

Schulte-Oehlmann U. / Oehlmann J. / Pottmann W. (2007): Humanpharmakawirkstoffe in der Umwelt: Einträge, Vorkommen und der Versuch einer Bestandsaufnahme, in: Zeitschrift für Umweltchemie und Ökotoxikologie 19, S. 168–179.

Schulz, A. J. (2005): Auswirkungen originär Dioxin-belasteten Grundfutters auf die Dioxingehalte in Milch und Schlachtkörpern von Rindern und Schafen. Dissertation, University of Veterinary Medicine Hannover, S. 4–61.

Schwaiger, J. / Ferling, H. / Mallow, U. et al. (2004): Toxic effects of the nonsteroidal antiinflammatory drug diclofenac, Part I: Histopathological alterations and bioaccumulation in rainbow trout, in: Aquatic Toxicology 68, S. 141–150.

Schwörbel, J. (1964): Die Bedeutung des Hyporheals für die benthischen Lebensgemeinschaften des Fliessgewässers, in: Internationale Vereinigung für theoretische und angewandte Limnologie 15, S. 215–226.

Schwörbel, J. (1967): Das hyporheische Interstitial als Grenzbiotop zwischen oberirdischem und subterranem Ökosystem und seine Bedeutung für die Primär-Evolution von Kleinsthöhlenbewohnern, in: Archiv für Hydrobiologie – Supplements 33, S. 1–62.

Sharpe, Rm. (2003): The oestrogen hypothesis – where do we stand now, in: International Journal of Andrology 26, S. 2–15.

Simonović, P. / Valković, B. / Paunović, M. (1998): Round goby *Neogobius melanostomus*, a new Ponto-Caspian element for Yugoslavia, in: Folia Zoologica 47, S. 305–312.

Skillman, A. D. / Nagler, J. J. / Hook, S. E. et al. (2006): Dynamics of 17α-Ethynylestradiol exposure in rainbow trout (*Oncorhynchus mykiss*): Absorption, tissue distribution and hepatic gene expression pattern, in: Environmental Toxicological Chemistry 25, S. 2997–3005.

SMEKUL (2023): Rückkehr der Lachse so spät wie nie [https://www.medienservice.sachsen.de/medien/news/1072012#:~:text=Eine%20wesentliche%20Ursache%20f%C3%BCr%20den,noch%20guten%20Lachssaison%20sein%20wird], Stand: 22.12.2023, letzter Zugriff: 20.01.2024.

Smith, C. / Reichard, M. / Jurajda, P. / Przybylski, M. (2004): The reproductive ecology of the European bitterling (*Rhodeus sericeus*), in: Journal of Zoology 262, S. 107–124.

Smock, L. A. / Metzler, G. M. / Gladden, J. E. (1989): Role of debris dams in the structure and functioning of low-gradient headwater streams, in: Ecology 70(3), S. 764–775.

Smyly, W. (1957): The life history of the bullhead or Miller's thumb (*Cottus gobio* L.), in: Proceedings of the Zoological Society of London 128, S. 431–453.

Sommer, F. / Dietze, V. / Baum, A. et al. (2018): Tire Abrasion as a Major Source of Microplastics in the Environment, in: Aerosol and Air Quality Research 18(8).

Spitznagel, A. (1985): Bibliographie der Wasseramseln (*Cinclidae*) Bibliography of the Dippers (*Cinclidae*), in: Ökologie der Vögel (Ecol. Birds) 7, S. 427–451.

Staniczek, A. (2003): Stuttgarter Beiträge zur Naturkunde, in: Wissen für alle, Heft 53, S. 8–18.

Stehle, S. / Schulz, R. (2015): Agricultural insecticides threaten surface waters at the global scale, in: Proceedings of the National Academy of Sciences of the United States of America 112(18), S. 5750–5755.

Steiermark (2020): Schwarzmund-Grundel (*Neogobius melanostomus*) [https://www.neobiota.steiermark.at/cms/beitrag/12775611/157811701/], Stand: 27.05.2020, letzter Zugriff: 07.02.2024.

Stmelf (2023): Wie kann ich Mikroplastik beim Waschen reduzieren? [https://www.stmelf.bayern.de/bildung/hauswirtschaft/wie-kann-ich-mikroplastik-beim-waschvorgang-reduzieren/index.html.], Stand: 14.02.2023, letzter Zugriff: 06.02.2024.

Stubbington, R. (2012): The hyporheic zone as an invertebrate refuge: a review of variability in space, time, taxa and behavior, in: Marine and Freshwater Research 63, S. 293–311.

Su, G. / Logez, M. / Xu, J. et al. (2021): Menschliche Auswirkungen auf die globale Artenvielfalt von Süßwasserfischen, in: Wissenschaft 371, S. 835–838.

Sundbaum, K. / Näslund, I. (1998): Effects of woody debris on the growth and behaviour of brown trout in experimental stream channels, in: Canadian Journal of Zoology 76(1), S. 56–61.

Suren, A. M. / Smart, G. M. / Smith, R. A. / Brown, S. L. R. (2000): Drag coefficients of stream bryophytes: experimental determinations and ecological significance, in: Freshwater Biology 45, S. 309–317.

Swaaf, K. F. (2006): Elternkadaver düngen Kinderbiotop [https://www.spiegel.de/wissenschaft/natur/wildlachs-elternkadaver-duengen-kinderbiotop-a-442802.html], Stand: 17.10.2006, letzter Zugriff: 25.01.2024.

Tesch, F. W. (1999): Der Aal, Parey-Verlag, S. 1–60.

Theodoropoulos, E. (2022): Umwelt und Medizin, Medikamentenverschmutzung von Flüssen und ihre Folgen [https://www.swr.de/wissen/medikamentenverschmutzung-von-fluessen-und-ihre-folgen-100.html], Stand: 16.3.2022, letzter Zugriff: 06.02.2024.

Thienemann, A. (1925): Die Binnengewässer Mitteleuropas, eine limnologische Einführung. Mit einem Beitrag von Hans Utermöhl, Schweizerbart Verlag, S. 1–255.

Thünen (2017): Projekt Künstliche Reproduktion des Europäischen Aals [https://www.thuenen.de/de/fachinstitute/fischereioekologie/kuenstliche-reproduktion-des-europaeischen-aals], Stand: 2017, letzter Zugriff: 08.02.2024.

TLUBN (2010): Thüringer Landesamt für Umwelt, Bergbau und Naturschutz, Artensteckbriefe Thüringen 2010, Broschüre, S. 1–3.

Tockner, K. / Langhans, S. (2003): Die ökologische Bedeutung des Schwemmgutes, in: Wasser, Energie, Luft 95(11/12), S. 353–354.

Töckner, K. / Tonolla, D. / Uehlinger, U. et al. (2009): Einführung in europäische Flüsse, in: Tockner, K. / Zarfl, C. / Robinson, C. (Hrsg.): Flüsse Europas, Elsevier, S. 1–21.

Trayler, K. M. / Davies, J. A. (1998): Forstry impacts and the vertical distribution of stream invertebrates in south-western Australia, in: Freshwater Biology 40, S. 331–342.

Trottmann, N. (2004): Schwemmgut. Ausbreitungsmedium terrestrischer Invertebraten in Gewässerkorridoren. Unveröff. Dipl.-Arbeit. ETH Zürich/EAWAG, Dübendorf.

Tucker, D. W. (1959): A new solution to the Atlantic eel problem, in: Nature 183, S. 495–501.

TUD (2021): MoBI-aqua. Grenzüberschreitendes Monitoring biologischer Invasionen zum Schutz der aquatischen Artenvielfalt [https://tu-dresden.de/bu/umwelt/hydro/hydrobiologie/limnologie/forschung/projekte/mobi-aqua], Stand: 24.08.2021, letzter Zugriff: 07.02.2024.

UBA (2014a): Wassersparen in Privathaushalten: sinnvoll, ausgereizt, übertrieben? Fakten, Hintergründe, Empfehlungen, Broschüre, S. 4–39.

UBA (2014b): Strategien zur Optimierung von Fließgewässer-Renaturierungen und ihrer Erfolgskontrolle, Broschüre, S. 6–140.

UBA (2015a): Cyclische Siloxane sollen aus Kosmetik raus [https://www.umweltbundesamt.de/themen/cyclische-siloxane-sollen-aus-kosmetik-raus], Stand: 30.06.2015, letzter Zugriff: 06.02.2024.

UBA (2015b): Die Wasserrahmenrichtlinie Deutschlands Gewässer 2015, Broschüre, S. 10–120.

UBA (2019): Monitoringbericht 2019 zur Deutschen Anpassungsstrategie an den Klimawandel. Bericht der Interministeriellen Arbeitsgruppe Anpassungsstrategie der Bundesregierung, S. 5–270.

UBA (2021): Leistungen und Nutzen renaturierter Flüsse [https://www.umweltbundesamt.de/leistungen-nutzen-renaturierter-fluesse#okosystemleistungen-von-fliessgewassern], Stand: 18.01.2021, letzter Zugriff: 12.02.2024.

UBA (2022): Die Wasserrahmenrichtlinie. Gewässer in Deutschland 2021. Fortschritte und Herausforderungen. Bonn/Dessau, S. 10–119.

UBA (2024): Bodenversiegelung [https://www.umweltbundesamt.de/daten/flaeche-boden-land-oekosysteme/boden/bodenversiegelung#was-ist-bodenversiegelung], Stand: 23.01.2024, letzter Zugriff: 12.02.2024.

Ungemach, L. (2013): Die Dioxinbelastung von Schlachtrindern aus Färsenvornutzung auf exponiertem Grünland nach einer Ausmast mit unbelastetem Futter. Dissertation, Tierärztliche Hochschule Hannover.

Venohr, M. / Fischer, P. / Pietras, D. / Arora, R. (2017). Retention von Sedimenten, Nährstoffen und Pestiziden durch Gewässerrandstreifen. Zusammenfassung und Auswertung der Literaturrecherche, Leibniz-Institut für Gewässerökologie und Binnenfischerei. Auftraggeber: Ministerium für Umwelt, Klima und Energiewirtschaft Baden-Württemberg.

Vlacil, A. K. / Bänfer, S. / Jacob, R. et al. (2021): Polystyrene microplastic particles induce endothelial activation, in: PLOS ONE 16(11).

Vörösmarty, C. J. / McIntyre, P. B. / Gessner, M. O. et al. (2010): Globale Bedrohungen für die menschliche Wassersicherheit und die Artenvielfalt der Flüsse, in: nature 467, S. 555–561.

Wagner, M. / Oehlmann, J. (2009): Endocrine disruptors in bottled mineral water: total estrogenic burden and migration from plastic bottles, in: Environmental Science and Pollution Research 16, S. 278–286.

Wahnbaeck, C. (2022): Das ist kein Secondhand, sondern einfach nur Müll [https://www.zeit.de/green/2022-04/greenwashing-mode-unternehmen-nachhaltigkeit-textilmuell], Stand: 22.4.2022, letzter Zugriff: 08.02.2024.

Waring, R. / Harris, R. (2005): Endocrine disrupters: a human risk, in: Molecular and Cellular Endocrinology 244, S. 2–9.

Webb, J. B. (1975): Food of the otter (*Lutra lutra*) on the Somerset levels, in: Journal of Zoology 177, S. 486–491.

Weber, R. / Herold, C. / Hollert, H. et al. (2018): Reviewing the relevance of dioxin and PCB sources for food from animal origin and the need for their inventory, control and management, in: Environmental Sciences Europe 30(42).

Weigelhofer, G. / Waringer, J. (2003): Vertical Distribution of Benthic Macroinvertebrates in Riffles versus Deep Runs with Differing Contents of Fine Sediments (Weidlingbach, Austria), in: International Review of Hydrobiology 88, S. 304–313.

Weitere, M. / Altenburger, R. / Anlanger, C. et al. (2021). Disentangling multiple chemical and non-chemical stressors in a lotic ecosystem using a longitudinal approach, in: Science of the Total Environment 769.

Wendelberger, E (1980): Donauauen. Grüne Wildnis am Strom, in: Zeitschrift für Ökologie, Natur- und Umweltschutz 2, S. 3–8.

Westerkamp, J. (2022): Aale wandern zur Sargassosee. Forscher beweisen 100 Jahre alte Theorie [https://www.blinker.de/angelmethoden/angeln-allgemein/news/aale-wandern-zur-sargassosee-forscher-beweisen-100-jahre-alte-theorie/], Stand: 15.11.2022, letzter Zugriff: 17.01.2024.

Wfn (2011): Coffee [https://www.waterfootprint.org/resources/interactive-tools/product-gallery/], letzter Zugriff: 07.02.2024.

Wik, A. / Dave, G. (2006): Acute toxicity of leachates of tire wear material to *Daphnia magna* – Variability and toxic components, in: Chemosphere 64, S. 1777–1784.

Wise, M. H. (1978): The feeding ecology of otters and mink in Devon. Nicht publizierte Dissertation, University of Exeter, S. 1–79.

Wise, M. / Linn, I. J. / Kennedy, C. R. (1981): A comparison of the feeding biology of mink Mustela vison and otter Lutra lutra, in: Journal of Zoology 195, S. 181–213.

Wobus, A. / Röske, I. (2000): Reactors with membran-grown biofilms: Their capacity to cope with fluctuating inflow conditions and with shock loads of xenobiotics, in: Water Research 34(1), S. 279–287.

Wondzell, S. M. / LaNier, J. / Haggerty, R. et al. (2009): Changes in hyporheic exchange flow following experimental wood removal in a small, low-gradient stream, in: Water Research 45.

Wright, R. M. / Piper, A. T. / Aarestrup, K. et al. (2022): Erster direkter Beweis dafür, dass erwachsene europäische Aale zu ihrem Brutplatz in der Sargassosee wandern, in: Scientific Reports 12.

Yuan, Y. / Bingner, R. L. / Locke, M. A. (2009): A review of effectiveness of vegetative buffers on sediment trapping in agricultural areas. Ecohydrology: Ecosystems, Land and Water Process Interactions, in: Eco-geomorphology 2(3), S. 321–336.

Zellner, M. (2023): »Gesundes« Wasser, Bedeutung für die Gesundheit und Medizin, in: Magazin Ökona 26(10), S. 42–43.

Zhang, X. / Liu, X. / Zhang, M. et al. (2010): A review of vegetated buffers and a meta-analysis of their mitigation efficacy in reducing nonpoint source pollution, in: Journal of Environmental Quality 39(1), S. 76–84.

Zinkant, K. (2024): Leben auf Plaste, Kunststoff ist überall. Auch in unseren Kindern. Wie gefährlich ist das? In: Eltern Apothekenumschau, S. 46–50.

Zuccato, E. / Castiglioni, S. / Bagnati, R. et al. (2008): Illicit drugs, a novel group of environmental contaminants, in: Water Research 42(4–5), S. 961–968.

Über den Autor

Clemens Kuhnitzsch, Jahrgang 1996, war schon als Kind von Gewässern fasziniert. Er studierte Hydrobiologie und beschäftigte sich mit unzähligen Flüssen und Bächen. Um seine ökologischen Vorstellungen von Fließgewässern umzusetzen, ist er als freiberuflicher Hydrobiologe tätig. Er hält Vorträge und Seminare rund um das Thema Fließgewässer und Wasser. Zudem ist er als Berater für Städte und Kommunen zur Umsetzung der Wasserrahmenrichtlinie (WRRL) tätig.